《国之重器出版工程》编辑委员会

专家委员会委员（按姓氏笔画排列）：

于　全　中国工程院院士
王　越　中国科学院院士、中国工程院院士
王小谟　中国工程院院士
王少萍　“长江学者奖励计划”特聘教授
王建民　清华大学软件学院院长
王哲荣　中国工程院院士
尤肖虎　“长江学者奖励计划”特聘教授
邓玉林　国际宇航科学院院士
邓宗全　中国工程院院士
甘晓华　中国工程院院士
叶培建　人民科学家、中国科学院院士
朱英富　中国工程院院士
朵英贤　中国工程院院士
邬贺铨　中国工程院院士
刘大响　中国工程院院士
刘辛军　“长江学者奖励计划”特聘教授
刘怡昕　中国工程院院士
刘韵洁　中国工程院院士
孙逢春　中国工程院院士
苏东林　中国工程院院士
苏彦庆　“长江学者奖励计划”特聘教授
苏哲子　中国工程院院士
李寿平　国际宇航科学院院士

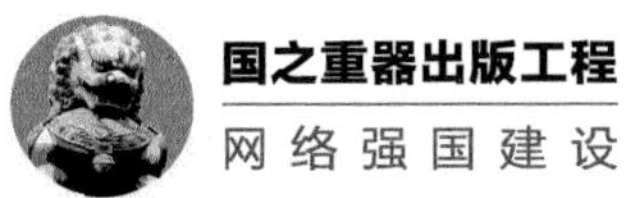

国家网络空间安全能力提升系列

深入探索区块链

In-depth Exploration of Blockchain

李洪涛　曾宇　延志伟　南斗玄　编著

人民邮电出版社
北京

图书在版编目（CIP）数据

深入探索区块链 / 李洪涛等编著. -- 北京 : 人民邮电出版社有限公司, 2019.7（2023.1重印）
（国家网络空间安全能力提升系列）
国之重器出版工程
ISBN 978-7-115-50765-5

Ⅰ. ①深… Ⅱ. ①李… Ⅲ. ①电子商务－支付方式－研究 Ⅳ. ①F713.361.3

中国版本图书馆CIP数据核字(2019)第022830号

内 容 提 要

区块链作为多种网络与安全技术的融合创新，为信息和价值在不可信网络中对等体之间的传递提供了途径，其去中心化思想与机制正引领全球新一轮技术创新和产业革命。本书全面剖析区块链技术体系，不仅深入阐述区块链中的密码学技术、区块验证方法、分叉问题、安全保障及共识机制等核心要素，而且对当前区块链国内外标准化发展和应用态势进行了介绍。

本书适合科研机构、金融机构的人员以及高等院校相关专业的师生阅读。

◆ 编　著　李洪涛　曾　宇　延志伟　南斗玄
责任编辑　邢建春
责任印制　杨林杰

◆ 人民邮电出版社出版发行　　北京市丰台区成寿寺路 11 号
邮编　100164　　电子邮件　315@ptpress.com.cn
网址　http://www.ptpress.com.cn
固安县铭成印刷有限公司印刷

◆ 开本：710×1000　1/16
印张：18.75　　　　2019 年 7 月第 1 版
字数：347 千字　　　2023 年 1 月河北第 4 次印刷

定价：138.00 元

读者服务热线：(010)81055493　印装质量热线：(010)81055316
反盗版热线：(010)81055315

李伯虎 中国工程院院士
李应红 中国科学院院士
李春明 中国兵器工业集团首席专家
李莹辉 国际宇航科学院院士
李得天 国际宇航科学院院士
李新亚 国家制造强国建设战略咨询委员会委员、中国机械工业联合会副会长
杨绍卿 中国工程院院士
杨德森 中国工程院院士
吴伟仁 中国工程院院士
宋爱国 国家杰出青年科学基金获得者
张　彦 电气电子工程师学会会士、英国工程技术学会会士
张宏科 北京交通大学下一代互联网互联设备国家工程实验室主任
陆　军 中国工程院院士
陆建勋 中国工程院院士
陆燕荪 国家制造强国建设战略咨询委员会委员、原机械工业部副部长
陈　谋 国家杰出青年科学基金获得者
陈一坚 中国工程院院士
陈懋章 中国工程院院士
金东寒 中国工程院院士
周立伟 中国工程院院士

郑纬民	中国工程院院士
郑建华	中国科学院院士
屈贤明	国家制造强国建设战略咨询委员会委员、工业和信息化部智能制造专家咨询委员会副主任
项昌乐	中国工程院院士
赵沁平	中国工程院院士
郝　跃	中国科学院院士
柳百成	中国工程院院士
段海滨	“长江学者奖励计划”特聘教授
侯增广	国家杰出青年科学基金获得者
闻雪友	中国工程院院士
姜会林	中国工程院院士
徐德民	中国工程院院士
唐长红	中国工程院院士
黄　维	中国科学院院士
黄卫东	“长江学者奖励计划”特聘教授
黄先祥	中国工程院院士
康　锐	“长江学者奖励计划”特聘教授
董景辰	工业和信息化部智能制造专家咨询委员会委员
焦宗夏	“长江学者奖励计划”特聘教授
谭春林	航天系统开发总师

前 言

区块链技术作为密码学、P2P 网络、共识机制、分布式数据存储等多种技术的融合创新，为信息和价值在不可信网络中对等体之间的传递提供了途径，迅速成为近几年来各国及相关组织研究讨论的热点。业界在不断深度挖掘区块链技术的同时，推动与产业的纵深度结合，旨在将其转化为现实生产力。

习近平总书记多次强调“核心技术是国之重器”“要下定决心、保持恒心、找准重心，加速推动信息领域核心技术突破”。为此，中国区块链技术和产业发展论坛于 2016 年发布《中国区块链技术和应用发展白皮书（2016）》，工业和信息化部信息中心于 2018 年发布《2018 年中国区块链产业白皮书》，《“十三五”国家信息化规划》将区块链技术纳入重点前沿技术，国家互联网信息办公室于 2019 年 1 月发布《区块链信息服务管理规定》，这足以说明国家层面对区块链技术的重视程度。区块链技术去中心化的思想正在引领着全球新一轮技术创新和产业革命，目前已在征信、金融、供应链、产品溯源、版权保护等领域尝试应用，以期为社会管理和经济发展注入新活力。

本书首先从经典拜占庭问题入手，通过实际场景介绍如何在分布式对等条件下建立信任关系，这也是区块链技术的核心；其次详细介绍目前最广泛的区块链应用——比特币，包括比特币区块结构、交易结构和构建、交易脚本等；随后抽象到技术层面剖析区块链中的密码学知识、区块验证、分叉、区块链安全、共识机制等核心要素，对以太坊和超级账本等当前主流区块链项目进行介绍；最后概述当前区块链在国内外的标准化进程以及应用态势。

由于区块链仍然是一种年轻且正在成长的技术，其各方面的参考资料有限，本书在编写过程中借鉴了许多来自开源社区、公开“白皮书”和学术论文等的资料及案例，这里对提供区块链知识分享的前辈以及在此领域深耕的专家学者和创业者表示感谢。特别要声明的一点是，区块链技术体系仍不够成熟，且其发展演进快速，因此本书中阐述的技术细节可能存在瑕疵不足或纰漏错误，也因为笔者水平有限和参考资料不足使在某些方面的介绍深度和广度不够，笔者后续会持续深入地跟进区块链技术研究，进一步完善研究成果，欢迎读者提出宝贵的意见和建议。

作 者

2019 年 4 月 15 日

目 录

第 1 章 从拜占庭将军问题说起……001

1.1 拜占庭将军问题场景与实质……002
1.2 问题分析与证明……003
1.3 什么是区块链……008

第 2 章 从比特币系统出发……013

2.1 比特币系统浅析……014
2.2 比特币区块结构……021
2.3 交易结构……029
2.4 交易的构造和签名……042
2.5 交易脚本……049
2.6 区块链中的密码学……055
2.7 验证……066
2.8 挖矿与区块创建……069
2.9 分叉处理……089

第 3 章 区块链安全……099

3.1 技术挑战……100
3.2 典型安全攻击类型……104
3.3 区块链的隐私保护……111

第 4 章 区块链共识机制……121

4.1 区块链类型……122
4.2 共识算法……125

第 5 章 区块链成熟应用项目……151

5.1 闪电网络……156
5.2 以太坊与智能合约……163
5.3 超级账本……186

第 6 章 区块链技术标准化情况 …… 199

6.1 国外区块链标准研究现状 …… 200
6.2 国内研究现状 …… 201

第 7 章 区块链技术的应用探索 …… 211

7.1 区块链与数字资产 …… 214
7.2 区块链与物联网 …… 215
7.3 区块链与大数据 …… 215
7.4 区块链与云服务 …… 218
7.5 区块链与智能生活 …… 222
7.6 区块链与娱乐 …… 224
7.7 区块链与社交 …… 225
7.8 区块链与公益 …… 226
7.9 区块链与监管科技 …… 226
7.10 区块链与标识服务 …… 230

第 8 章 经济学角度看区块链 …… 255

8.1 分布式账本 …… 256
8.2 区块链加密经济学 …… 258
8.3 区块链创新经济学 …… 261
8.4 区块链价值经济学 …… 262
8.5 区块链与金融领域 …… 265
8.6 区块链与实体经济 …… 275
8.7 区块链经济发展趋势 …… 280
8.8 区块链经济监管面临的挑战 …… 284

第 9 章 总结与展望 …… 287

第1章 从拜占庭将军问题说起

拜占庭将军问题是描述分布式系统一致性问题的经典案例，由莱斯利·兰伯特（Leslie Lamport）等于 1982 年首次提出，其核心思想是多个军队在可能有叛徒发布虚假消息的情况下，如何保持进攻或撤退的一致性。由于其设置的场景与计算机领域的分布式系统协同关系具有一定关联，进而发展成一种分布式容错理论。本章主要通过对拜占庭将军问题的分析和解读，引出区块链技术作为分布式系统一致性问题的解决方案。

比特币自 2008 年由中本聪提出发展至今，已成为最具代表性的去中心化现金系统。去中心化是指在比特币系统中，各个用户权利对等，没有银行或者支付宝这种第三方权威的存在。然而，缺少了认证机构，货币面临的最大的两个问题是双花（Double Spending）问题和拜占庭问题。

“双花”很好理解，就是一笔现金被支付多次。而拜占庭问题又是什么？拜占庭问题实质上是一个分布式下的共识问题，在比特币系统没有第三方机构的情况下，演变成为大家如何认同同一个账本，并在这个账本上添加后续的交易。

拜占庭问题首先由 Leslie Lamport 等在 1982 年提出，被称为拜占庭将军问题（The Byzantine Generals Problem 或者 Byzantine Failure），其核心描述是多个军队在可能有叛徒发布虚假消息的情况下，如何保证进攻的一致性，由此引申到计算领域，发展成了一种容错理论。随着比特币的出现和兴起，这个著名问题重入大众视野。

1.1 拜占庭将军问题场景与实质

关于拜占庭将军问题，一个简易的非正式描述如下。

拜占庭帝国想要进攻一个强大的敌国，为此派出了十支军队去包围敌国。这个敌国虽不比拜占庭帝国强大，但也足以抵御五支常规拜占庭军队的同时袭击。基于某些原因，这十支军队不能集合在一起进行单点突破，必须在分开的包围状态下同时攻击。他们任何一支军队单独进攻都毫无胜算，除非有至少六支军队同时袭击才能攻下敌国。他们分散在敌国的四周，依靠通信兵相互通信来协商进攻意向及进攻时间。困扰这些将军的问题是，他们不确定其中是否有叛徒，因为叛徒可能擅自变更进攻意向或者进攻时间。在这种状态下，拜占庭将军们能否找到一种分布式的协议让他们能够远程协商，从而赢取战斗？这就是著名的拜占庭将军问题。简单来说就是：n 个将军被分隔在不同的地方，忠诚的将军希望通过某种协议来达成某个命令的一致（如一起进攻或者一起后退），但其中一些背叛的将军会通过发送错误的消息阻挠忠诚的将军达成命令上的一致。

1.2　问题分析与证明

描述拜占庭问题的原始论文是通过口头和书面两种消息传递方式来分析的，将军也分为发令者和副官。

1.2.1　通过口头消息

只通过口头的方式传递消息，可以达成一致的前提为：如果有 m 个叛国将军，则将军的总数必须为 $3m+1$ 个以上。

下面是口头消息传递过程中默认的一些条件。

A1：每个被发送的消息都能够被正确地投递。

A2：信息接收者知道是谁发送的消息。

A3：能够知道缺少的消息。

A1 和 A2 假设两个将军之间通信没有干扰，即不会有背叛者阻碍消息的发送（截断），也不会有背叛者伪造他人消息的情况，每个将军都可以无误地将自己的消息发送给其他将军。

我们定义口头消息算法 OM(m)。对于所有的非负整数 m，每个发令者通过 OM(m)算法发送命令给其他 $n-1$ 个副官。下面解释说明 OM(m)算法在最多有 m 个背叛者且总将军数至少为 $3m+1$ 的情况下，为何能解决拜占庭将军问题。

算法定义一个函数 majority(com1, com2,⋯,com$N$)，表示重复次数最多的命令。

OM(0)算法描述如下（初始设置）。

（1）发令者将他的命令发送给每个副官。

（2）每个副官执行他从发令者得到的命令，如果没有收到任何命令，则默认为撤退。

OM(m)算法描述如下（中间过程）。

（1）发令者将他的命令发送给每个副官。

（2）对于每个 i，vi 是每个副官 i 从发令者收到的命令，如果没有收到命令，则为撤退命令。副官 i 在 OM(m−1)中作为发令者将 vi 发送给另外 n−2 个副官。

（3）对于每个 j，并且 j≠i，vj 是副官 j 从第（2）步中副官 i 发送来的命令（使用 OM(m−1)算法），如果没有收到第（2）步中副官 i 的命令，则默认为撤退命令。最后副官 j 使用 majority(v1,⋯,vN−1)得到最终指令。

可能算法在描述上比较复杂，但是结合图例大家就能很清晰明了地理解。我们来考虑一个 n=4，m=1 的情况。

1. 副官 D 是背叛者

第一步：发令者 A 执行算法 OM(1)将自己的命令发送给 3 个副官 B、C、D，3 个副官都正确地收到了命令，如图 1-1 所示。

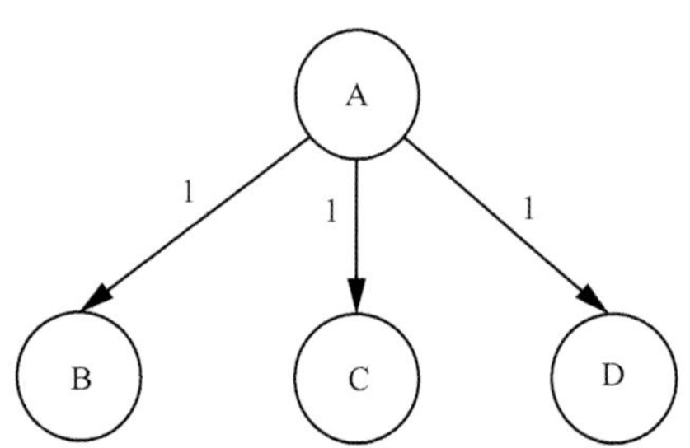

图 1-1　发令者发送命令（D 为背叛者）

第二步：每个收到命令的副官都作为发令者执行算法 OM(1)，将自己收到的命令转发给其余副官，因为副官 D 是背叛者，所以他给副官 B 和 C 传递的消息可能是假消息，如图 1-2 所示。副官 B 和 C 分别根据 majority 函数决定命令。

根据判定函数，B、C 最后得到的结果都是 1（与发令者相同）。因此，背叛的副官 D 无法干扰发令者的决定。那如果发令者是背叛者呢？

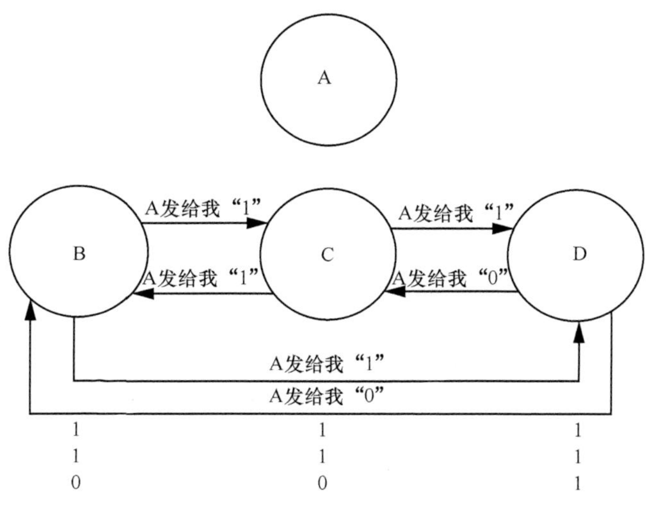

图 1-2　副官转发命令（D 为背叛者）

2. 发令者是背叛者，其余副官是忠诚的

第一步：发令者 A 向副官 B、C、D 发送不同的命令，如图 1-3 所示，这在实际情况中就是一个攻击者向不同方发送了不一致的值（如 0 或 1），企图扰乱副官做出一致决定。

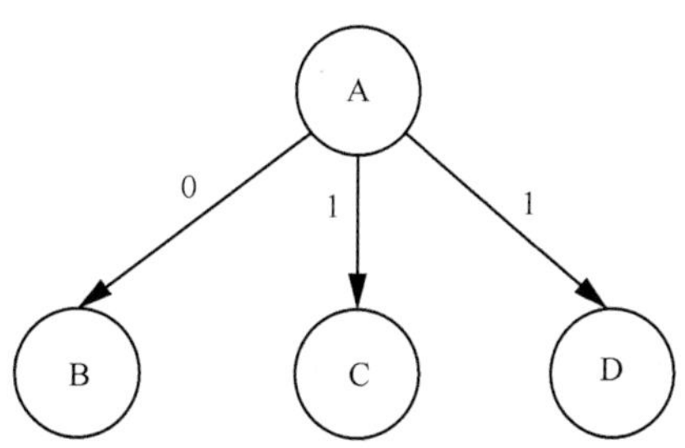

图 1-3　发送者发送命令（A 为背叛者）

第二步：副官收到命令后，变为发令者执行 OM(1)向所有的副官发送命令，如图 1-4 所示。通过多数表决算法，可以看到，副官最后仍可达成一致的命令。

这里没有提到多叛徒的形式，感兴趣的读者可以自己查阅原始文献。Lamport 证明了在采用口头协议的情况下，将军总数大于 3*m*、背叛者为 *m* 或者更少时，忠诚的将军可以达成命令上的一致。

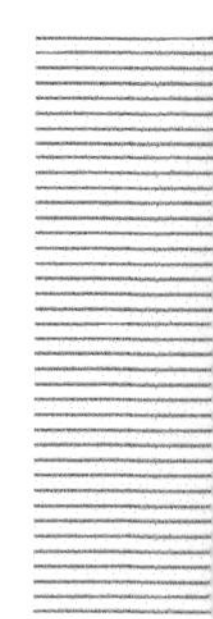

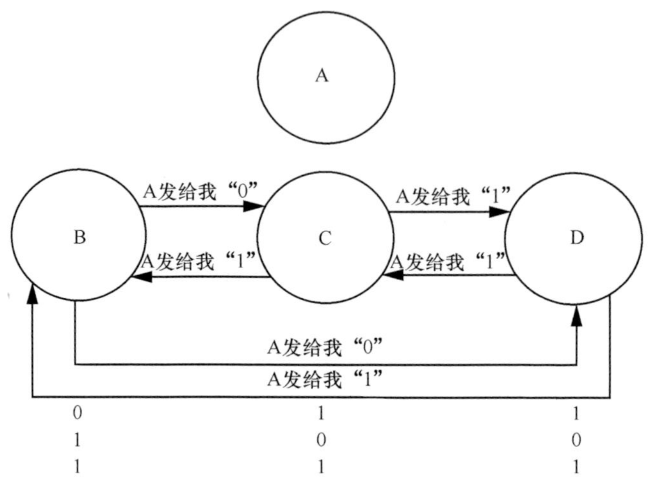

图 1-4 副官转发命令（A 为背叛者）

1.2.2 通过书面消息

通过以上描述可以看到：口头协议这种传递方式最大的缺点是消息不能溯源。那我们是否可以加入某些规则，让信息可以追本溯源，从而改变现状？这就是书面消息引入的灵感。

我们在口头消息 A1~A3 这 3 点要求的基础上，加入新的条件 A4，使之成为书面消息。

A4：① 签名不可被伪造，一旦被篡改即可发现；

② 任何人都可以验证将军签名的可靠性。

先说结论：对于任意 *m*，最多只有 *m* 个背叛者的情况下，算法 SM(*m*)能解决拜占庭将军问题。也就是说，SM(*m*)算法一定可以使忠诚的将军达成一致（但这个一致的结果并不一定正确）。

回顾下拜占庭将军问题的要求。

IC1：所有忠诚的副官都遵守一个命令，即一致性。

IC2：若发令者是忠诚的，每一个忠诚的副官遵守他发出的命令，即正确性。

我们要找到一个算法 SM(*m*)，使不管将军总数 *n* 和叛徒数量 *m* 是多少，只要采用该算法，忠诚的将军总能达成一致甚至正确（即上面的 IC1 和 IC2）。我们用集合 *Vi* 表示 *i* 副官收到的命令集，这是一个集合，也就满足互异性（没有重复的元素）

等集合的条件。类似地，我们定义 choice(V)函数来决定各个副官的选择，这个函数可以有多种形式，它只要满足以下两个条件。

（1）如果集合 V 只包含一个元素 v，那么 choice(V)=v。

（2）choice(O)=RETREAT，其中，O 是空集。

任何满足这两个条件的函数都可以作为 choice()，我们只需要根据具体情形定义 choice()即可，函数至少要做到对于相同的输入集合 V，有一致的输出 choice(V)。

根据 A4 和 choice()可得出 SM(m)算法。

（1）初始化 Vi=空集合。

（2）将军签署命令并发给每个副官。

（3）对于每个副官 i：

① 如果副官 i 从发令者收到 v:0 的消息，且还没有收到其他命令序列，那么

- 使 Vi 为{v}；
- 发送 v:0:i 给其他所有副官；

② 如果副官 i 收到消息 v:0:(j1:⋯:jk)且 v 不在集合 Vi 中，则

- 添加 v 到 Vi；
- 如果 k<m，那么发送 v:0:(j1:⋯:jk:i)给每个不在 j1,⋯,jk 中的副官。

（4）对于每个副官 i，当不再收到消息时，则遵守命令 choice(Vi)。

值得注意的是，如果将军忠诚，由于其签名不可伪造，所有忠诚的副官将得到一个单点集{v}，他们采用的命令集 Vi 相同，得到的 choice(Vi)也为 v，满足了 IC1 和 IC2；如果将军并非忠诚，只需要满足 IC1，但是算法 SM(m)使所有忠诚的副官得到相同的 Vi，使用 choice()函数后采用的命令也就一定相同。

同样举个例子，如图 1-5 所示，有 3 个人，其中，发令者 A 是背叛者。由于忠诚的人数小于 3m 这个设定，因此这种情况在口头消息中是解决不了的。

很显然，副官 1 得到的 L1={B,C}，副官 2 得到相同的 L2={B,C}。他们采用 choice()函数后得到的命令一定相同。

书面协议的本质是引入了签名系统，这使所有消息可追本溯源。这一优势大大节省了成本，也化解了口头协议中 1/3 要求，只要采用了书面协议，忠诚的将军就可以达成一致（实现 IC1 和 IC2）。这个效果是惊人的，相较之下，口头协议则明显有一些缺陷。

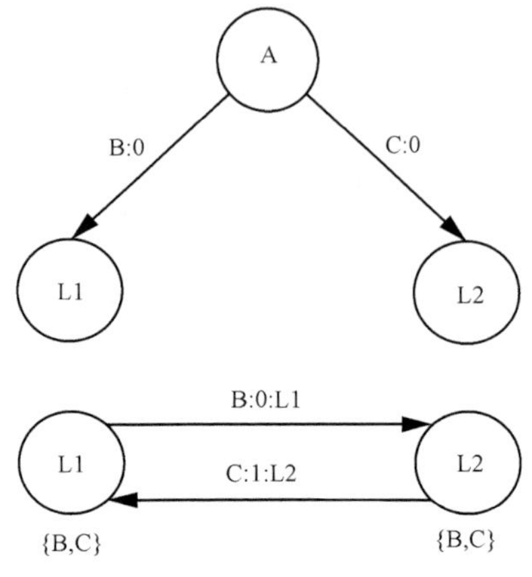

图 1-5　书面消息示例

书面协议的结论貌似完美，这不是解决了拜占庭将军问题吗？但请注意，我们是添加了前提条件 A1~A4，使拜占庭将军问题在这些假设下能够解决。但在实际状况中会有一些问题，条件 A1~A4 是一些在现实中非常难以完成的假设，如没考虑传输信息的延迟时间、异步情况下节点步伐不一致、书面协议完美的签名体系难以实现等，因此这个效果几乎是无法达到的。

虽不能做到完美，但我们还是可以探索尽量完善的解决方案。区块链就很好地解决了使多个节点达成一致性且保证正确性的问题，从而保证了去中心化对等系统的自组织运行。本章只是抛砖引玉，后面我们会用一章详谈共识问题。下面，让我们走进区块链的世界。

1.3　什么是区块链

随着比特币的日益成熟，人们发现支撑比特币的基础技术——区块链技术在许多应用场景上都大有可为，一定程度上可能改变现有的模式。有人会误把区块链和比特币混为一谈，其实不然。区块链（Blockchain）是一种对等网络下的分布式数据库系统。

区块链是由一串使用密码学方法产生的数据块组成的，每一个区块都包含上一个区块的散列值（Hash），从创世区块（Genesis Block）开始连接到最新区块，形成一条区块的链，其结构如图 1-6 所示。由于后一区块需要包含上一个区块的信息，因此一个区块在链中的时间越久，被改变的难度越大。

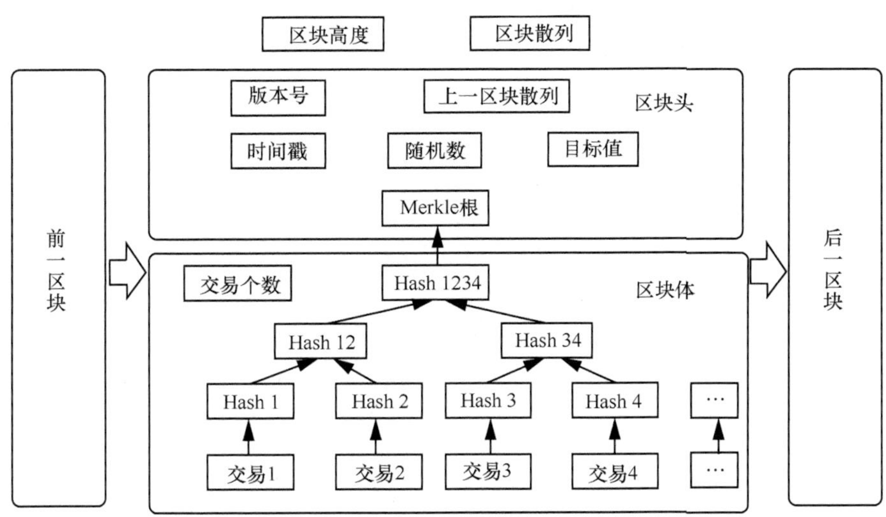

图 1-6　区块链结构示意

区块链具有去中心化、有限透明、分布的可靠数据库、自治性、记录难以更改、准匿名性等特点，其说明如下。

去中心化：区块链数据的存储、传输、验证等过程均基于分布式的系统结构，整个系统中不存在中心化的硬件或管理机构，任意节点的权利和义务都是均等的，系统中的数据块由整个系统中具有维护功能的节点共同维护。

有限透明：系统是开放的，除了交易各方的私有信息被加密外，区块链的数据对所有人公开，任何人都可以通过公开的接口查询区块链数据和开发相关应用。

分布的可靠数据库：区块链系统的数据库采用分布式存储，任意参与的节点都可以拥有一份完整的数据库复制，每一方都可以直接验证交易各方的记录。

自治性：区块链采用基于协商一致的规范和协议（如一套公开透明的算法）使整个系统中的所有节点能够在去信任的环境下自由安全地交换数据，这使对“人”的信任变成对机器和算法的信任，无须人为干预。

记录难以更改：一旦信息经过验证并添加至区块链，账户信息就会相应进行更新，记录就再难改变，因为这些信息和此前的所有交易记录相互关联（即术语“链”的来源）。系统中采用的各种计算算法和方法用来确保数据库中的记录是永久存在的、按照时间顺序排序的，并且网络中的所有其他人都是可以看得到的，除非能够同时控制系统中超过 51%的节点，否则单个节点上对数据库的修改是无效的，参与系统的节点越多，数据库的安全性就越高。并且，区块链数据的存储还带有时间戳，从而为数据添加了时间维度，具有极高的可追溯性。因此，区块链的数据稳定性和可靠性极高。

准匿名性：区块链系统采用与用户公钥挂钩的地址作为标识，不需要传统的基于公钥基础设施（Public Key Infrastructure，PKI）的第三方认证中心（Certificate Authority，CA）颁发数字证书来确认身份。通过在全网节点运行共识算法，建立网络中诚实节点对全网状态的共识，间接地建立了节点间的信任。用户只需要公开地址，不需要公开真实身份，而且同一个用户可以不断变换地址。因此，在区块链上的交易不和用户真实身份挂钩，只和用户的地址挂钩，具有交易的准匿名性。

正是因为这项技术具有以上多项优良的特性，2015 年开始引起国际上的重视，许多大中企业，包括美国高盛集团、花旗银行、英国央行、美国央行等机构纷纷在区块链上投资，因此，2015 年也称为区块链元年。2016 年 1 月 20 日，中国人民银行官方网站上发布了一条题为“中国人民银行‘数字货币’研讨会在京召开”的新闻，使国内对区块链的关注也迅速升温。

有了区块链技术，我们可以想象在一个新的网络世界里，合同以数字编程的形式存储在透明共享的数据库中，不会被删除、被篡改、被修订。在这样的世界里，每一个协议、每一个流程、每一个任务以及每一次支付都有一个数字记录以及能够被识别、验证、存储和分享的数字签名。诸如律师、经纪人和银行家之类的中介不再是必需的。个体、组织、机器和算法可以自由地、彼此之间无摩擦地互动和交易，这就是区块链所带来的无穷潜力。

相信许多人听到区块链将给企业带来革命性影响，将重新定义企业和经济。我们确实不能否认区块链技术的巨大潜力，但多年来关于技术创新的经验告诉我们，如果未来存在区块链革命，也会存在很多障碍，如技术、治理、组织以及社会方面的障碍。在没有真正彻底地理解区块链之前就轻率地应用区块链技术创新很可能酿成大错。

因此，我们要客观认识到，区块链真正给企业和政府带来变革还需要很多年。因为区块链并不是一种“颠覆性”技术，颠覆性技术能够以低成本的解决方案冲击传统的商业模式，同时可以快速取代传统企业。相比起来，区块链更像是一种基础

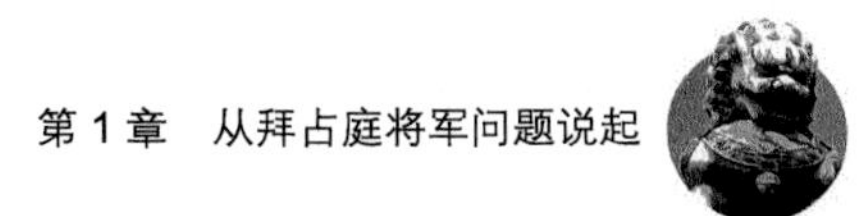

性技术，它有潜力为我们的经济和社会系统创造新的基础。区块链普及的过程将是循序渐进的，相信它带来的影响会非常广泛，但要想在相当程度上渗入经济和社会基础设施还需要数十年甚至更长时间。

区块链技术最初是作为比特币的基础技术，因此我们后面对区块链技术细节的讨论大多数是比特币项目的设计方式。但技术是相通的，如果对基础架构有一定的认识，在之后的技术改进和应用演变上也更容易理解。

第2章 从比特币系统出发

2008年，比特币系统的诞生引发了点对点交易模式的热潮，通过众多节点组成对等网络来记录并确认全网交易行为，通过加解密算法和散列算法保证交易流程中的安全性和可验证性。本章先后详细介绍比特币系统中的区块结构、交易结构与构造、交易脚本、密码学理论、挖矿原理、分叉处理等内容，并通过实践操作验证交易细节。

| 2.1 比特币系统浅析 |

2.1.1 什么是比特币

由于比特币（Bitcoin）的成功，人们开始注意到这个系统中创新性的底层数据处理架构，最后提取形成了区块链这一技术体系。因此，我们先来介绍比特币。

比特币的概念最初由中本聪在 2008 年发表的论文“比特币：一种点对点的电子现金系统”中提出。比特币系统就是根据中本聪的思路设计发布的开源软件以及建构其上的 P2P（Peer-to-Peer Network）网络。

P2P 网络又是什么？简单来说，P2P 网络被称为“对等网络”，其位于同一网络中的每台计算机彼此对等，各个节点共同提供网络服务，不存在任何“特殊”节点。每个网络节点以“扁平（Flat）”的拓扑结构相互连通。在 P2P 网络中，不存在任何服务端（Server）、中央化的服务以及层级结构。P2P 网络的节点之间交互运作、协同处理，每个节点在对外提供服务的同时也使用网络中其他节点所提供的服务。P2P 网络也因此具有可靠性、去中心化以及开放性的特点。

比特币与法定货币最大的不同之处在于：比特币不依靠特定货币机构发行，没有集中的发行方。它依据自身算法，通过网络中节点的计算自主产生。生成的速度有限，无法通过大量制造比特币的方式来人为操控币值。借助相关软件，任何人都能够参与“制造”比特币，并且在交易过程中外人无法辨认用户的身份信息。比特币系统使用在整个 P2P 网络中，众多节点构成的分布式数据库来确认并记录所有的交易行为，并使用密码学的设计来确保货币流通各个环节的安全性。此外，比特币总量有限，具有极强的稀缺性。货币的产出速度会每 4 年递减一次，直到 2140 年达到 2100 万个的总量上限。

2.1.2　比特币的架构和特点

如图 2-1 所示，比特币系统中包含众多元素。我们从一个人在这个系统中担任什么角色说起。首先，当我们使用比特币进行交易时，我们的身份是用户。每个用户控制一个钱包，这个钱包是一个存储在节点（如计算机、手机）中的文件。账户的余额信息都存放在这个钱包文件中，而不在线上的某台服务器中。更换节点时，用户需要复制这个文件才可保证相应的资金被继续使用。这与传统的基于信任模式的“虚拟货币”不同，也恰恰体现了比特币系统没有“中心”的特点。用户通过比特币客户端可以创建交易，这笔交易随后会公布在比特币网络中，等待矿工的验证。

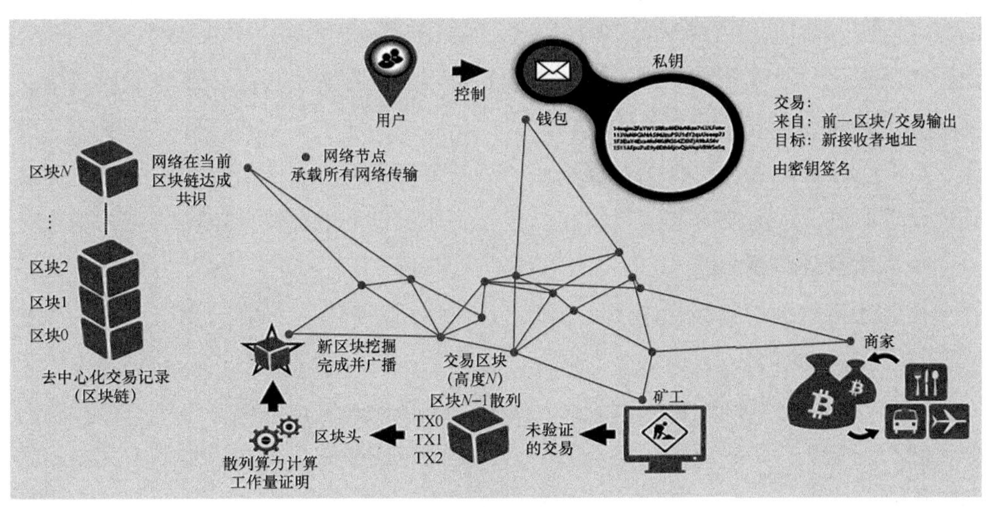

图 2-1　比特币系统框架

没有了第三方公正系统，大家如何认同同一个账本？比特币采用共同记账的方式替代以往只信任中心机构账本数据的模式，这也是其颠覆传统思维的地方。由于比特币中的交易都是公开的，因此任何一个使用全节点的人都可以参与记账，我们将这些人称为“矿工”。矿工这个词很形象，就像挖矿一样，比特币中矿工的工作也是为了挖掘区块。矿工的人数众多，如果大家都自由地记账，必然造成混乱。因此发掘区块的过程会设置门限，实际上就是需要矿工用自己的设备计算同一个数学难题，这道题的难度被设定为在当前全网算力的总和下，平均 10 min 才可以得出一个结果，最先算出这道题的矿工有记账的权利。当一名矿工计算出结果后，他就可以将这段时间内的交易封装（记录）在一个区块中并公布出去。其他矿工接收到新的区块时，先验证该区块是否合规，如果验证通过，他们认同这个区块是正确的并且开始进行下一个区块的算力竞赛；如果未通过，则丢弃此区块并继续这个阶段的竞争。这些大家都认同的区块按确认顺序形成一条链，作为比特币系统下的公认账本，成功打包区块的矿工也会获得相应奖励。

那比特币系统是如何解决双花问题的?

比特币系统创造性地利用了时间戳和工作量证明机制。当一个区块被挖掘出来时，挖矿人会在记录交易信息的同时，为区块添加时间信息。后续的区块时间一般晚于之前的区块，这样就使交易可以按时序记录。而工作量证明机制确保矿工不能任意生成区块，而是必须提供算力来解决一定问题，才能争取记账权利。每个区块都有各自的散列值,这个数值取决于上一个区块的散列值和此区块包含的交易信息。我们如果想让一笔钱双重支付，那么必须先等包含正常交易信息的区块放入链中，再从消费之前的某点开始竞争计算，此时由于新生区块的内容有差异，区块链从差异节点产生分叉。根据比特币网络承认“最长链”的特性，新链中区块的生成速度必须高于旧链，才能使旧链信息作废。要做到比旧链高的速度，攻击节点的综合算力至少需达到全网算力的 51%。

比特币系统的框架概括如图 2-2 所示，比特币系统框架大体分为应用层、激励层、共识层、网络层、数据层 5 个层面：应用层是比特币的交易；激励层是为矿工设置的，激励大家共同维护、推进比特币系统的持续发展；共识层用来保证账本的一致性和安全性；网络层是比特币网络中节点通信的基础；数据层是维护区块的数据结构。

接下来，我们分阶段介绍比特币系统整体是如何运作的。

1. 钱包和地址

（1）Bob 和 Alice 的计算机上都有比特币钱包。

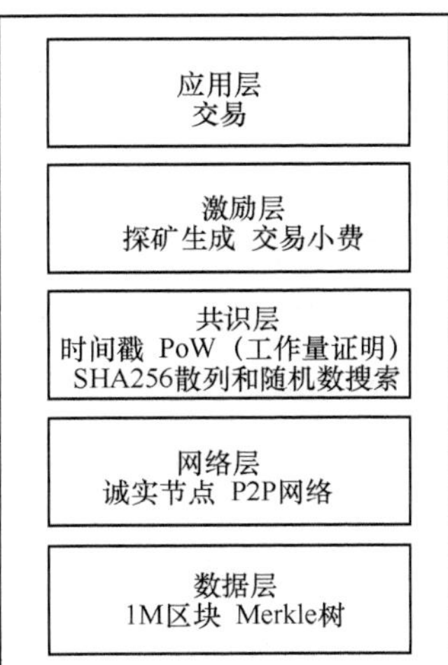

图 2-2　比特币系统框架

（2）钱包是一种文件，可以让用户访问多个比特币地址。

（3）一个地址是一串由字母和数字组成的字符串。

（4）每一个地址都有自己的比特币余额。

2. 新建一个地址

（5）Bob 创建一个新的比特币地址，用于接收 Alice 的付款。

3. 私钥和公钥

（6）当 Bob 创建一个新地址时，他正在做的是生成一个密钥对，由一个私钥和一个公钥组成。如果你使用私钥（只有你知道）对一个消息进行签名，它可以被对应的公钥（所有人都知道）所验证。Bob 的新地址代表一个唯一的公钥，对应的私钥则保存在他的钱包中。公钥允许所有人验证被私钥签名消息的有效性。

（7）可以将地址看作银行账号，但工作方式稍有不同。比特币用户可以任意创建多个地址，并且被鼓励为每一个新的交易单独创建新地址，以增强隐私性。只要没有人知道哪些地址是 Bob 的，他的匿名性就受到保护。

4. 提交一个支付

（8）付款人 Alice 告诉她的比特币客户端，她要向 Bob 的收款地址转账。

（9）Alice 的钱包中有她每一个比特币地址的私钥。比特币客户端用 Alice 付款地址的私钥，对她的这一交易申请进行签名。

（10）此时，网络上的任何人都可以使用公钥来验证，这个交易申请实际来自一个合法的账户所有者。

5. 验证交易

（11）Gary、Garth 和 Glenn 都是比特币矿工。

（12）他们的计算机将过去约 10 min 内的交易打包成一个新的交易区块。

（13）矿工的计算机被设置用于计算加密散列函数。

（14）加密散列函数将一个数据集转换成特定长度的包含字母和数字的字符串，称为散列值。源数据的细微改变会彻底改变散列值的结果。并且，基本不可能预测初始的数据集将会产生的特定散列值。

（15）为相同的数据创建不同的散列值，比特币使用随机数来实现。随机数是进行散列计算之前，在数据中添加的随机数字。改变这个随机数会产生极不相同的散列值。

（16）每一个新的散列值包含关于此前所有比特币交易的信息。

（17）矿工计算机基于前一个区块的散列值、新交易区块和随机数，来计算新的散列值。

（18）创建散列在计算上微不足道，但比特币系统要求新的散列值拥有特定格式——必须以特定数量的 0 作为开始。

（19）矿工无法预测哪个随机数会产生以要求数量的 0 作为开始的散列值，所以他们被迫用不同的随机数创建很多散列，直到获得有效的那一个。

（20）每一个区块都包含一个名为 Coinbase 的初始交易，这是给胜出矿工的鼓励——在这个例子中是矿工 Gary。Gray 的钱包中生成了一个新地址，里面的余额是新挖到的比特币数量。

6. 交易确认

（21）随着时间流逝，Alice 向 Bob 的转账被埋在了其他近期的交易下面。任何人要想修改历史交易的细节，就必须重做一遍 Gary 的工作，再重做所有下一级矿工的工作，因为所有的改变需要一个完全不同的胜出随机数。这样的操作几乎不可能成功。

综上所述，比特币系统有以下几个优点。

（1）无须第三方的介入，降低了交易成本，同时使整个 P2P 网络具有对等性。

（2）比特币的安全基于 SHA256 加密算法，目前还无有效的破解方式。所有的比特币交易都在网络上公开，便于大家达成共识，并能有效防止非法活动。比特币的产生和认证机制也使它不可能被伪造。

（3）部分匿名性，交易的主要元素是钱包、地址，用户全程处于匿名状态。之所以说部分匿名性，是由于所有交易都公布在网上，所有人可以看到。结合大数据对其分析，很有可能推测出某些用户的真实身份。

（4）比特币供应有限，无通胀之虞。比特币系统的设计有点仿照黄金供应，其上限数量为 2100 万个，可以有效防止央行滥发导致的通货膨胀。

同时，比特币也有一些缺点，如下。

（1）交易确认时间过长。10 min 产生一个块，一般认为等待 6 个块后可以确认交易不可逆。这样，确认一笔交易要等待 1 h，这么大的时间成本是不容忽视的。因此，现在一些小额交易都采取零确认支付的形式。

（2）区块容量。完全节点有个硬性的物理尺寸限制（即每个区块最大 1 MB），所以，每 10 min 产生 1 MB 的区块，除以每笔交易记录的平均尺寸，可以得出当前的限制大概是每秒 7 笔交易，每天 600000 笔交易。当交易量达到这个阈值时，没来得及确认的交易会延长确认时间。

（3）区块链图灵性差。比特币中的区块链合约简单，不具备自由编程为智能合约的能力。为解决此问题，区块链 2.0 的代表以太坊应运而生，在后面章节中有详细的介绍。

（4）单一的工作量证明机制。比特币上的工作量证明机制是基于全网 51%以上的算力都是诚实的。但如果某些集团可以联合达到 51%以上的算力，对比特币系统发动攻击理论上也是可行的。

2.1.3　比特币的对等节点解析

运行比特币 P2P 协议的比特币主网络由 7000~10000 个运行着不同版本比特币核心客户端的监听节点以及几百个运行着各类比特币 P2P 协议应用（如 BitcoinJ、Libbitcoin、btcd 等）的节点组成。比特币 P2P 网络中的一部分节点是挖矿节点，它们竞争挖矿、验证交易并创建新的区块。许多连接到比特币网络的大型公司运行着基于 Bitcoin 核心客户端的全节点客户端，它们具有区块链的完整复制及网络节点，但不具备挖矿及钱包功能。这些节点是网络中的边缘路由器，通过它们可以搭建其他服务，如交易所、钱包、区块浏览器、商家支付处理（Merchant Payment

Processing）等。

当一个新比特币节点初始启动时，为了能够参与协同运作，它必须发现网络中的其他比特币节点，并与至少一个节点连接。最后，所有节点形成如图 2-3 所示的连接网络。

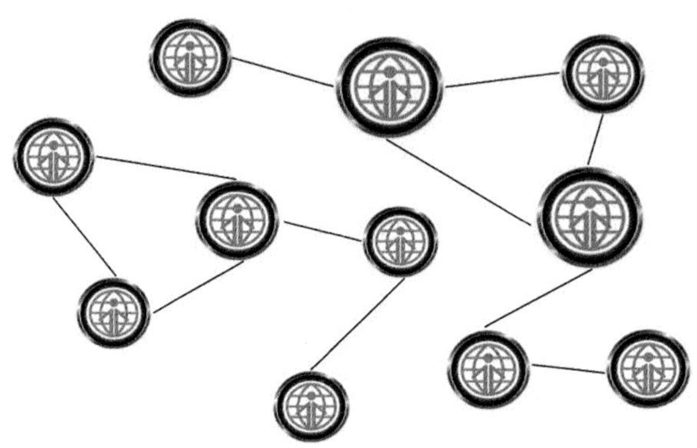

图 2-3　对等节点网络

由于比特币网络的拓扑结构并不基于节点间的地理位置，因此各节点间的地理信息完全无关。节点间的连接一般是相互间在 8333 端口建立的 TCP 连接，在建立连接时，新节点通过发送一条包含基本认证内容的 version 消息开始“握手”，这个消息中包括 P2P 协议版本（PROTOCOL_VERSION）、本节点支持的本地服务列表（nLocalServices）、当前时间（nTime）、对方节点 IP 地址（addrYou）、本节点 IP 地址（addrMe）、比特币软件版本（subver）以及本节点当前区块链的区块高度（BaseHeight）。网络中的对等节点通过对 verack 消息的响应进行确认并建立连接。如果接收节点需要互换连接并连回起始节点，也会传回该对等节点的 version 消息。

那么，新节点如何发现邻近节点?

第一个办法是使用“种子节点”（Seed Node）。虽然比特币网络中没有特殊节点，但是客户端会维持一个列表，那里列出了一些长期稳定运行的节点，我们称之为种子节点，一般比特币核心中带有 5 个不同的种子节点。新节点并不一定需要与种子节点建立连接，但连接到种子节点的好处是可以通过种子节点快速发现网络中的其他节点。在比特币核心客户端中，是否使用种子节点是通过“-dnsseed”控制的。默认情况下，该选项设为 1，即使用种子节点。

第二个办法是直接把一个已知的邻节点作为种子节点，然后通过它发现更多的邻节点。当发现新的邻节点后，新节点一般将断开和种子节点的连接。新节点将其地址信息发给邻节点，邻节点继续将新节点的地址转发给它们的邻节点，这样，新的节点会在网络上被其他节点知道，并保持其在网络上连接的畅通。另外，新节点将发 getaddr 信息给邻节点，邻节点收到后把所知的地址信息发送给新节点。新节点一般维持与 8 个邻节点的连接。新节点启动结束后，它会记住最近连上的邻节点的地址。当它重新启动时能够很快地完成和已知邻节点的连接。如果以前的邻节点都连不上，它会重新开始初始启动流程。用户也可以通过提供一个固定 IP 地址列表来替换比特币系统自动管理邻节点的流程。

在运行比特币核心客户端的节点上，我们可以使用 getpeerinfo 命令列出对等节点连接信息。如果已建立的连接没有信息交互，所在的节点定期发一些信息以维持连接。如果一个节点和邻节点的连接在超过 90 min 中没有联系，该邻节点被认为下线，节点寻找一个新的对等节点进行连接。因此，节点可以自由地加入或离开，比特币网络能动态地调节节点的连接，无须中心的调整或控制就可保证比特币网络的正常运行。

2.2　比特币区块结构

区块链的实质是一种分布式的数据库。本章介绍在比特币系统中，区块结构是怎样设计的。

2.2.1　区块摘选

事实上，中本聪最初将区块的容量上限设定为 1 MB，1 MB 大小相当于平均每秒可以处理 7 次交易，每一个区块可以容纳 4000 余次交易。这个限制的设定是因为比特币系统在成立之初交易量并不多，区块平均每个只有 1~2 KB 大小。但如今，10 min 内的交易量已经可以达到 1 万次以上，预先设定的容量不足以满足日益增长的需求，因此，近些年来，在比特币区块是否扩容这件事情上一直存在争论。

抛开扩容之争不说，我们来看这些交易数据是如何存放的。如果使用的是比特币核心钱包，那么每当打开客户端时，它都会自动同步区块链数据到计算机中。一般这个文件存放在 block 文件夹中，如图 2-4 所示。

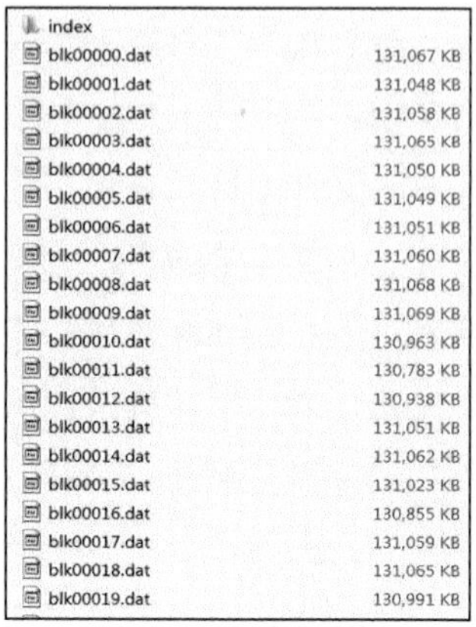
index
blk00000.dat 131,067 KB
blk00001.dat 131,048 KB
blk00002.dat 131,058 KB
blk00003.dat 131,065 KB
blk00004.dat 131,050 KB
blk00005.dat 131,049 KB
blk00006.dat 131,051 KB
blk00007.dat 131,060 KB
blk00008.dat 131,068 KB
blk00009.dat 131,069 KB
blk00010.dat 130,963 KB
blk00011.dat 130,783 KB
blk00012.dat 130,938 KB
blk00013.dat 131,051 KB
blk00014.dat 131,062 KB
blk00015.dat 131,023 KB
blk00016.dat 130,855 KB
blk00017.dat 131,059 KB
blk00018.dat 131,065 KB
blk00019.dat 130,991 KB

图 2-4　数据区块文件

可以使用软件 UltraEdit 查看其中的数据，随意挑选出一个完整区块内容如下。

0587caa6h: F9 BE B4 D9 45 06 00 00 01 00 00 00 A9 .　A3 7E；促 E.......mil

0587cab6h: 88 59 C1 10 61 3F CE D4 E0 C5 8A 19 CE B5 ED FF ; 圷?a?卧嗯?蔚?

0587cac6h: 01 6B DB B2 84 26 01 00 00 00 00 00 6C 70 .　2B ; .k 鄄?......lpT+

0587cad6h: EB 2E 48 97 25 37 D9 7C 36 D5 87 18 EE A8 F9 9D ; ?H?7 質 6 談.瞑鶏

0587cae6h: 5C C1 F1 AD 09 29 92 41 A6 2C CE B4 67 04 77 4D ; \榴?)抆?未 g.wM

0587caf6h: CD 2D 01 1B 9F DE 41 3E 04 01 00 00 00 01 00 00 ; ?..熮 A>........

…………

0587d0a6h: 79 FB 03 8D E4 05 B4 C3 30 2C 18 0C 01 D8 36 67 ; y?齗.疵 0,...?g

0587d0b6h: BC AC F8 47 79 6E AC C8 F5 85 25 DD 52 71 37 7A ; 棘鴇 yn 鯀%輊 q7z

0587d0c6h: E7 5F FF FF FF FF 01 40 66 03 01 00 00 00 00 19 ; 鐮　.@f.......

0587d0d6h: 76 A9 14 AB 28 0C BD 84 36 FA 89 AF 91 28 40 A3 ; v??.絺 6 鵬瘧(@?

0587d0e6h: 83 49 82 DF F2 02 11 88 AC 00 00 00 00 ;

这就是一个随机区块的一部分数据，中间省略了很多数据，但区块中内容大致用这种形式存储，每行最后的乱码是编码问题造成的。

2.2.2 结构解析

区块的数据结构如表 2-1 所示。

表 2-1　区块的数据结构

子结构名称	作用说明	大小
神奇数	区块之间的分隔符	4 byte
区块大小	记录当前区块的大小	4 byte
数据区块头部信息	记录当前区块的头部信息，其 Hash 值是下一个新区块的参数	80 byte
交易计数	当前区块所记录的交易数	1~9 byte
交易详情	记录当前区块保存的所有交易细节	变长

在图 2-4 中可以看到，存放数据的一个.dat 文件大小有 132 MB，之前提到过，一个区块最多只有 1 MB 大小，这说明每个.dat 文件中存放多个区块（如果一个区块一个文件，那文件数目岂不是太多了）。既然一个文件中多个区块写在一起，用来区分不同区块的部分就叫作神奇数。每个块总是以神奇数开始，这个数值在正式网络中是 0xD9B5BEF9，测试网络中是 0x0709110B。

交易个数的字节长度和大小之间关系如表 2-2 所示。

表 2-2　交易个数的字节长度和大小关系

大小	长度	格式
<0xfd	1	Uint8_t
<=0xffff	3	0xfd followed by the length as uint16_t
<=0xffffffff	5	0xfe followed by the length as uint32_t
–	9	0xff followed by the length as uint64_t

如果随机数之后的第一个字节比 0xfd 小，那么该字节就是交易大小的字节。例如，创世块的随机数后的第一个字节是 0x01，那么创世块中的交易个数为 1。如果第一个字节是 0xfd，那么 0xfd 后面的两个字节就是交易大小的字节，以此类推。

剩下几个结构的作用正如字面意思。其中，区块的头部信息还可细分，如表 2-3 所示。

表 2-3　区块头数据结构

子结构名称	作用说明	大小
版本号	数据区块的版本号	4 byte
前一个区块的信息	记录前一个数据区块的 Hash 值，当前区块的 Hash 值一定比它小	32 byte
Merkle 树的根值	记录当前区块中所有交易 Merkle 树根节点的 Hash 值	32 byte
时间戳	记录当前区块生成的时间，按照 Unix 时间格式	4 byte
目标值	当前区块生成所达成目标值的特征，用于矿工的工作量证明	4 byte
随机数	当前区块工作量证明的参数	4 byte

关于“版本号”部分，目前比特币网络块链上区块的版本号有两个（1 和 2），227836 及之后区块的版本号是 2（在这之前的块版本号为 1 或 2）。两者的区别在于版本号 2 中的 Coinbase 交易加入了块高度，这样做的好处是一方面能进一步保证接下来每个块的散列是唯一的（例如，在 Coinbase 交易中加入了块高度，所以块头部的 Merkle 树根散列一定是唯一的，从而使块头部散列也唯一）；另一方面能更好地了解那些孤立块形成的原因，如可能是由于块高度冲突造成的。

“上一个块散列”字段保存的是上一个区块的散列值，以小端方式存储。由于创世块（第一个区块）没有上一个块，所以它的上一个块散列是 0。

“时间戳”是指从格林尼治时间 1970 年 01 月 01 日 00 时 00 分 00 秒（北京时间 1970 年 01 月 01 日 08 时 00 分 00 秒）起至现在的总秒数，通常是一个字符序列（Unix 时间）。当区块被创造出来时，获得记账权的节点需要在区块头加盖时间戳，用于记录当前区块数据的写入时间。这个时间必须比之前的 11 个块时间的中间值大，并且比当前网络校准时间小 2 h。当前网络校准时间是指与你的节点相连的其他节点时间的中间值。当一个节点连接另外一个节点时，它会收到对方的 Unix 时间并保存与本地时间的偏差，最终的网络校准时间就是所有偏差的中间值加上本地时间，不过比特币协议规定偏差最大为 70 min。

需要注意的是，比特币的时间戳系统并非单调递增的，如块 139793 的时间戳是 1312599459，而块 139792 的时间戳是 1312599808，比 139793 大。这样产生的原因一方面可能是矿工节点时间未及时与标准时间同步；另一方面是在挖矿时，有时结果难以算出，矿工会通过调整时间戳的方式来降低挖矿难度。

“Merkle 树”是用来保存和验证交易的散列二叉树，“目标值”和“随机数”

与挖矿有关，这在后面几个章节中会详述。

综上，区块可分为区块头和区块主体两个部分，头部存放区块的基本信息，而主体存放交易的详细信息。这些交易按顺序存储在收支记录表中，如表 2-4 所示。

表 2-4　收支记录

收支记录表
收支记录 1
收支记录 2
收支记录 3
收支记录 4
收支记录 5
……
收支记录 *N*

其中，每一笔交易记录包含生成时间、引用交易的散列值、交易记录索引编号、比特币支出地址内容、支出地址数量等细节。这些交易记录各自也都有一个 Merkle 节点值，这个散列节点值是整个 Merkle 树的一部分，决定了每一个地址都不能重复交易和被伪造。

2.2.3　内容解析

每个区块都有两个独特的标识：区块高度和区块散列值。但从结构解析来看，这两个数据其实并不存储在区块结构中，每个区块只存储父区块的散列。实际上，当一个新的区块生成后，节点才会计算上一个区块的散列以及高度，并将这两个数据维护在一个单独的表中。

由于区块中只存储父区块的散列，因此，如果想知道一个区块的散列值，需要先通过区块浏览器查找到它的父区块，然后往下推两个区块，找到所需的散列值。举例说明，112829 区块基本信息和交易信息如图 2-5 和图 2-6 所示。

通过以上方法，我们找到示例区块的散列值如下。

000000000000965dd437c97ca2b47b5f726d51e384bc449a5f2568413d991e39

在比特币区块浏览器上可以查到这个区块的信息。

Block #112829

Summary	
Number Of Transactions	4
Output Total	51.56 BTC
Estimated Transaction Volume	1.56 BTC
Transaction Fees	0 BTC
Height	112829 (Main Chain)
Timestamp	2011-03-09 04:39:03
Difficulty	55,589.52
Bits	453062093
Size	1.605 KB
Version	1
Nonce	1044504223
Block Reward	50 BTC

Hashes	
Hash	000000000000965dd437c97ca2b47b5f726d51e384bc449a5f2568413d991e39
Previous Block	0000000000012684b2db6b01ffedb6ce198ac6e0d4ce3f6110c159887ea364a9
Next Block(s)	000000000000f33a877702dbc61d4aa93fe158390f82adb3a0f97001bcf074b9
Merkle Root	b4ce2ca641922909adf1c15c9df9a8ee1887d5367cd9372597482eeb2b54706c
Network Propagation (Click To View)	

图 2-5　112829 区块基本信息

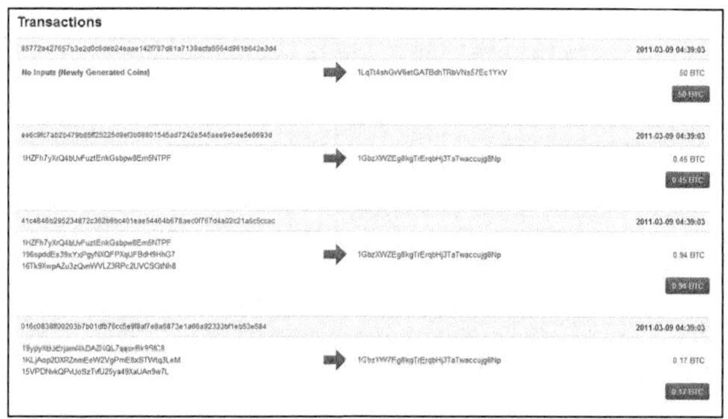

图 2-6　112829 区块交易信息

可以看到，示例区块有 4 笔交易，单击链接可查看交易细节。浏览器的好处是比较直观，通过命令行也可查看该区块信息，如下。

```
~$ bitcoind getblock
000000000000965dd437c97ca2b47b5f726d51e384bc449a5f2568413d991e39
{
"hash" :
"000000000000965dd437c97ca2b47b5f726d51e384bc449a5f2568413d991e39",
    "confirmations" : 132727,
    "size" : 1605,
    "height" : 112829,
    "version" : 1,
    "merkleroot" :
    "b4ce2ca641922909adf1c15c9df9a8ee1887d5367cd9372597482eeb2b. 706c",
    "tx" : [
        "85772a427657b3e2d0c6deb24eaae142f787d61a7139acfa5564d961b642e3d4",
        "ee6c9fc7ab2b479b85ff25225d9ef3b08801. 5ad7242e. 5aee9e5ee5e6693d",
        "41c4846b295234872c362b9bc401eae. 464b678aec0f767d4a02c21a6c5ccac",
```

```
            "016c0838ff00203b7b01dfb76cc5e9f8af7e8a6873e1a66a92333bf1eb53e584"
        ],
        "time" : 1299645. 3,
        "nonce" : 1044504223,
        "bits" : "1b012dcd",
        "difficulty" : 55589.51812687,
    "chainwork" :
    "000000000000000000000000000000000000000000000001bbec6fdd6ca6764",
    "previousblockhash" :
    "00000000000012684b2db6b01ffedb5ce198ac5e0d4ce3f6110c159887ea3. a9",
    "nextblockhash" :
    "000000000000f33a877702dbc61d4aa93fe158396f82adb3a0f97001bcf674b9"
}
```

区块包含 4 个交易，各交易 ID 如下。

```
"85772a427657b3e2d0c6deb24eaae142f787d61a7139acfa5564d961b642e3d4"
"ee6c9fc7ab2b479b85ff25225d9ef3b08801. 5ad7242e. 5aee9e5ee5e6693d"
"41c4846b295234872c362b9bc401eae. 464b678aec0f767d4a02c21a6c5ccac"
"016c0838ff00203b7b01dfb76cc5e9f8af7e8a6873e1a66a92333bf1eb53e584"
```

查看任意一笔交易信息，如下。

```
    ~$ bitcoind getrawtransaction
    41c4846b295234872c362b9bc401eae. 464b678aec0f767d4a02c21a6c5ccac
{
   "ver":1,
   "inputs":[
       {
          "sequence":4294967295,
          "prev_out":{
              "spent":true,
              "tx_index":337178,
              "type":0,
              "addr":"1HZFh7yXrQ4bUvFuztEnkGsbpw8Em5NTPF",
              "value":81000000,
              "n":0,
              "script":"76a914b59b965ce665852a63e06ac30a849d31903ca4ec88ac"
},
"script":"473044022041201ea046f8eda94120a48ed4b718d5e722bb5efc69597ab96869a493d84c05022075e3982d0f8be5990a1fa0a05a6dc61ff3c2426b4ca78b433feb22430091cf3b01410421ded0cebcbaaab76e7c692eb96e46b0196b34f270e2dd3bd66eda7d0745b0c333ecaccba36b578e594eb366fca8a6be7dfa9e3afc006426945610c4e6d7440f"
},
```

```
    {
        "sequence":4294967295,
        "prev_out":{
            "spent":true,
            "tx_index":341351,
            "type":0,
            "addr":"196spddEs39xYxPgyNXQFPXqUFBdH9HhG7",
            "value":2000000,
            "n":0,
            "script":"76a91458dd826f120f3b0b9cc37a851374ae837dc3d41d88ac"
    },
        "script":"483045022100b3cb597f587c9b5f7162dcd348207a6510050fee5ff1114cf0eab8a437
027b870220. ec702e8c05b4da3f5ef575b8e0213423847a2faf2912c4d4123ee0790de9cf014104363
b2766265136f0351999a8420f08bac9dfd0526ec2a1dee90887820cc681134688d1e085bf5 . 9931f1
49f8d5a63c00c8e658e5d51864d52af1762a4a769bb"
    },
    {
        "sequence":4294967295,
        "prev_out":{
            "spent":true,
            "tx_index":340584,
            "type":0,
            "addr":"16Tk9XwpAZu3zQvnWVLZ3RPc2UVCSGtNh8",
            "value":11000000,
            "n":1,
            "script":"76a9143be7761a17bc58517096aab9f5f9ec46e3aad7d188ac"
    },
        "script":"483045022005cc9d58c27307fd05d5bdd86ecb82d7c4f32551dc9bff99f17dc5824e53
91e4022100b6f1b7774f33e579ffaaab6489c2c0d1a94ea1dc4390c59f4d42486c395a81b4014104deb
414eef95d5c19a87071e53ba . 0ba61c0b9f4c3e078d5aaf0a1d7a958b24a7ea748ca6cbc6f534a714d
c95dfeca69f370a360d60abecf088937637689ca71"
    }
    ],
        "block_height":112829,
        "relayed_by":"0.0.0.0",
        "out":[
            {
                "spent":true,
                "tx_index":342176,
                "type":0,
                "addr":"1GbzXWZEg8kgTrErqbHj3TaTwaccujg8Np",
```

```
            "value":94000000,
            "n":0,
            "script":"76a914ab280cbd8436fa89af912840a3834982dff2021188ac"
        }
    ],
    "lock_time":0,
    "size":583,
    "double_spend":false,
    "time":1299645.  3,
    "tx_index":342176,
    "vin_sz":3,
    "hash":"41c4846b295234872c362b9bc401eae.  464b678aec0f767d4a02c21a6c5ccac",
    "vout_sz":1
}
```

显示在浏览器中如图 2-7 和图 2-8 所示。

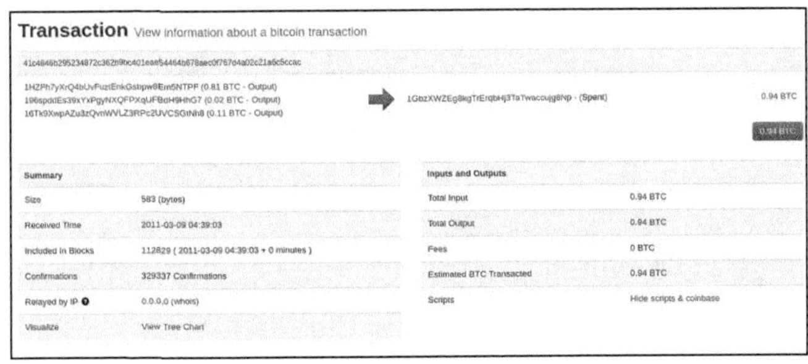

图 2-7　交易详细信息

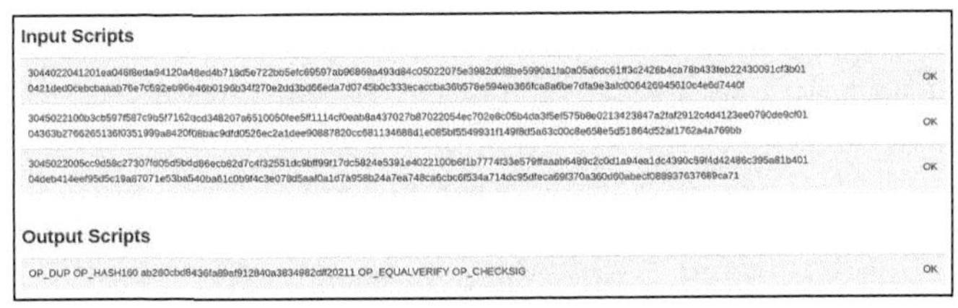

图 2-8　交易脚本信息

2.3　交易结构

交易是比特币系统中最重要的部分，身为比特币系统的最小单元，交易起到信息载体的作用。本章我们具体分析交易的种类，以及单个交易中承载的信息。

2.3.1 交易类型

交易类型最常见的有两种：接收地址为公钥散列的交易（P2PKH，Pay-to-Public-Key-Hash），以及接收地址为脚本散列的交易（P2SH，Pay-to-Script-Hash），这两种交易统称为标准交易类型。

P2PKH：比特币网络上的大多数交易是P2PKH，这类交易的输出是给公钥散列，也是我们常说的比特币地址。

P2SH：P2SH在2012年作为一种能大大简化复杂交易脚本的交易类型而引入。此类交易的输出是脚本S经过Hash160处理后的值。S是RedeemScript，这是一种可兑现脚本，这个脚本本身也可实现一些功能，如多重签名。多重签名的接收地址不是通常意义的地址，而是一个合成地址。若花费时需要提供 *m* 个签名中的 *n* 个，那么这种方式叫作 *n*-of-*m* 类型。可以说，P2SH交易类型的引入，使比特币系统可以实现一些简单的智能合约，增强了它的图灵性。

在引入隔离见证（Segregated Witness）后，比特币的交易类型增加了P2WPKH（Pay-to-Witness-Public-Key-Hash）和P2WSH（Pay-to-Witness-Script-Hash）这两种。

2.3.2 结构解析

交易记录中包含比特币交易的相关细节，完整的结构如表2-5所示。

表2-5 交易数据结构

字段	描述	大小
版本号	明确这笔交易参照的规则	4 byte
输入个数	被包含的输入数量	1~9 byte
输入列表	一个或多个交易输入（块中第一个交易也叫Coinbase交易）	不定
输出个数	被包含的输出数量	1~9 byte
输出列表	一个或多个交易输入（块中第一个交易的输出是挖矿奖励）	不定
锁定时间	如果锁定时间不为0且小于0xFFFFFFFF，那么可以设定交易的解锁条件，如块高度或时间	4 byte

锁定时间（LockTime）定义了能被加到区块链中最早的交易时间。在大多数交易中，它被设置成 0，表示立即执行。如果锁定时间不是 0，则此部分根据数值的大小可表示为两种含义：若小于 5 亿，则视为区块高度，意指区块在到达这个高度之前，此交易不能被写入区块链中；若大于 5 亿，则它被当作一个 Unix 纪元时间戳（自 1970 年 1 月 1 日以来的秒数），表示指定的时间点到达之前，交易不能被包含在这个区块链中。

比特币交易中的“花费”是未经使用的一个交易输出，称作 UTXO（Unspend Transaction Output）。给某人发送比特币实际上是创造新的 UTXO，并注册到那个人的地址，可由他用于新的支付。被交易消耗的 UTXO 称为交易输入，由交易创建的 UTXO 称为交易输出。通过这种方式，一定量价值的比特币在不同所有者之间转移，UTXO 也在交易链中不断地消耗和创建。UTXO 被每一个全节点比特币客户端存储在内存的一个数据库中，该数据库也被称为“UTXO 集”或者“UTXO 池”。新的交易从 UTXO 集中消耗（支付）用于一个或多个输出。

交易数据结构中交易输入字段的数据结构如表 2-6 所示。

表 2-6　交易输入字段的数据结构

字段	描述	大小
上一个交易的散列值（使用交易的散列值）	对交易进行双重散列（SHA256）指向交易包含的被花费 UTXO 的散列指针	32 byte
输出索引	被花费 UTXO 的索引号，第一个是 0	4 byte
解锁脚本长度	用字节表示后面的解锁脚本长度	1~9 byte
输入（解锁）脚本	一个达到 UTXO 锁定脚本中条件的脚本	变长
序列号	一般是 0xFFFFFFFF，除非 lock_time>0	4 byte

序列号（Sequence Number）是用来表示交易所花的 UTXO 可信度，如果设置为 30，那么这笔 UTXO 所在的区块放入链中后，必须新增加至少 30 个块的高度才可以被花费（块的高度越大，UTXO 被双花的可能性就越小）。目前，大多数交易把这个值设置成最大的整数 0xFFFFFFFF 且被比特币网络忽略。如果一次交易需要设定锁定时间，那么它在输入中也要设置一个比 0xFFFFFFFF 低的序列号来激活锁定时间，否则 LockTime 无效。

交易数据结构中交易输出字段的数据结构如表 2-7 所示。

表 2-7　交易输出字段的数据结构

字段	描述	大小
输出值	以聪为单位表示比特值	8 byte
锁定脚本长度	用字节表示后面的锁定脚本长度	1~9 byte
输出（锁定）脚本	一个定义了支付输出所需条件的脚本	变长

其中，输出脚本定义了该交易输出再次被花费的方式。关于脚本，我们会在后面的章节中详细讨论。

下面用一笔交易进行举例分析。

交易的 TxID 为 9ca8f969bd3ef5ec2a8685660fdbf7a8bd365524c2e1fc66c309acbae2c14ae3。

首先，在命令行中查询到这个交易的具体内容，如下。

$ bitcoin-cli　getrawtransaction

9ca8f969bd3ef5ec2a8685660fdbf7a8bd365524c2e1fc66c309acbae2c14ae3

0100000001d717279515f88e2f56ce4c8a31e2ae3e9f00ba1d0add648e80c480ea22e0c7d3000000008b483045022100a4ebbeec83225dedead659bbde7da3d026c8b8e12e61a2df0dd0758e227383b302203301768ef878007e9ef7c304f70ffaf1f2c975b192d34c5b9b2ac1bd193dfba2014104793ac8a58ea751f9710e39aad2e296cc14daa44fa59248be58ede65e4c4b884ac5b5b6dede05ba84727e34c8fd3ee1d6929d7a44b6e111d41cc79e05dbfe5ceaffffffff02404b4c00000000001976a91407bdb518fa2e6089fd810235cf1100c9c13d1fd288ac1f312906000000001976a914107b7086b31518935c8d28703d66d09b3623134388ac00000000。

然后，根据前面介绍的数据结构，将这个交易的内容分析如下。

01000000——（版本）

01——（输入个数）

d717279515f88e2f56ce4e8a31e2ae3e9f00ba1d0add648e80c480ea22e0c7d3——（上一交易散列）

00000000——（索引）

8b——（输入脚本长度）

483045022100a4ebbeec83225dedead659bbde7da3d026c8b8e12e61a2df0dd0758e227383b302203301768ef878007e9ef7c304f70ffaf1f2c975b192d34c5b9b2ac1bd193dfba2

014104793ac8a58ea751f9710e39aad2e296cc14daa44fa59248be58ede65e4c4b884ac5b5b6dede05ba84727e34c8fd3ee1d6929d7a44b6e111d41cc79e05dbfe5cea——（输入脚本）

ffffffff——（序列号）

02——（输入个数）

404b4c0000000000——（输出值）

19——（输出脚本长度）

76a91407bdb518fa2e6089fd810235cf1100c9c13d1fd288ac——（输出脚本）

1f31290600000000——（第二个输出值）

19——（第二个输出脚本长）

76a914107b7086b31518935c8d28703d66d09b3623134388ac——（第二个输出脚本）

00000000——（锁定时间）

下面是这个交易的代码分析，可以看到与数据分析相互对应。

```
$ bitcoin-cli decoderawtransaction0100000001d717...388ac00000000
{
"txid":"9ca8f969bd3ef5ec2a8685660fdbf7a8bd365524c2e1fc66c309acbae2c14ae3",
"version" : 1,
"locktime" : 0,
"vin" : [
{
"txid":"d3c7e022ea80c4808e64dd0a1dba009f3eaee2318a4ece562f8ef815952717d7",
"vout" : 0,
"scriptSig" : {
"asm" :
"3045022100a4ebbeec83225dedead659bbde7da3d026c8b8e12e61a2df0dd0758e227383b302203301768ef878007e9ef7c304f70ffaf1f2c975b192d34c5b9b2ac1bd193dfba20104793ac8a58ea751f9710e39aad2e296cc14daa44fa59248be58ede65e4c4b884ac5b5b6dede05ba84727e34c8fd3ee1d6929d7a44b6e111d41cc79e05dbfe5cea",
"hex":
"483045022100a4ebbeec83225dedead659bbde7da3d026c8b8e12e61a2df0dd0758e227383b302203301768ef878007e9ef7c304f70ffaf1f2c975b192d34c5b9b2ac1bd193dfba2014104793ac8a58ea751f9710e39aad2e296cc14daa44fa59248be58ede65e4c4b884ac5b5b6dede05ba84727e34c8fd3ee1d6929d7a44b6e111d41cc79e05dbfe5cea"
},
"sequence" : 4294967295
}
],
"vout" : [
```

```
{
"value" : 0.05000000,
"n" : 0,
"scriptPubKey" : {
"asm" : "OP_DUP OP_HASH16007bdb518fa2e6089fd810235cf1100c9c13d1fd2 OP_
EQUALVERIFYOP_CHECKSIG",
"hex" :"76a91407bdb518fa2e6089fd810235cf1100c9c13d1fd288ac",
"reqSigs" : 1,
"type" : "pubkeyhash",
"addresses" : [
"1hvzSofGwT8cjb8JU7nBsCSfEVQX5u9CL"
]
}
},
{
"value" : 1.03362847,
"n" : 1,
"scriptPubKey" : {
"asm" : "OP_DUP OP_HASH160107b7086b31518935c8d28703d66d09b36231343 OP_
EQUALVERIFYOP_CHECKSIG",
"hex" :
"76a914107b7086b31518935c8d28703d66d09b3623134388ac",
"reqSigs" : 1,
"type" : "pubkeyhash",
"addresses" : [
"12W9goQ3P7Waw5JH8fRVs1e2rVAKoGnvoy"
]
}
}
]
}
```

因为结构这个部分比较重要，因此在本章的最后，我们通过一个较为完整的示例展示。为了演示方便，我们读取稍早期的块数据，以高度 116219 Block 为例。

```
# ~ bitcoind getblock
0000000000007c639f2cbb23e4606a1d022fa4206353b9d92e99f5144bd74611
{
"hash" : "0000000000007c639f2cbb23e4606a1d022fa4206353b9d92e99f5144bd74611",
"confirmations" : 144667,
"size" : 1536,
"height" : 116219,
```

```
"version" : 1,
"merkleroot" : "587fefd748f899f84d0fa1d8a3876fdb406a4bb8f. a31445cb72564701daea6",
"tx" : [
"be8f08d7f519eb863a68cf292ca51dbab7c9b49f50a96d13f2db32e432db363e",
"a387039eca66297ba51ef2da3dcc8a0fc745bcb511e20ed9505cc6762be037bb",
"2bd83162e264abf59f9124ca517050065f8c8eed2a21fbf85d4. ee4e0e4c267",
"028cfae228f8a4b0caee9c566bd41aed36bcd237cdc0eb18f0331d1e87111743",
"3a06b6615756dc3363a8567fbfa8fe978ee0ba06eb33fd844886a0f01149ad62"
],
"time" : 1301705313,
"nonce" : 1826107553,
"bits" : "1b00f339",
"difficulty" : 68977.78463021,
"previousblockhash" :
"00000000000010d. 9135eb39bd3bbb1047df8e1512357216e8a85c57a1efbfb",
"nextblockhash" :
"000000000000e9fcc59a6850f64a94476a30f5fe35d6d8c4b4ce0b1b04103a77"
}
```

该 Block 中有 5 笔交易，第一笔为 Generation TX，解析出的具体内容如下。

```
# ~ bitcoind getrawtransaction
be8f08d7f519eb863a68cf292ca51dbab7c9b49f50a96d13f2db32e432db363e1
{
"hex":
"0100000001000000000000000000000000000000000000000000000000000000000000000
ffffffff070439f3001b0134ffffffff014034152a010000004341045b3aaa284d169c5ae2d20d0b067346
8ed3506aa8fea5976eacaf1ff304456f6522fbce1a646a24005b8b8e771a671f564ca6c03e484a1c394bf
96e2a4ad01dceac00000000",
"txid" : "be8f08d7f519eb863a68cf292ca51dbab7c9b49f50a96d13f2db32e432db363e",
"version" : 1,
"locktime" : 0,
"vin" : [
    {
    "coinbase" : "0439f3001b0134",
    "sequence" : 4294967295
    }
],
"vout" : [
    {
    "value" : 50.01000000,
    "n" : 0,
    "scriptPubKey" : {
```

```
        "asm" :
    "045b3aaa284d169c5ae2d20d0b0673468ed3506aa8fea5976eacaf1ff304456f6522fbce1a646a24005b8b8e771a671f564ca6c03e484a1c394bf96e2a4ad01dce OP_CHECKSIG",
        "hex" :
    "41045b3aaa284d169c5ae2d20d0b0673468ed3506aa8fea5976eacaf1ff304456f6522fbce1a646a24005b8b8e771a671f564ca6c03e484a1c394bf96e2a4ad01dceac",
    "reqSigs" : 1,
    "type" : "pubkey",
    "addresses" : [
    "1LgZTvoTJ6quJNCURmBUaJJkWWQZXkQnDn"
                ]
            }
        }
    ],
    "blockhash" : "0000000000007c639f2cbb23e4606a1d022fa4206353b9d92e99f5144bd74611",
    "confirmations" : 145029,
    "time" : 1301705313,
    "blocktime" : 1301705313
    }
```


每个区块的第一笔交易都是 Generation Tx，这笔交易是对矿工的鼓励，首个将此区块挖掘出来的矿工可以将固定鼓励资金和小费输出到自己的地址。可以看到，Generation Tx 的输入不是一个 UTXO，而是带有 Coinbase 字段的结构。该字段的值由挖出此 Block 的人填写，这是一种“特权”：可以把任意信息写入“货币”系统。中本聪在比特币的第一个交易中写入的 Coinbase 值是


```
"coinbase":"04ffff001d010445. 686520. 696d65732030332f4a616e2f323030392043
68616e63656c6c6f72206f6e206272696e6b206f66207365636f6e64206261696c6f75742066
6f722062616e6b73"
```


将该段十六进制转换为 ASCII 字符，就是那段著名的创世块留言。

The Times 03/Jan/2009 Chancellor on brink of second bailout for banks

对于 Coinbase 交易而言，由于不存在上一个交易（即来源交易），所以“上一个交易的散列值”字段的值是 0x0000000000000000000000000000000000000000000000000000000000000000；“输出索引”字段的值是 0xFFFFFFFF。

接下来分析第 4 笔交易，这是一个有 3 个输入、2 个输出的普通交易。

```
# ~ bitcoind getrawtransaction 028cfae228f8a4b0caee9c566bd41aed36bcd237cdc0eb18f0331d1e871117431
{
"hex" :
```

```
    "0100000003c9f3b07ebfca68fd1a6339d0808fbb013c90c6095fc93901ea77410103489ab7000
000008a473044022055bac1856ecbc377dd5e869b1a84ed1d5228c987b098c095030c12431a4d5249
022055523130a9d0af5fc27828aba43b464ecb1991172ba2a509b5fbd6cac97ff3af0141048aefd78bba
80e2d1686225b755dacea890c9ca1be10ec98173d7d5f2fefbbf881a6e918f3b051f8aaaa3fcc18bbf65
097ce8d30d5a7e5ef8d1005eaafd4b3fbeffffffffc9f3b07ebfca68fd1a6339d0808fbb013c90c6095fc93
901ea77410103489ab7010000008a47304402206b993231adec55e6085e75f7dc5ca6c19e42e744cd6
0abaff957b1c352b3ef9a022022a22fec37dfa2c646c78d9a0753d56cb4393e8d0b22dc580ef1aa6ccce
f208d0141042ff65bd6b3ef0425322. 05ccc3ab2dd926ff2ee48aac210819698440f35d785ec3cec92a
51330eb0c76cf49e9e474fb9159ab41653a9c1725c031449d31026affffffffc98620a6c40fc7b3a506ad
79af339 . 1762facd1dd80ff0881d773fb72b230da010000008b483045022040a5d957e087ed61e80f
1110bcaf4901b5317c257711a6cbc. d6b98b6a8563f02210081e3697031fe82774b8f44dd3660901e
61ac5a99bff2d0efc83ad261da5b4f1d014104a7d1a57e650613d3414ebd59e3192229dc09d3613e .
7bdd1f83435cc4ca0a11c679d96456cae75b1f5563728ec7da1c1f42606db15bf5. dbe8a829f3a8fe2f
fffffff0200bd01050000000001976a914634228c26cf40a02a05db93f2f98b768a8e0e61b88acc096c7a
6030000001976a9147514080ab2fcac0764de3a77d10cb790c71c74c288ac00000000",
    "txid" : "028cfae228f8a4b0caee9c566bd41aed36bcd237cdc0eb18f0331d1e87111743",
    "version" : 1,
    "locktime" : 0,
    "vin" : [
    {
    "txid" : "b79a4803014177ea0139c95f09c6903c01bb8f80d039631afd68cabf7eb0f3c9",
    "vout" : 0,
    "scriptSig" : {
    "asm" :
    "3044022055bac1856ecbc377dd5e869b1a84ed1d5228c987b098c095030c12431a4d5249022
055523130a9d0af5fc27828aba43b464ecb1991172ba2a509b5fbd6cac97ff3af01
048aefd78bba80e2d1686225b755dacea890c9ca1be10ec98173d7d5f2fefbbf881a6e918f3b051f8aaa
a3fcc18bbf65097ce8d30d5a7e5ef8d1005eaafd4b3fbe",
    "hex" :
    "473044022055bac1856ecbc377dd5e869b1a84ed1d5228c987b098c095030c12431a4d52490
22055523130a9d0af5fc27828aba43b464ecb1991172ba2a509b5fbd6cac97ff3af0141048aefd78bba8
0e2d1686225b755dacea890c9ca1be10ec98173d7d5f2fefbbf881a6e918f3b051f8aaaa3fcc18bbf650
97ce8d30d5a7e5ef8d1005eaafd4b3fbe"
    },
    "sequence" : 4294967295
    },
    {
    "txid" : "b79a4803014177ea0139c95f09c6903c01bb8f80d039631afd68cabf7eb0f3c9",
    "vout" : 1,
    "scriptSig" : {
    "asm" :
```

"304402206b993231adec55e6085e75f7dc5ca6c19e42e744cd60abaff957b1c352b3ef9a022022a22fec37dfa2c646c78d9a0753d56cb4393e8d0b22dc580ef1aa6cccef208d01042ff65bd6b3ef0425322. 05ccc3ab2dd926ff2ee48aac210819698440f35d785ec3cec92a51330eb0c76cf49e9e474fb9159ab41653a9c1725c031449d31026a",
"hex":
"47304402206b993231adec55e6085e75f7dc5ca6c19e42e744cd60abaff957b1c352b3ef9a022022a22fec37dfa2c646c78d9a0753d56cb4393e8d0b22dc580ef1aa6cccef208d0141042ff65bd6b3ef0425322. 05ccc3ab2dd926ff2ee48aac210819698440f35d785ec3cec92a51330eb0c76cf49e9e474fb9159ab41653a9c1725c031449d31026a"
},
"sequence" : 4294967295
},
{
"txid" : "da30b272fb73d78108ff80ddd1ac2f76419533af79ad06a5b3c70fc4a62086c9",
"vout" : 1,
"scriptSig" : {
"asm" :
"3045022040a5d957e087ed61e80f1110bcaf4901b5317c257711a6cbc. d6b98b6a8563f02210081e3697031fe82774b8f44dd3660901e61ac5a99bff2d0efc83ad261da5b4f1d0104a7d1a57e650613d3414ebd59e3192229dc09d3613e. 7bdd1f83435cc4ca0a11c679d96456cae75b1f5563728ec7da1c1f42606db15bf5. dbe8a829f3a8fe2f",
"hex" :
"483045022040a5d957e087ed61e80f1110bcaf4901b5317c257711a6cbc . d6b98b6a8563f02210081e3697031fe82774b8f44dd3660901e61ac5a99bff2d0efc83ad261da5b4f1d014104a7d1a57e650613d3414ebd59e3192229dc09d3613e. 7bdd1f83435cc4ca0a11c679d96456cae75b1f5563728ec7da1c1f42606db15bf5. dbe8a829f3a8fe2f"
},
"sequence" : 4294967295
}
],
"vout" : [
{
"value" : 0.84000000,
"n" : 0,
"scriptPubKey" : {
"asm" : "OP_DUP OP_HASH160 634228c26cf40a02a05db93f2f98b768a8e0e61b OP_EQUALVERIFY OP_CHECKSIG",
"hex" : "76a914634228c26cf40a02a05db93f2f98b768a8e0e61b88ac",
"reqSigs" : 1,
"type" : "pubkeyhash",
"addresses" : [

```
"1A3q9pDtR4h8wpvyb8SVpiNPpT8ZNbHY8h"
]
}
},
{
"value" : 156.83000000,
"n" : 1,
"scriptPubKey" : {
"asm" : "OP_DUP OP_HASH160 7514080ab2fcac0764de3a77d10cb790c71c74c2 OP_
EQUALVERIFY OP_CHECKSIG",
"hex" : "76a9147514080ab2fcac0764de3a77d10cb790c71c74c288ac",
"reqSigs" : 1,
"type" : "pubkeyhash",
"addresses" : [
"1Bg44FZsoTeYteRykC1XHz8facWYKhGvQ8"
]
}
}
],
"blockhash""0000000000007c639f2cbb23e4606a1d022fa4206353b9d92e99f5144bd74611",
"confirmations" : 147751,
"time" : 1301705313,
"blocktime" : 1301705313
}
```

其中，字段 hex 记录了所有相关信息，后面显示的是 hex 解析出来的各类字段信息。下面逐个分解 hex 内容。

01000000：版本号，UINT32 格式。

03：Tx 输入数量，变长 INT 格式。03 表示有 3 个输入。

```
/*** 第一组 Input Tx ***/
```

c9f3b07ebfca68fd1a6339d0808fbb013c90c6095fc93901ea77410103489ab7：使用 Tx 的散列值，是固定的 32 byte。

00000000：使用的 Tx 位于之前交易输出的第 0 个，UINT32 格式，固定 4 byte。

8a：签名的长度, 0x8A = 138 byte。签名含有两个部分：公钥+签名。

47：公钥长度，0x47 = 71 byte。

```
3044022055bac1856ecbc377dd5e869b1a84ed1d5228c987b098c095030c12431a4d52490220
55523130a9d0af5fc27828aba43b464ecb1991172ba2a509b5fbd6cac97ff3af01
```

41：签名长度，0x41 = 65 byte。

```
048aefd78bba80e2d1686225b755dacea890c9ca1be10ec98173d7d5f2fefbbf881a6e918f3b051
f8aaaa3fcc18bbf65097ce8d30d5a7e5ef8d1005eaafd4b3fbe
```

ffffffff：sequence，0xffffffff = 4294967295，UINT32 格式，固定 4 byte。

```
/*** 第二组 Input Tx。与上同理，省略分解 ***/
c9f3b07ebfca68fd1a6339d0808fbb013c90c6095fc93901ea77410103489ab7010000008a4730
4402206b993231adec55e6085e75f7dc5ca6c19e42e744cd60abaff957b1c352b3ef9a022022a22fec3
7dfa2c646c78d9a0753d56cb4393e8d0b22dc580ef1aa6cccef208d0141042ff65bd6b3ef0425322. 0
5ccc3ab2dd926ff2ee48aac210819698440f35d785ec3cec92a51330eb0c76cf49e9e474fb9159ab4165
3a9c1725c031449d31026affffffff
/*** 第三组 Input Tx。省略分解 ***/
c98620a6c40fc7b3a506ad79af339. 1762facd1dd80ff0881d773fb72b230da010000008b4830
45022040a5d957e087ed61e80f1110bcaf4901b5317c257711a6cbc. d6b98b6a8563f02210081e369
7031fe82774b8f44dd3660901e61ac5a99bff2d0efc83ad261da5b4f1d014104a7d1a57e650613d3414
ebd59e3192229dc09d3613e. 7bdd1f83435cc4ca0a11c679d96456cae75b1f5563728ec7da1c1f426
06db15bf5. dbe8a829f3a8fe2ffffffff
```

02：Tx 输出数量，变长 INT，两个输出。

```
/*** 第一组输出 ***/
00bd010500000000 // 输出的币值，UINT64，8 个字节。字节序需翻转=>0x00000000050
1bd00 = 84000000 satoshi
19 // 输出目的地址字节数，0x19 = 25 byte，由一些操作码与数值构成
// 目标地址
// 0x76 -> OP_DUP(stack ops)
// 0xa9 -> OP_HASH160(crypto)
// 0x14 ->长度，0x14 = 20 byte
76 a9 14
// 地址的 HASH160 值，20 byte
634228c26cf40a02a05db93f2f98b768a8e0e61b
// 0x88 -> OP_EQUALVERIFY(bit logic)
// 0xac -> OP_CHECKSIG(crypto)
88 ac
/*** 第二组输出 ***/
c096c7a603000000
19
76 a9 14 7514080ab2fcac0764de3a77d10cb790c71c74c2 88 ac
```

00000000 // lock_time，UINT32，固定 4 byte。

该笔交易详细信息和脚本信息如图 2-9 和图 2-10 所示。

值得一提的是，交易散列和块头部散列类似，也不存在于块数据中，而是根据本身的结构进行双重 SHA256 得来的。即 Tx_Hash（TxID 俗称交易 ID）由 hex 得出：

Tx_Hash = SHA256(SHA256(hex))。由于每个交易只能成为下一个的输入，有且仅有一次，因此不存在输入完全相同的交易，也就不存在相同的 Tx_Hash（SHA256 碰撞概率极小，所以无须考虑 Hash 碰撞的问题，就像无须考虑地址私钥被别人撞到一样）。

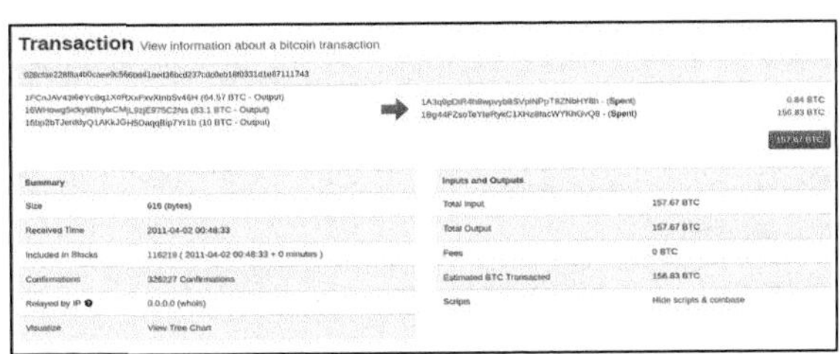

图 2-9　交易详细信息

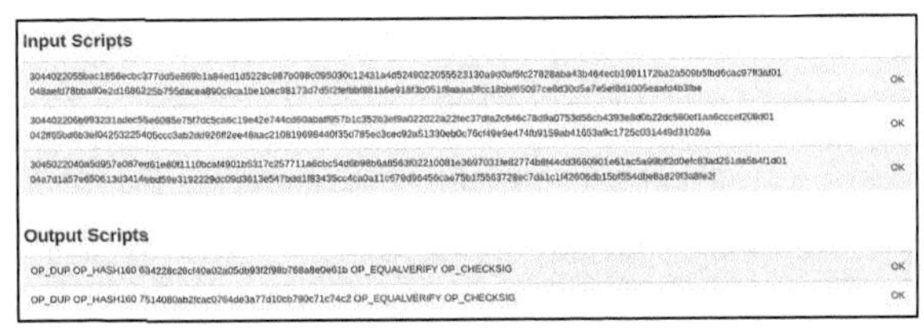

图 2-10　交易脚本信息

即便如此，在系统中依然产生了相同的 Tx_Hash，是某位矿工挖出 Block 后，打包 Block 时忘记修改 Generation Tx Coinbase 字段的值，币量相同且输出至相同的地址，就构造了两个完全一模一样的交易，分别位于两个 Block 的第一个位置。这对系统不会产生什么问题，但只要花费其中一笔，另一个也被花费了。相同的 Generation Tx 相当于覆盖了另一个，从而损失了已经挖出的币。该交易 ID 为 e3bf3d07d4b0375638d5f1db5255fe07ba2c4cb067cd81b84ee974b6585fb468，第一次出现在#91722，第二次出现在#91880，如图 2-11 所示。

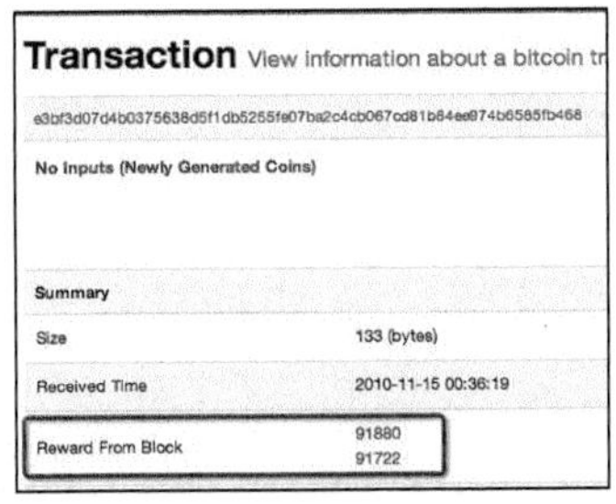

图 2-11　发生的重复交易

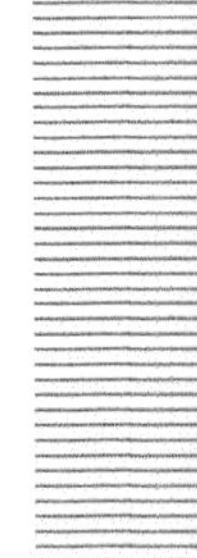

| 2.4　交易的构造和签名 |

前面介绍了区块和交易的基本结构，那么交易是怎样一步步构建而成的？为了让读者有个更直观的认识，本章借助bitcoind客户端来演示交易的构造和签名的详细过程。

2.4.1　找出未花费的币

建立一笔交易，第一步要确定支付资金的来源（即用哪个UTXO）。使用命令

```
listunspent [minconf=1] [maxconf=9999999] ["address", ...]
```

可以列出某个地址未花费的币（交易），minconf/maxconf 表示该笔收入交易的确认数范围，如果需要列出还未确认的交易，minconf 设置为 0。

例如，我的地址是 1Lab618UuWjLmVA1Q64tHZXcLoc4397ZX3，执行

```
$ bitcoind listunspent 0 100 '["1Lab618UuWjLmVA1Q64tHZXcLoc4397ZX3"]'
输出为
{
"txid" : "296ea7bf981b44999d689853d17fe0ceb852a8a34e68fcd19f0a41e589132156",
"vout" : 0,
"address" : "1Lab618UuWjLmVA1Q64tHZXcLoc4397ZX3",
"account" : "",
"scriptPubKey" : "76a914d6c492056f3f99692b56967a42b8ad44ce76b67a88ac",
"amount" : 0.19900000,
"confirmations" : 1
}
```

可以看到，我的地址上有一笔未花费交易，位于交易“296ea7bf981b44999d689853d17fe0ceb852a8a34e68fcd19f0a41e589132156”的第 0 个位置，这笔交易就可以作为后续支付的输出使用。

2.4.2　创建待发送交易

找到可以使用的 UTXO 后，就能创建待发送交易，这一步由命令“createrawtransaction [{"txid":txid,"vout":n},...] {address:amount,...}”完成。我们准备将 0.1 BTC 发送至 1Q8s4qDRbCbFypG5AFNR9tFC57PStkPX1x，并支付 0.0001 BTC

作为手续费。输入交易用 6.1 节中找出的那笔，该笔交易的 amount 参数为 0.199，表示有 0.199 BTC 的资金可以使用。

接下来，计算输出，需要支付 0.1 + 0.0001 = 0.1001 BTC，那么还剩余 0.199−0.1001 = 0.0989 BTC，这个金额作为找零发回给自己。执行命令

```
$bitcoind createrawtransaction
"[{"txid":"296ea7bf981b44999d689853d17fe0ceb852a8a34e68fcd19f0a41e589132156","vou
t":0}]"{"1Q8s4qDRbCbFypG5AFNR9tFC57PStkPX1x":0.1,"1Lab618UuWjLmV
A1Q64tHZXcLoc4397ZX3":0.0989}"
```

其中，这笔交易中输入和输出的差价，就是我们将支付的小费。

输出

```
"0100000000156211389e. 10a9fd1fc684ea3a852b8cee07fd15398689d99441b98bfa76e29000
0000000ffffffff0280969800000000001976a914fdc7990956642433ea75cabdcc0a9447c5d2b4ee88a
cd0e89600000000001976a914d6c492056f3f99692b56967a42b8ad44ce76b67a88ac00000000"
```

这段数字与字母的组合就是交易在区块中存放的形式，通过命令“decoderawtransaction <hex string>”可以将此段十六进制字符串解码。

执行命令

```
$ bitcoind decoderawtransaction
```

得到

```
"0100000000156211389e. 10a9fd1fc684ea3a852b8cee07fd15398689d99441b98bfa76e29000
0000000ffffffff0280969800000000001976a914fdc7990956642433ea75cabdcc0a9447c5d2b4ee88a
cd0e89600000000001976a914d6c492056f3f99692b56967a42b8ad44ce76b67a88ac00000000"
```

输出

```
{
"txid" : ". f773a3fdf7cb3292fc76b46c97e536348b3a0715886dbfd2f60e115fb3a8f0",
"version" : 1,
"locktime" : 0,
"vin" : [
{
"txid" : "296ea7bf981b44999d689853d17fe0ceb852a8a34e68fcd19f0a41e589132156",
"vout" : 0,
"scriptSig" : {
"asm" : "",
"hex" : ""
},
"sequence" : 4294967295
}
],
```

```
"vout" : [
{
"value" : 0.10000000,
"n" : 0,
"scriptPubKey" : {
"asm" : "OP_DUP OP_HASH160 fdc7990956642433ea75cabdcc0a9447c5d2b4ee OP_EQUALVERIFY OP_CHECKSIG",
"hex":"76a914fdc7990956642433ea75cabdcc0a9447c5d2b4ee88ac",
"reqSigs" : 1,
"type" : "pubkeyhash",
"addresses" : [
"1Q8s4qDRbCbFypG5AFNR9tFC57PStkPX1x"
]
}
},
{
"value" : 0.09890000,
"n" : 1,
"scriptPubKey" : {
"asm" : "OP_DUP OP_HASH160 d6c492056f3f99692b56967a42b8ad44ce76b67a OP_EQUALVERIFY OP_CHECKSIG",
"hex":"76a914d6c492056f3f99692b56967a42b8ad44ce76b67a88ac",
"reqSigs" : 1,
"type" : "pubkeyhash",
"addresses" : [
"1Lab618UuWjLmVA1Q64tHZXcLoc4397ZX3"
]
}
}
]
}
```


可以看到，有一个输入和两个输出的“空白交易”构造好了，但还不能将此交易发布到网上，因为交易的字段 scriptSig 是空的，说明这笔交易还尚未使用私钥进行签名，没有签名的交易是无效的。在填入签名后，TxID 还会发生变化。

在手动创建交易时，务必注意检查输入和输出的值，非常容易犯忘记构造找零输出。

2.4.3 签名和广播

签名过程是先将需要签名的信息做散列处理，然后用私钥对这段散列值进行加密运算，得到签名信息。发送者将原信息和签名一起递交给接收者，接收者使用发送者的公钥对签名进行解密，还原出散列值，再通过散列算法验证信息的散列值和解密签名还原出来的散列值是否一致，从而鉴定信息是否来自发送者或验证信息是否被篡改。

简单来说，签名是对所有权的验证，节点收到交易广播后，会对交易进行验证，通过后则收录进内存、打包进区块，否则，丢弃。签名类似传统纸质合同盖章、签字过程，是合法转移所有权的保证手段。

2.4.3.1　签名类型

先简单回顾一下交易的基本结构，一个交易 Tx 包含 *n* 个 input + *m* 个 output + LockTime。由于一个交易的输入、输出可能具有多个，因此签名也具有多种类型，目前常见的有如下几种。

1. SIGHASH_ALL

此签名类型为默认类型，也是目前绝大部分交易采用的。“ALL”即对交易的所有信息签名，包括所有的输入、输出和锁定时间。具体实施时，首先，组织所有输出、输入，就像上文分解 hex 过程一样，每个输入对应一个签名，暂时留空，其他包括 sequence 等字段均须填写，这样就形成了一个完整的交易 hex（只缺签名字段）；然后，每一个输入均需使用私钥对该段数据进行签名，签名完成后各自填入相应的位置，*N* 个输入 *N* 个签名。简单理解就是，对于该笔单子，认可且只认可这些输入、输出，并同意花费我的那笔输入。

2. SIGHASH_NONE

该签名类型是仅对输入和锁定时间签名，不对输出签名。签名在一定程度上是对一段信息的锁定，一旦签名则任何改动都会造成原信息与解密信息的不匹配。那么，没有对输出签名，就表示输出在后续传播过程中可以被改动。简单理解就是，签名者同意花费这笔钱，至于给谁，并不关心。这种签名常用于 P2SH 的交易类型中，在多重签名的模式下，先签名的人可以用 NONE 这种形式同意这笔花费，后签名的人再做进一步的完善。

3. SIGHASH_SINGLE

这种类型的签名是仅对自己的输入、输出签名，并留空其他 sequence 字段。其输入的次序对应其输出的次序。例如，输入是第 3 个，那么签名的输出也是第 3 个。

简单理解就是，我同意花费我的那笔钱，且只能花费到我认可的输出，至于单子中的其他输入、输出，我不关心。

4. SIGHASH_ANYONECANPAY

这种签名类型是输入可变的。其他人可以改动这笔交易的输入部分，既可增加，也可减少。

5. SIGHASH_NOINPUT

这种签名模式运用于闪电网络，后续章节中会提到。

对交易签名的命令为

```
signrawtransaction <hex string> [{"txid":txid,"vout":n,"scriptPubKey":hex},...]
[<privatekey1>,...] [sighash="ALL"]
```

txid 参数是创建的待签名交易的十六进制字符串。

vout 是指定对哪笔输出签名。

scriptPubKey 是公钥字段 scriptPubKey，用于给其他节点验证此交易；如果输出目标是合成地址，则需要提供 redeemScript。

privatekey 为交易花费的币所在地址的私钥，用来对交易进行签名，如果该地址私钥已经导入 bitcoind 中，则无须显式提供。

最后一个参数表示签名类型，参数作用请参考前文介绍。

签名之前需要找到 scriptPubKey，可以从输入交易信息中提取，也可根据其私钥自行计算。提取命令是

```
getrawtransaction <txid> [verbose=0]
```

执行

```
bitcoind getrawtransaction
296ea7bf981b44999d689853d17fe0ceb852a8a34e68fcd19f0a41e589132156 1
```

输出

```
{
"hex" :
"0100000001051133 1f639e974283d3909496787a660583dc88f41598d177e225b5f352314a00
0000006c493046022100be8c796122ec598295e6dfd6664a20a7e20704a17f76d3d925c9ec421ca60b
c1022100cf9f2d7b9f24285f7c119c91f24521e.  83f6b141de6ee55658fa70116ee04d4012103cad07f
6de0b181891b5291a5bc82b228fe6509699648b0b53556dc0057eeb5a4ffffffff0160a62f0100000000
1976a914d6c492056f3f99692b56967a42b8ad44ce76b67a88ac00000000",
"txid" : "296ea7bf981b44999d689853d17fe0ceb852a8a34e68fcd19f0a41e589132156",
"version" : 1,
"locktime" : 0,
```

"vin" : [
{
"txid" : "4a3152f3b525e277d19815f488dc8305667a78969490d38342979e631f331105",
"vout" : 0,
"scriptSig" : {
"asm" :
"3046022100be8c796122ec598295e6dfd6664a20a7e20704a17f76d3d925c9ec421ca60bc1022100cf9f2d7b9f24285f7c119c91f24521e. 83f6b141de6ee55658fa70116ee04d401
03cad07f6de0b181891b5291a5bc82b228fe6509699648b0b53556dc0057eeb5a4",
"hex" :
"493046022100be8c796122ec598295e6dfd6664a20a7e20704a17f76d3d925c9ec421ca60bc1022100cf9f2d7b9f24285f7c119c91f24521e. 83f6b141de6ee55658fa70116ee04d4012103cad07f6de0b181891b5291a5bc82b228fe6509699648b0b53556dc0057eeb5a4"
},
"sequence" : 4294967295
}
],
"vout" : [
{
"value" : 0.19900000,
"n" : 0,
"scriptPubKey" : {
"asm" : "OP_DUP OP_HASH160 d6c492056f3f99692b56967a42b8ad44ce76b67a OP_EQUALVERIFY OP_CHECKSIG",
"hex" : "76a914d6c492056f3f99692b56967a42b8ad44ce76b67a88ac",
"reqSigs" : 1,
"type" : "pubkeyhash",
"addresses" : [
"1Lab618UuWjLmVA1Q64tHZXcLoc4397ZX3"
]
}
}
],
"blockhash" :
"000000000000000488f18f7659acd85b2bd06a5ed2c4439eea74a8b968d16656",
"confirmations" : 19,
"time" : 1383235737,
"blocktime" : 1383235737
}

scriptPubKey 位于"vout"[0]->"scriptPubKey"->"hex"，即 76a914d6c492056f3f99692b56967a42b8ad44ce76b67a88ac 。

签名使用的是 ECDSA 算法，执行 signrawtransaction 命令对空白交易签名。

```
bitcoind signrawtransaction
010000000156211389e. 10a9fd1fc684ea3a852b8cee07fd15398689d99441b98bfa76e29000
0000000ffffffff02809698000000000001976a914fdc7990956642433ea75cabdcc0a9447c5d2b4ee88a
cd0e8960000000000001976a914d6c492056f3f99692b56967a42b8ad44ce76b67a88ac00000000
[{"txid":"296ea7bf981b44999d689853d17fe0ceb852a8a34e68fcd19f0a41e589132156","vout":0,
"scriptPubKey":"76a914d6c492056f3f99692b56967a42b8ad44ce76b67a88ac"}]
```

输出

```
{
"hex" :
"010000000156211389e. 10a9fd1fc684ea3a852b8cee07fd15398689d99441b98bfa76e29000
000008c493046022100f9da4f53a6a4a8317f6e7e9cd9a7b76e0f5e95dcdf70f1b1e2b3. 8eaa3a6975
022100858d48aed79da8873e09b0e41691f7f3e518ce9a88ea3d03f7b32eb818f6068801410477c07
. 74b6798c6e22. d3d06c1ae3b91318ca5cc62d18398697208. 9f798e28efb6c55971a1de68cca81
215dd53686c31ad8155cdc03563bf3f73ce87b4aaffffffff02809698000000000001976a914fdc799095
6642433ea75cabdcc0a9447c5d2b4ee88acd0e8960000000000001976a914d6c492056f3f99692b56967
a42b8ad44ce76b67a88ac00000000″,
"complete" : true
}
```

签名后，签名值填入上文所述的空字段中，从而得到一个完整的交易。这可通过 decoderawtransaction 解码查看。

2.4.3.2 广播

最后，将交易广播出去，等待网络传播至所有节点。广播由命令 sendrawtransaction <hex string>完成。如果没有运行节点，可以通过公共节点的 API 进行广播，如 blockchain.info/pushtx。

执行命令

```
bitcoind sendrawtransaction
010000000156211389e. 10a9fd1fc684ea3a852b8cee07fd15398689d99441b98bfa76e29000
000008c493046022100f9da4f53a6a4a8317f6e7e9cd9a7b76e0f5e95dcdf70f1b1e2b3. 8eaa3a6975
022100858d48aed79da8873e09b0e41691f7f3e518ce9a88ea3d03f7b32eb818f6068801410477c07
. 74b6798c6e22. d3d06c1ae3b91318ca5cc62d18398697208. 9f798e28efb6c55971a1de68cca81
215dd53686c31ad8155cdc03563bf3f73ce87b4aaffffffff02809698000000000001976a914fdc799095
6642433ea75cabdcc0a9447c5d2b4ee88acd0e8960000000000001976a914d6c492056f3f99692b56967
a42b8ad44ce76b67a88ac00000000
```

输出

```
b5f8da1ea9e02ec3cc0765f9600f49945e94ed4b0c88ed0648896bf3e213205d
```

返回的是 Transaction Hash 值，即该交易的 ID。至此，交易构造、签名、发送的完整过程完成。

2.5　交易脚本

在一笔交易中，包含版本号、输入个数、输出个数等多个字段，这些相对容易理解。主要难点是交易输入和输出中的脚本，这也是比特币交易系统中的关键。

2.5.1　脚本作用

比特币的交易思路如下：交易的发起者悬赏若干比特币，并在网络上贴出了一个难题，谁有这个题的解，悬赏就归谁。顺着这个思路，Alice 对 Bob 的转账可以理解为 Alice 把一道只有 Bob 才能解开的题发到网络上，Bob 解出题并拿走了悬赏。那么，每个交易数据中出现的"脚本"就是题和解，"脚本语言"就是用来描述题和解的工具。

举例说明，这里用一个单输入单输出的比特币交易，因为描述起来更方便且不影响对脚本的理解。

交易 ID 为 9c50cee8d50e273100987bb12ec46208cb04a1d5b68c9bea84fd4a048．b5eb1 的交易是一个单输入单输出交易，我们要关注的数据如下。

交易输入

花费信息 Hash：

437b95ae15f87c7a8ab4f51db5d3c877b972ef92f26fbc6d3c4663d1bc750149

输入脚本 scriptSig：

3045022100efe12e2584bbd346bccfe67fd50a．191e4f45f945e3853658284358d9c062ad02200121e00b6297c0874650d00b786971f5b4601e32b3f81afa9f9f8108e93c752201038b29d4fbbd12619d45c84c83cb4330337ab1b1a3737250f29cec679d7551148a

交易输出

花费值：0.05010000 BTC

输出脚本 scriptPubKey：OP_DUP OP_HASH160

be10f0a78f5ac63e8746f7f2e62a5663eed05788 OP_EQUALVERIFY OP_CHECKSIG

假设 Alice 是转账发送者，Bob 是接收者。那么，输入交易中表明 Alice 要动用的比特币的来源，也就是引用的未花费 UTXO 所在交易信息；输出交易中则包含 Alice 要转账的数额和转账对象——Bob。作为交易的构造者，Alice 要编辑输入脚本证明自己是否有花费 437b95…750149 这笔 UTXO 的资格。同时，Alice 也要构造输出脚本，这个脚本用来指定花费 9c50ce…4b5eb1 的要求。

换句话说，在一个交易中，输出脚本是一道题，输入脚本是一个题解，但这两者并不是一对题解。举例说明，假设有一系列交易，如图 2-12 所示。

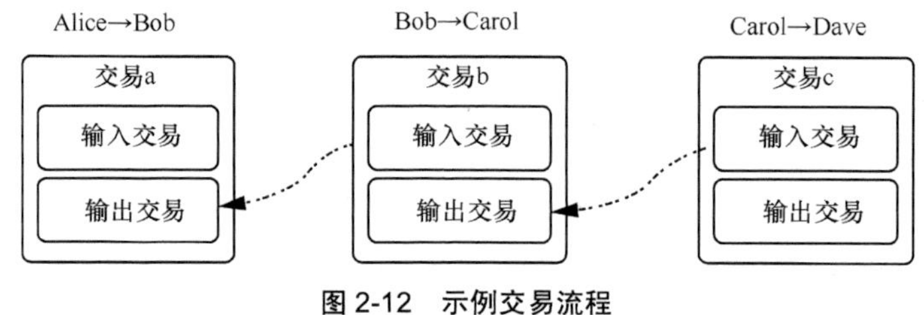

图 2-12 示例交易流程

假设图 2-12 中的 3 个交易都是单输入单输出交易，每个输入交易和输出交易中都包含对应的脚本。交易 a 是 Alice 转账给 Bob；交易 b 是 Bob 转账给 Carol；交易 c 是 Carol 转账给 Dave，后一笔交易的输入引用前一个交易的输出，如交易 b 的输入引用交易 a 的输出。上文中说到，交易 a 中的输出脚本就是 Alice 为想要花费这笔 UTXO 的人出的题。Bob 想要引用交易 a 输出交易的比特币，就要解开这道题，但题解是写在交易 b 的输入脚本中的，Bob 解开了这道题，获得了奖金，然后在交易 b 中为 Carol 出一道难题，等待 Carol 来解……

所以说，图 2-13 中相同阴影的输出和输入才是一对题和解。

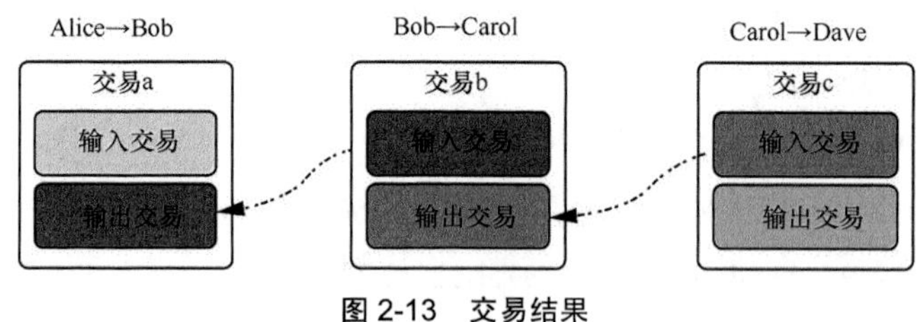

图 2-13 交易结果

2.5.2 脚本内容

脚本是怎样实现对交易的限制或验证的？我们先要从它使用的语言说起。

Bitcoin WiKi 给出了对脚本的解释：比特币在交易中使用脚本系统，与 FORTH（一种编译语言）一样，脚本是简单的、基于堆栈的，并且从左向右处理，它特意设计成非图灵完整，没有 LOOP 语句。

要理解比特币脚本，先要了解堆栈，这是一个后进先出的容器，脚本系统对数据的操作是通过它完成的。比特币脚本系统中有两个堆栈（主堆栈和副堆栈），一般来说主要使用主堆栈。我们先举例说明几个常用的指令，看脚本是如何对堆栈操作的（完整的指令集在 WiKi 中可以找到）。

（1）常数入栈：把一段常数压入堆栈中，这个常数成为栈顶元素，如图 2-14 所示。

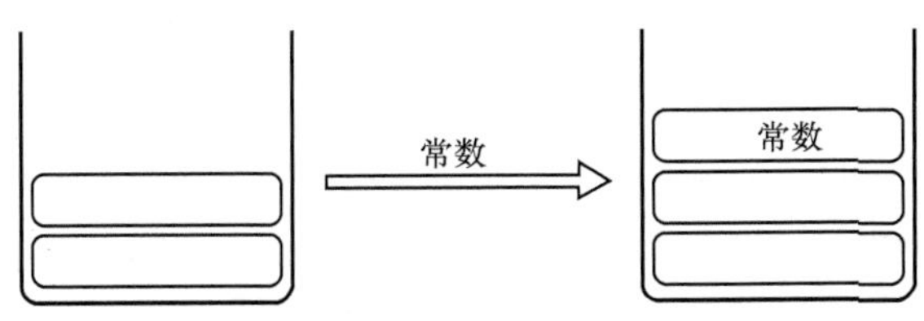

图 2-14　常数入栈

（2）DP_DUP：复制栈顶元素，如图 2-15 所示。

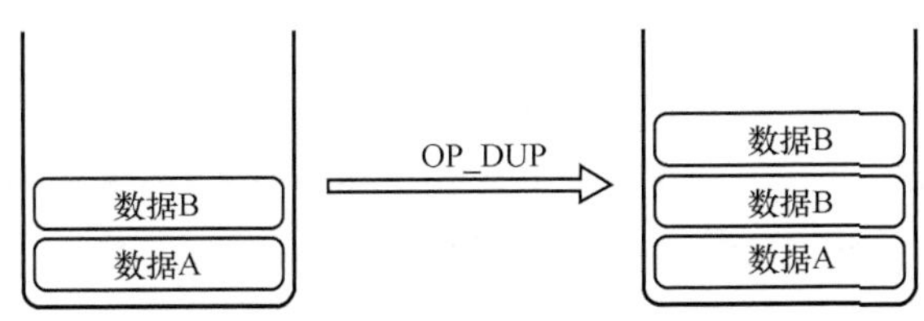

图 2-15　DP_DUP

（3）OP_EQUALVERIFY：弹出栈顶的两个值，如果栈顶两个值相等则不操作，否则将 False 插入栈中，如图 2-16 所示。

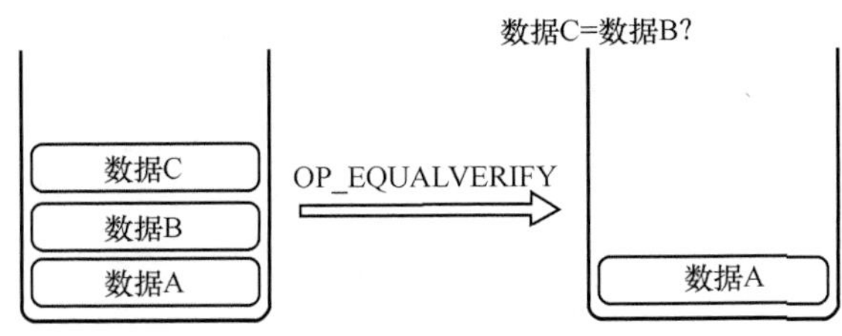

图 2-16　OP_EQUALVERIFY

此外，还有

OP_HASH160：弹出一个栈顶值，对其先进行 SHA256 散列，再进行 ripemd-160 散列，然后将散列后的值压入栈中。

OP_CHECKSIG：弹出栈顶的值，进行交易的校验，如果成功返回 True，否则返回 False，并将值压入栈中。

在我们常用的转账方式中，如 Alice 在转账给 Bob 时，输出交易给出了 Bob 的钱包地址（即公钥散列）；当 Bob 想要转账给 Carol 时，他要证明自己拥有这个钱包地址对应的私钥，所以在输入交易中给出了自己的公钥以及使用私钥对交易的签名。

再举个实例，如下。

交易 a：9c50cee8d50e273100987bb12ec46208cb04a1d5b68c9bea84fd4a048. b5eb1

交易 b：62fadb313b748. a818de4b4c0dc2e2049282b28ec88091a9497321203fb016e

交易 b 中有一个输入交易引用了交易 a 的输出交易，它们的脚本是一对题与解。

题：交易 a 的输出脚本，若干个脚本指令和转账接收方的公钥散列。

OP_DUP OP_HASH160 be10f0a78f5ac63e8746f7f2e62a5663eed05788

OP_EQUALVERIFY OP_CHECKSIG

解：交易 b 的输入脚本，这么一长串只是两个元素——签名和公钥（sig & pubkey）。3046022100ba1427639c9f67f2ca1088d0140318a98cb1e84f604dc90ae00ed7a5f9c61cab02210094233d018f2f014a5864c9e0795f13735780cafd51b950f503534a6af246aca301&03a63ab88e75116b313c6de384496328df2656156b8ac48c75505cd20a4890f5ab

验证时，就是将这一对输入、输出脚本连在一起执行，看是否能够运行通过。下面给出详细过程。

（1）脚本连在一起形成<Sig><PublicKey> OP_DUP OP_HASH160 <PublicKey Hash> OP_EQUALVERIFY OP_CHECKSIG 的形式。因为脚本是从左向右执行的，因此先入栈的是签名，随后是公钥，如图 2-17 所示。

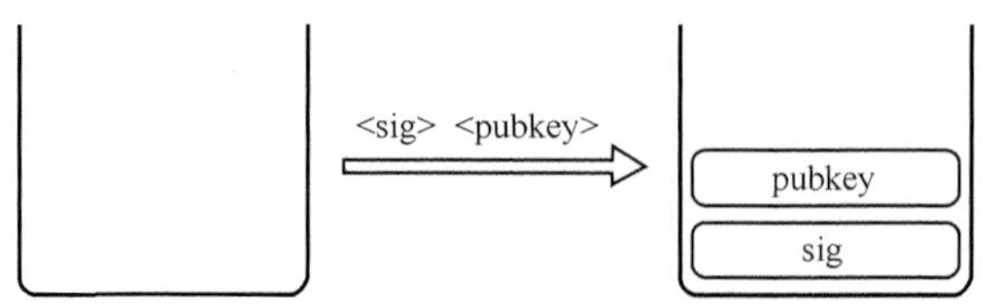

图 2-17 签名和公钥入栈

（2）执行输出脚本。从左向右执行，第一个指令是 OP_DUP——复制栈顶元素，如图 2-18 所示。

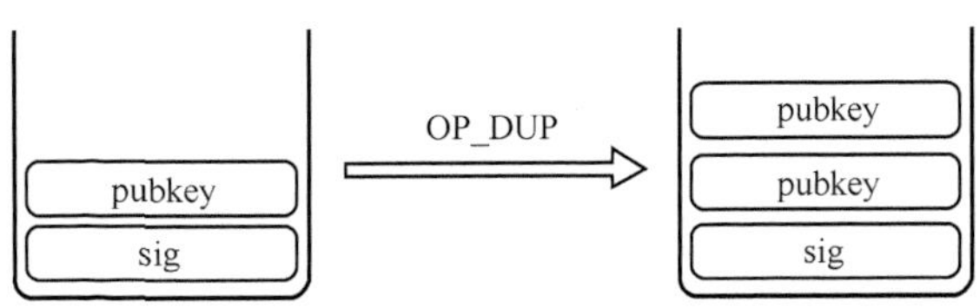

图 2-18　执行 OP_DUP

（3）OP_HASH160——计算栈顶元素散列，得到 pubkeyhash，如图 2-19 所示。

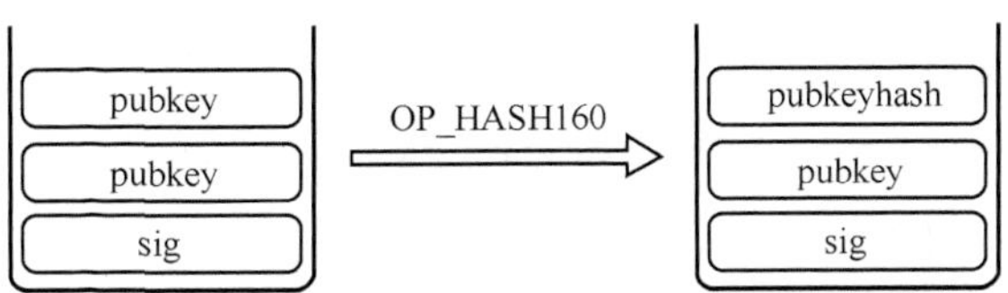

图 2-19　执行 OP_HASH160

（4）将输出脚本中的公钥散列入栈，如图 2-20 所示，为了和前面计算得到的散列区别，称它为 pubkeyhash。

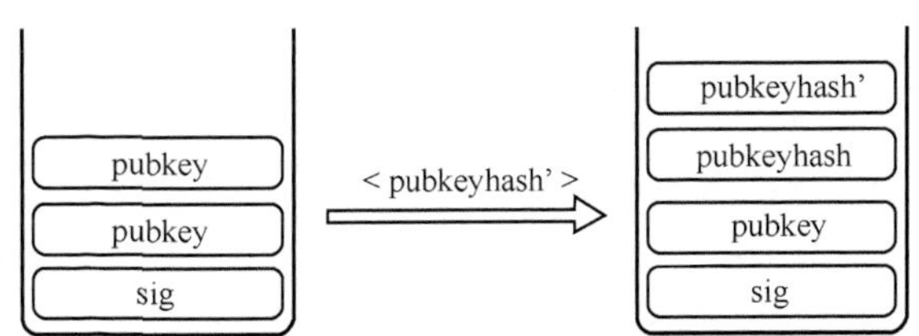

图 2-20　公钥散列入栈

（5）OP_EQUALVERIFY：检查栈顶前两元素是否相等，如果相等继续执行，否则中断执行，返回失败，如图 2-21 所示。

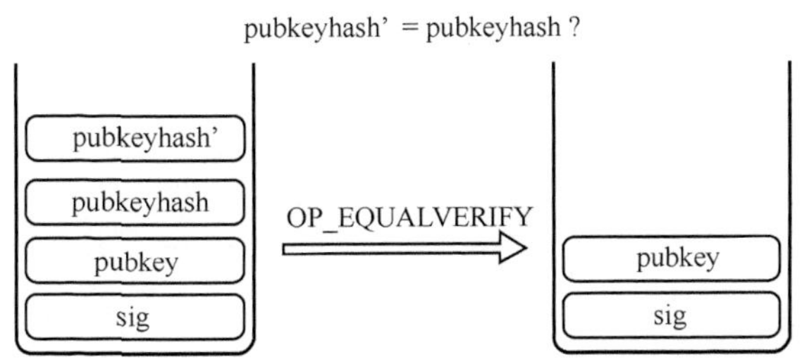

图 2-21　执行 OP_EQUALVERIFY

（6）OP_CHECKSIG：使用栈顶前两元素执行签名校验操作，如果相等，返回成功，否则返回失败，如图 2-22 所示。

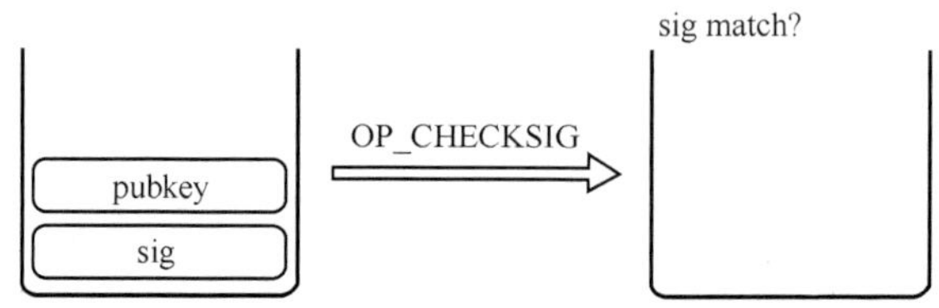

图 2-22　执行 OP_CHECKSIG

这样一串指令执行下来，就可以验证输入脚本是否能够正确匹配所引用交易中的输出脚本，即验明了想要花费钱包地址中比特币的人是否拥有对应的私钥。

上述例子是针对 P2PKH(Pay-to-Script-Hash)交易类型的，下面简单介绍在 P2SH 中，脚本是如何操作的。

P2SH 中 script 是个可兑现脚本，它本身就有意义。因此，在验证 P2SH 类型的交易时，不仅需要像 P2PKH 一样检查解密后的签名信息是否与原文件散列值相同，还要执行 Redeem Script，看其结果是否通过。若两者都为 TRUE，才认定此引用交易可以被花费。

P2SH 类型比较有代表性的应用是多重签名交易，大多数地址是以“1”开头的，而多重签名地址是以“3”开头的。由于维基上也没有对多重签名脚本有很好的解释，我们用小蚁的设计方式举例说明。

小蚁参考了 Gavin Andresen 提出的比特币改进提案 BIP12，增加了一条 OP_ EVAL，作为提取 Redeem Scrpit 的指令。因此，输入脚本变成<sig1><sig2><redeemScript>；输出脚本是 OP_DUP OP_HASH160<redeemScriptHash>OP_EQUALVERIFY（比特币中这里是 OP_EQUAL）OP_EVAL。其中，RedeemScript 内容为 OP_2<pubKeyA><pubKyeB><pubKeyC> OP_3 OP_CHECKMULTISIG。下面用表 2-8 演示这句脚本的执行过程。

表 2-8　示例脚本执行过程

执行内容	堆栈中数据	描述
<sig1><sig2> <redeemScript>	<redeemScript> <sig2> <sig1>	签名内容和 Redeem 脚本入栈

（续表）

执行内容	堆栈中数据	描述
OP_DUP	<redeemScript> <redeemScript> <sig2> <sig1>	复制栈顶的脚本内容
OP_HASH160	<redeemScriptHash> <redeemScript> <sig2> <sig1>	对栈顶脚本内容做 SHA-256 和 RIPEMD-160 HASH256 处理
<redeemScriptHash>	<redeemScriptHash'> <redeemScriptHash> <redeemScript> <sig2> <sig1>	输入脚本中的 scriphash 入栈
OP_EQUALVERIFY	<redeemScript> <sig2> <sig1>	比较栈顶两个元素
OP_EVAL	<sig2> <sig1>	提取栈顶 RedeemScript 内容
OP_2	2 <sig2> <sig1>	2 被压入堆栈
<pubKeyA><pubKyeB> <pubKeyC> OP_3	3 pubKeyC pubKyeB pubKeyA 2 <sig2> <sig1>	公钥信息和 3 被压入堆栈
OP_CHECKMULTISIG	True/False	比较每个签名是否有与之匹配的公钥，若都能匹配，则返回 True。需要注意的是，签名的相对顺序需要与脚本中公钥顺序一致，因为在验证过程中，如果发现公钥和当前签名不匹配，会被丢弃

以上就是多重签名脚本的验证过程。通过对脚本的设计和修改，比特币能够实现不同的交易需求。可以说，脚本就是比特币的智能合约。

2.6　区块链中的密码学

区块链中许多地方结合了密码学，这也是原来基于信任的中心模式可以被基于密码学的去中心模式替代的原因。本章讨论比特币是在哪些地方巧妙地与密码学结合的。

2.6.1 Merkle 树

比特币区块链使用梅克尔（Merkle）树作为其基本组成部分。Merkle 树是一种散列二叉树，它是一种用作快速归纳和校验大规模数据完整性的数据结构。在比特币网络中，Merkle 树被用来归纳一个区块中的所有交易，然后生成整个交易集合的数字指纹，防止交易被篡改。同时，通过它还可以高效地校验区块中是否存在某笔交易。

Merkle 树是自底向上逐级形成的，生成一棵完整的树需要递归地对散列节点对进行散列，并将新生成的散列节点插入 Merkle 树中，直到只剩一个散列节点，该节点就是 Merkle 树的根。我们建立一个如图 2-23 所示包含 4 个交易的树，首先将交易数据散列化，这个散列值就作为相应的叶子节点。在比特币系统中，常会连续使用两次 SHA256 算法来处理数据，因此其加密散列算法也被称为 double-SHA256。处理后的叶子节点分别是 H_A~H_D。

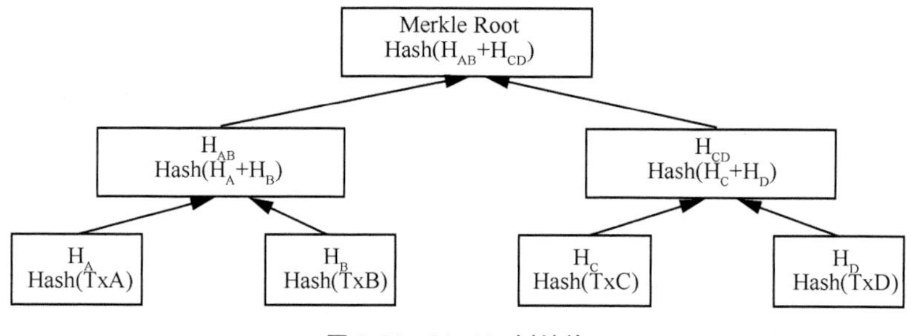

图 2-23 Merkle 树结构

H_A= Hash(TxA)=SHA256(SHA256(TxA))

然后，串联相邻叶子节点的散列值并再次散列，一对叶子节点就被归纳为其父节点。例如，为了创建父节点 H_{AB}，子节点 H_A 和子节点 H_B 的两个 32 byte 的散列值将被串联成 64 byte 的字符串。随后将字符串进行两次散列产生父节点的散列值。

H_{AB}=SHA256(SHA256(H_A + H_B))

继续类似的操作直到只剩下顶部的一个节点，即 Merkle 根。产生的 32 byte 散列值存储在区块头，作为对 4 个交易所有数据的归纳。

这个例子中的交易个数为偶数，若原始节点为奇数，则复制最后一个叶节点，再同偶数形式一样，逐层计算。

这种存储方式有什么好处？答案在于如果多个交易数据经过加密插入 Merkle 树中，我们只提供少量的中间节点就可证明一个交易是否存在于这个区块，而无须在庞大的数据中遍历寻找，我们称这种特性为梅克尔证明（Merkle Proofs）。

2.6.1.1 比特币系统的梅克尔证明

比特币区块链使用了梅克尔证明，是为了将交易存储在每一个区块中。图 2-24 是区块之间的关系，其中包含梅克尔树的生成过程。

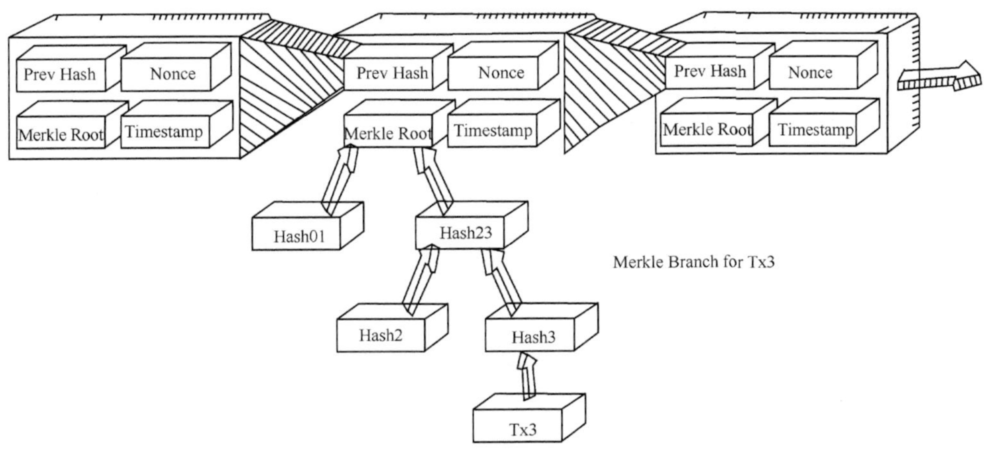

图 2-24 区块之间的连接示意

这样做的好处是能够实现中本聪描述的简化支付验证（SPV）这个概念：无须下载每一笔交易以及每一个区块，一个轻客户端（Light Client）仅需下载链的所有区块头，即可确定一笔交易的状态。

这为客户端减轻很大的负担，但比特币的轻客户有其局限性。一个特别的限制是，它们虽然可以证明包含的交易，但无法证明任何当前的状态（如数字资产的持有、名称注册、金融合约的状态等）。你现在拥有多少个比特币？一个比特币轻客户端，可以使用一种协议，它涉及查询多个节点，并相信其中至少有一个节点会通知你关于你的地址中任何特定的交易支出，而这可以让你实现更多的应用。但对于其他更为复杂的应用而言，这些是远远不够的。一笔交易影响的确切性质（Precise Nature）取决于此前的几笔交易，而这些交易本身则依赖于更为前面的交易，所以最终可以验证整个链上的每一笔交易。为了解决这个局限性，以太坊提出了较好的解决方案。

2.6.1.2　以太坊的梅克尔证明

以太坊（也是一种区块链系统，后文会介绍）的每一个区块头，并非只包含一棵梅克尔树，而是包含 3 棵梅克尔树，分别对应 3 种对象，如图 2-25 所示。

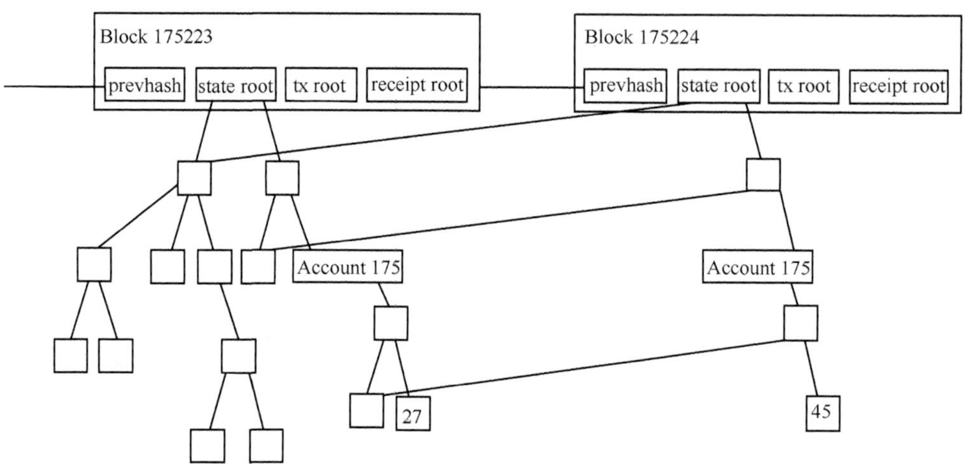

图 2-25　以太坊 Merkle 树示意

- 交易（Transactions）。
- 收据（Receipts），展示每一笔交易影响的数据条。
- 状态（State）。

这使一个非常先进的轻客户端协议成为可能，它允许轻客户端轻松地进行并核实以下类型的查询答案。

（1）这笔交易被包含在特定的区块中了吗?

（2）告诉我这个地址在过去 30 天中，发出 X 类型事件的所有实例（例如，一个众筹合约完成了它的目标）。

（3）目前我的账户余额是多少?

（4）这个账户是否存在?

第一种由交易树（Transaction Tree）处理，第二种由收据树（Receipt Tree）处理，第三和第四种由状态树（State Tree）负责处理。计算前 4 个查询任务是相当简单的，服务器简单地找到对象，获取梅克尔分支，并通过分支回复轻客户端。

2.6.2 密钥

比特币交易涉及很多密码学内容和技术：公钥、私钥、散列、对称加密、非对称加密、签名等。那么，哪些是需要用户认真保管不能对外泄露的，哪些是需要用户公开的？先从钱包地址的生成说起。

2.6.2.1 钱包地址生成

比特币的公钥是通过私钥生成的，然后采用 SHA256 算法和 RIPEMD（RACE Integrity Primitives Evaluation Message Digest）算法 RIPEMD160 对公钥进行处理，最后通过 Base58 Check 编码，形成可读的字符串地址。

熟悉技术的读者对 Base64 编码比较了解，Base64 编码主要用于基于文本的系统传送二进制数据，如在邮件的附件要进行 Base64 编码。Base58 Check 采用 Base58 编码，同时加入校验码，以防止出现不小心写错地址的情况。Base58 是 Base64 的子集，过滤了一些容易引起混淆的字符，如 0（数字）、O（大写字母）、l（小写字母）、I（大写字母）以及“+”和“/”符号。

Base58 Check 的校验码对地址信息进行双重 SHA256 散列处理，并取前 4 bit 作校验码，加在比特币地址的后面，因此，比特币地址带有校验信息，可以防止人为错误。

根据图 2-26 介绍公私钥及钱包地址的生成过程。

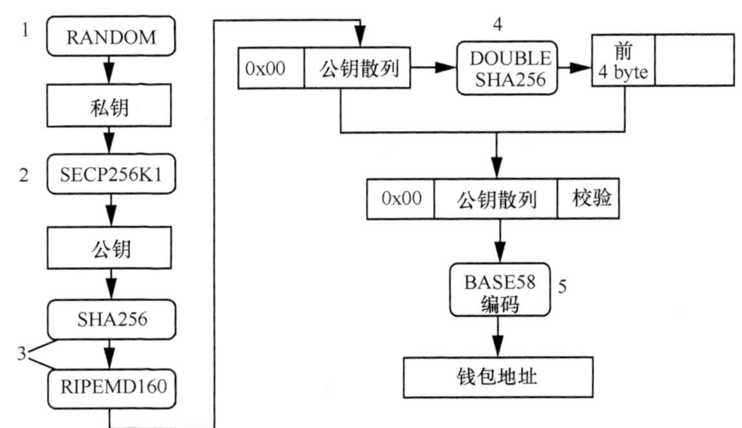

图 2-26　公私钥及钱包地址的生成过程

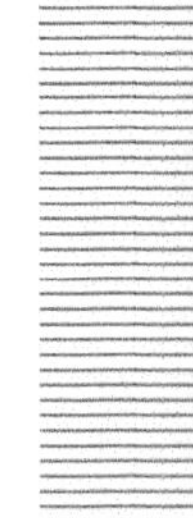

从图 2-4 中可以看出生成过程如下。

（1）使用随机数发生器生成一个私钥。一般来说，这是一个 256 bit 的数，拥有这串数字就可以对相应钱包地址中的比特币进行操作，所以必须被安全地保存。

（2）私钥经过 SECP256K1 算法处理得到有前缀的 512 bit 公钥。SECP256K1 是一种椭圆曲线算法，通过一个已知私钥可以计算出公钥，而公钥已知时却无法反向计算出私钥。这是保障比特币安全的算法基础。

（3）公钥经过 SHA256 算法，得到 256 bit 的散列加密字符串。再通过 RIPEMD160 变为 160 bit 的公钥散列字符串。同 SHA256 一样，RIPEMD160 也是一种 Hash 算法，无法求逆运算。

（4）将一个字节的地址版本号连接到公钥散列头部（对于比特币网络的 pubkey 地址，这一字节为“0”），然后对其进行两次 SHA256 运算，将结果的前 4 byte 作为公钥散列的校验值，连接在其尾部。

（5）将上一步结果使用 BASE58 进行编码（比特币定制版本），得到钱包地址，如 1A1zP1eP5QGefi2DMPTfTL5SLmv7DivfNa。

2.6.2.2 私钥、公钥、钱包地址间的关系

在上文所述的 5 个步骤中只有“BASE58 编码”有相应的可逆算法（“BASE58 解码”），其他算法是不可逆的，所以这些数据之间的关系如图 2-27 所示。

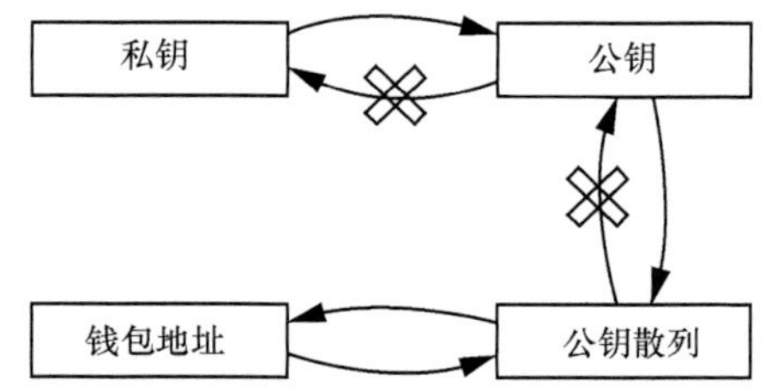

图 2-27　公钥、私钥、公钥散列及钱包地址的关系

从图 2-27 中可以看到，通过私钥可以得到上述计算过程中所有的值，公钥散列和钱包地址可以通过互逆运算进行转换，所以它们是等价的。

2.6.2.3 使用私钥对交易进行签名

比特币钱包间的转账是通过交易（Transaction）实现的。交易数据由转出钱包私钥的所有者生成，也就是说，有了私钥就可以花费该钱包的比特币余额，生成交

易的过程如图 2-28 所示。

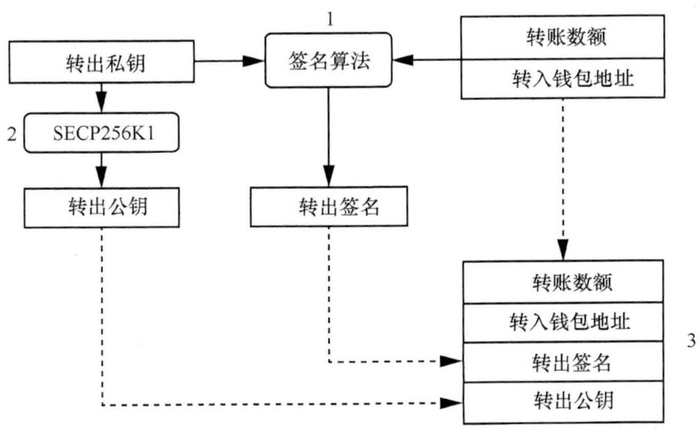

图 2-28　生成交易的过程

从图 2-28 中可以看出，生成交易过程如下。

（1）交易的原始数据包括“转账数额”和“转入钱包地址”，但仅有这些是不够的，因为无法证明交易的生成者对“转出钱包地址”余额有动用的权利，所以需要用私钥对原始数据进行签名。

（2）生成“转出钱包公钥”，这一过程与钱包地址生成的第（2）步是一样的。

（3）将“转出签名”和“转出公钥”添加到原始交易数据中，生成正式的交易数据，这样，它就可以被广播到比特币网络进行转账。

2.6.2.4　使用公钥对签名进行验证

交易生成后，交易被写入区块链，接下来就是节点对区块的验证问题，如图 2-29 所示。

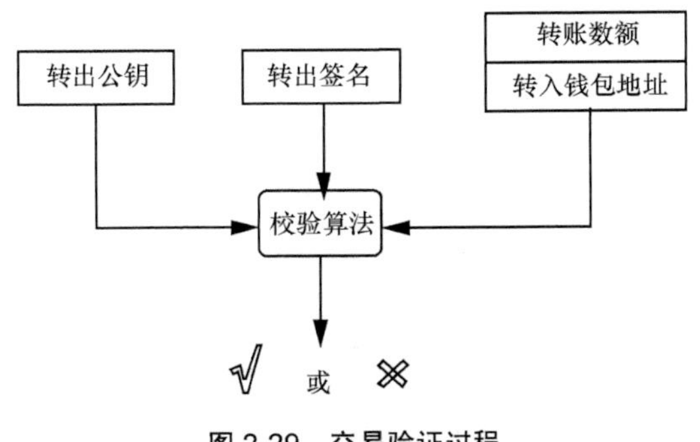

图 2-29　交易验证过程

交易数据被广播到比特币网络后，节点会对这个交易数据进行检验，其中包括对签名的校验。如果校验正确，那么这笔余额就成功地从“转出钱包”转移到“转入钱包”。如果一个钱包地址从未发送余额到其他钱包地址，那么它的公钥是不会暴露在比特币网络上的。而公钥生成算法（SECP256K1）是不可逆的，即使公钥暴露，也很难对私钥的安全性造成影响（难易取决于私钥的生成算法）。

私钥用来生成公钥和钱包地址，也用来对交易进行签名。拥有私钥就是拥有对这个钱包余额的一切操作权力。所以，保护私钥是所有比特币钱包应用最基本也是最重要的功能。

2.6.3 合成地址构造

在交易类型中，我们介绍了 P2SH 这种交易形式，其中，最典型的代表是多重签名交易，这里我们介绍合成地址是如何创建的。

合成地址以 3 开头，可以实现多方管理资产，极大地提高了安全性，也可以轻松实现基于比特币原生的三方交易担保支付。一个 *M*-of-*N* 的模式为

m {pubkey}…{pubkey} *n* OP_CHECKMULTISIG

M 和 *N* 需满足：1≤*N*≤3；1≤*M*≤*N*。

可以是 1-of-1、1-of-2、2-of-3 等组合，通常选择 *N*=3。

1-of-3：最大程度私钥冗余。防丢私钥损失，3 把私钥中任意一把即可签名发币，即使丢失两把也可以保障不受损失。

2-of-3：提高私钥冗余度的同时解决单点信任问题。3 把私钥任意两把私钥可签名发币，三方不完全信任的情形，即中介交易中，非常适用。

3-of-3：最大程度解决资金信任问题，无私钥冗余。必须 3 把私钥全部签名才能发币，适用多方共同管理重要资产，但任何一方遗失私钥均造成严重损失。

合成地址的交易构造、签名、发送过程与普通交易类似，这里只介绍如何创建一个合成地址。

需要 3 对公钥、私钥，公钥创建地址，私钥用于签名。

```
# No.1
0491bba2510912a5bd37da1fb5b1673010e43d2c6d812c514e91bfa9f2eb129e1c183329db55bd868e209aac2fbc02cb33d98fe74bf23f0c235d6126b1d8334f86 /
5JaTXbAUmfPYZFRwrYaALK48fN6sFJp4rHqq2QSXs8ucfpE4yQU
# No.2
```

```
04865c40293a680cb9c020e7b1e106d8c1916d3cef99aa431a56d253e69256dac09ef122b1a98
6818a7cb624532f062c1d1f8722084861c5c3291ccffef4ec6874 /
5Jb7fCeh1Wtm4yBBg3q3XbT6B525i17kVhy3vMC9AqfR6FH2qGk
# No.3
048d2455d2403e08708fc1f556002f1b6cd83f992d085097f9974ab08a28838f07896fbab08f39
495e15fa6fad6edbfb1e7. e35fa1c7844c41f322a1863d46213 /
5JFjmGo5Fww9p8gvx48qBYDJNAzR9pmH5S389axMtDyPT8ddqmw
```

使用命令 createmultisig <[“key” ,” key”]>合成，其中，key 为公钥，创建地址时仅需公钥，创建类型是 2-of-3。

输入命令

```
bitcoind createmultisig ["0491bba2510912a5bd37da1fb5b1673010e43d2c6d812c514e91bfa9
f2eb129e1c183329db55bd868e209aac2fbc02cb33d98fe74bf23f0c235d6126b1d8334f86","04865c4
0293a680cb9c020e7b1e106d8c1916d3cef99aa431a56d253e69256dac09ef122b1a986818a7cb6245
32f062c1d1f8722084861c5c3291ccffef4ec6874","048d2455d2403e08708fc1f556002f1b6cd83f992
d085097f9974ab08a28838f07896fbab08f39495e15fa6fad6edbfb1e7. e35fa1c7844c41f322a1863d
46213"]
```

输出

```
{
"address" : "3QJmV3qfvL9SuYo34YihAf3sRCW3qSinyC",
"redeemScript" : "52410491bba2510912a5bd37da1fb5b1673010e43d2c6d812c514e91bfa9f2
eb129e1c183329db55bd868e209aac2fbc02cb33d98fe74bf23f0c235d6126b1d8334f864104865c402
93a680cb9c020e7b1e106d8c1916d3cef99aa431a56d253e69256dac09ef122b1a986818a7cb624532f
062c1d1f8722084861c5c3291ccffef4ec687441048d2455d2403e08708fc1f556002f1b6cd83f992d0
85097f9974ab08a28838f07896fbab08f39495e15fa6fad6edbfb1e7. e35fa1c7844c41f322a1863d46
21353ae"
}
```

得到的合成地址是 3QJmV3qfvL9SuYo34YihAf3sRCW3qSinyC，该地址没有公钥，仅有 RedeemScript，作用与公钥相同。后续的构造、签名、发送过程与上文普通地址的交易类似，不再赘述。

2.6.4 签名算法

当前网银系统中主要使用的是 RSA 方案。比特币系统则使用的是椭圆曲线加密算法（ECC）方案，在核心实现中并不使用加密，只使用签名算法来确保交易的真实性和所有权的认证。

ECC 方案通常包含 3 方面内容：数字签名方案、加密和密钥传输方案以及密钥协商方案。本文只涉及比特币系统所使用的数字签名方案。

2.6.4.1 有限域

域（Field）的特性是集合 F 中的所有元素经过定义后的加法和乘法运算，所得结果仍包含于 F（在加法和乘法上封闭）。无限域，如有理数域、实数域的元素个数无限。

有限域（Finite Field）的元素个数有限，这就出现一个问题，假设 F 为从 0 至 9 的整数集合，那么 5，6 都属于 F，但常规的加法定义 5+6=11，11 不属于 F。因而，有限域需要定义加法和乘法，使其满足对加法和乘法的封闭。

目前发现，当且仅当元素个数 q 为质数或某个质数的 n 次幂时，必有一个元素个数为 q 的有限域存在。另外，对于每个符合这一条件的 q 值，都恰有一个有限域。含有 q 个元素的有限域记作 Fq。

ECC 方案中只使用了两类有限域：一种称为质数有限域 Fp，其中，$q = p$，p 为一个质数；另一种称为基于特征值 2 的有限域 F2^m，其中，$q = 2^m$，$m > 1$。比特币系统使用的是第一种。

Fp 是一个$\{0,1,\cdots,p-1\}$的整数集合，有限域 Fp 中定义了

加法：$a + b \equiv r \pmod p$

乘法：$ab \equiv s \pmod p$

2.6.4.2 基于有限域 F*p* 的椭圆曲线域 E(F*p*)

椭圆曲线：$y^2 \equiv x^3 + ax + b \pmod p$

当 $a, b \in$ Fp 且满足 $4a^3+27b^2 \neq 0 \pmod p$，$x, y \in$ Fp 时，这条曲线上点的集合 $P=(x,y)$就构成了一个基于有限域 Fp 的椭圆曲线域 E(Fp)，元素个数记作#E(Fp)。

问：这和比特币系统有什么关系？

答：公钥即为该曲线上的某个点 $Q=(x,y)$的二进制输出格式。公钥可以压缩，是因为 y 可以根据 x 通过曲线函数计算出来。

2.6.4.3 椭圆曲线域 E(F*p*)

描述参数

E：$y^2 \equiv x^3 + ax + b \pmod p$

为描述特定的椭圆曲线域，需明确 6 个参数，$T = (p, a, b, G, n, h)$。

p: 代表有限域 Fp 的那个质数。

a,b：椭圆方程的参数。

G：椭圆曲线上的一个基点 $G = (xG, yG)$。

n：G 在 Fp 中规定的序号，一个质数。

h：余因数（Cofactor），控制选取点的密度。$h = \#E(Fp) / n$。

比特币系统选用的 secp256k1 中，参数如下。

P：FFFFFFFF FFFFFFFF FFFFFFFF FFFFFFFF FFFFFFFF FFFFFFFF FFFFFFFE FFFFFC2F= $2^{256} - 2^{32} - 2^{9} - 2^{8} - 2^{7} - 2^{6} - 2^{4} - 1$

a ：0

b ：7

G：04 79BE667E F9DCBBAC 55A06295 CE870B07 029BFCDB 2DCE28D9

59F2815B 16F81798 483ADA77 26A3C465 5DA4FBFC 0E1108A8 FD17B448

A685．19 9C47D08F FB10D4B8

n ： FFFFFFFF FFFFFFFF FFFFFFFF FFFFFFFE BAAEDCE6 AF48A03B BFD25E8C D0364141

h：01

公钥和私钥

随机从[1, n−1]中选取一个数 d，计算 $Q = dG$。其中，d 是私钥，而 Q 即为公钥。

这一算式看起来很简单，但这怎样保证由 Q 不能算出 d? 有限域中的加法和乘法是有特殊规定的。基于 Fp 的椭圆曲线点的集合域中，加法运算如下。

不同的点相加：$(x1, y1) \in E(Fp)$，$(x2, y2) \in E(Fp)$，$x1 \neq x2$，$(x1, y1) + (x2, y2) = (x3, y3)$，其中 $x3 \equiv \lambda^2 - x1 - x2 \pmod p$, $y3 \equiv \lambda(x1 - x3) - y1 \pmod p$, 而 $\lambda \equiv (y2 - y1) / (x2 - x1) \pmod p$。

相同点相加：$(x1, y1) \in E(Fp)$，$y1 \neq 0$, $(x1, y1) + (x1, y1) = (x3, y3)$，其中 $x3 \equiv \lambda^2 - 2\times 1 \pmod p$，$y3 \equiv \lambda(x1 - x3) - y1 \pmod p$，$\lambda \equiv (3\times 1^2 + a)/2y1 \pmod p$。

上式中的 dG 是一个标量乘法，可以转化为加法运算，如果有爱好者想由公钥逆推出私钥，可以根据这些公式尝试一下。

椭圆曲线数字签名算法（ECDSA）

用户的密钥对：（d, Q）（d 为私钥，Q 为公钥）。

待签名的信息：M。

签名：Signature(M) = (r, s)。

签名过程如下。

（1）根据 ECC 算法随机生成一个密钥对(k, R)，R=(xR, yR)。

（2）令 $r = xR \bmod n$，如果 $r = 0$，则返回步骤（1）。

（3）计算 $H = \text{Hash}(M)$。

（4）按照数据类型转换规则，将 H 转化为一个高位优先（Big-endian）的整数 e。

（5）$s = k^{-1}(e + rd) \bmod n$，若 s = 0，则返回步骤（1）。

（6）输出的 S =(r,s)即为签名。

验证过程如下。

（1）计算 $H = \text{Hash}(M)$。

（2）按照数据类型转换规则，将 H 转化为一个 Big-endian 的整数 e。

（3）计算 $u1 = es^{-1} \bmod n, u2 = rs^{-1} \bmod n$。

（4）计算 $R = (xR, yR) = u1G + u2Q$，如果 R 是零点，则验证该签名无效。

（5）令 $v = xR \bmod n$。

（6）若 $v == r$，则签名有效，若 $v \neq r$，则签名无效。

2.7 验证

交易在广播过程中，每个收到区块的节点对其验证，防止交易信息有错误。同理，新构造的区块在传播过程中也会受到各节点的验证，如果验证通过，矿工节点承认这个区块并开始新一轮的算力竞赛，否则将之丢弃并继续当前区块的挖掘。本章讨论这些验证具体是针对哪些内容的。

2.7.1 交易验证

第 2.6 节中提到的交易广播，实质上是将产生的交易发送到比特币网络临近的节点，从而使该交易能够在整个比特币网络中传播。然而，在交易传递到邻近的节点前，每一个收到交易的比特币节点会首先验证该交易，这确保只有有效的交易才会在网络中传播，而无效的交易将会在第一个节点处被废弃。

每一个节点在验证每一笔交易时，都需要对照一个长长的标准列表。

- 交易的语法和数据结构必须正确。
- 输入与输出列表都不能为空。
- 交易的字节大小是小于 blockmaxweight 的（bitcoin core 0.16.1 及以上版本）。
- 每一个输出值以及总量，必须在规定值的范围内（大于 0，小于 2×10^6 个币）。
- 没有散列等于 0，N 等于−1 的输入（Coinbase 交易不应被中继）。
- nLockTime 是小于或等于 INT_MAX 的。
- 交易的字节大小是大于或等于 100 的。
- 交易中的签名数量应小于签名操作数量上限。
- 解锁脚本只能够将数字压入栈中，并且锁定脚本必须符合 isStandard 的格式（该格式会拒绝非标准交易）。
- 池中或位于主分支区块中的一个匹配交易必须是存在的。
- 对于每一个输入，如果引用的输出存在于池中任何的交易，该交易将被拒绝。
- 对于每一个输入，在主分支和交易池中寻找引用的输出交易。如果输出交易缺少任何一个输入，该交易将成为一个孤立的交易。如果与其匹配的交易还没有出现在池中，那么将被加入孤立交易池中。
- 对于每一个输入，如果引用的输出交易是一个 Coinbase 输出，该输入必须至少获得 COINBASE_MATURITY 个确认。
- 对于每一个输入，引用的输出是必须存在，并且没有被花费的。
- 使用引用的输出交易获得输入值，并检查每一个输入值和总值是否在规定值的范围内（大于 0，小于 2.1×10^6 个币）。
- 如果输入值的总和小于输出值的总和，交易将被中止。
- 如果交易费用太低以至于无法进入一个空的区块，交易将被拒绝。
- 每一个输入的解锁脚本必须依据相应输出的锁定脚本来验证。

这些条件能够在比特币标准客户端下的 AcceptToMemoryPool、CheckTransaction 和 CheckInputs 函数中获得更详细的阐述。请注意，这些条件随着时间发生变化，为了处理新型拒绝服务攻击，有时也因为交易类型多样化而放宽规则。

在收到交易后，每一个节点在全网广播前对这些交易进行校验，并以接收时的相应顺序为有效的新交易建立一个池（交易池）。

2.7.2 区块验证

新区块在网络中传播时，每一个节点在将它转发到其节点之前，会进行一系列的测试来验证它。这确保了只有有效的区块在网络中传播。独立校验还确保了诚实的矿工生成的区块可以被纳入区块链中，从而获得奖励。行为不诚实的矿工所生成的区块将被拒绝，这不但使他们失去了奖励，而且也浪费了本来可以寻找工作量证明解的机会，因而导致其电费亏损。当一个节点接收到一个新的区块，它将对照一个长长的标准清单对该区块进行验证，若没有通过验证，这个区块将被拒绝。这些标准可以在比特币核心客户端的 CheckBlock 函数和 CheckBlockHead 函数中获得，它包括：

- 区块的数据结构语法上有效；
- 区块头的散列值小于目标难度（确认包含足够的工作量证明）；
- 区块时间戳早于验证时刻未来两个小时（允许时间错误）；
- 区块大小在长度限制之内；
- 第一个交易（且只有第一个）是 Coinbase 交易；
- 使用检查清单验证区块内的交易并确保它们的有效性。

每一个节点对每一个新区块的独立校验，确保了矿工无法欺诈。为什么矿工不为他们自己记录一笔交易来获得数以千计的比特币？这是因为每一个节点根据相同的规则对区块进行校验。一个无效的 Coinbase 交易将使整个区块无效，导致该区块被拒绝，因此，该交易不会成为总账的一部分。矿工必须构建一个完美的区块，基于所有节点共享的规则，根据正确工作量证明的解决方案进行挖矿，他们要花费大量的电力挖矿才能做到这一点。如果他们作弊，所有的电力和努力都会浪费，这就是为什么独立校验是去中心化共识的重要组成部分。

2.7.3 SPV 与支付验证

本节严格意义上来说并不是矿工的必要工作，支付验证亦非交易链的必要一环。本节内容主要是为了让大家方便比较和理解。

简单支付验证（Simplified Payment Verification，SPV）这一概念最初是由中本聪提出的，目的是为了使不运行完整客户端的节点也可以验证支付，这些节点只需要保存所有的区块头就可以。

可以说，比特币的发展壮大与 SPV 是分不开的，试想，如果每个想尝试比特币的用户都需要几天的时间来同步所有历史数据才可使用，这无疑对设备与耐心都是一个考验。首先明确一个概念，SPV 是支付验证，与前文提到的交易验证不同。交易验证主要由矿工检查是否合规，而支付验证比较简单，用户自己就可以查看区块链上是否有匹配的交易。如果确定该交易已经被验证过，则同时也可看到这笔交易得到了多少的算力支持（区块所处位置）。

举例来说，Bob 用比特币从 Alice 处购买一件商品。因为比特币是去中心化、没有第三方保障的，那 Alice 如何确保这份支付的可靠性?

一方面，Alice 可以亲自验证此交易，即上文提到的交易验证。为此，Alice 首先要运行一份保存有完整区块链数据的节点。然后遍历这个账本，定位在 Bob 的账户上，查看 Bob 的 UTXO 是否足够支付这笔交易。接下来，Alice 要查看确保在后续的区块中，被引用的 UTXO 没有使用过，防止双花。最后，Alice 还要检查交易脚本是否合规等。

另一方面，Alice 可以避免这个繁杂的过程，只检查这笔交易是否已经得到验证，并收录在区块链中，如果有，则发货。为了验证交易是否存在，Alice 只需要运行简易客户端，从网络上获取并保存最长链的区块头即可。首先，计算这笔交易的散列值 tx_hash，定位到 tx_hash 所在的区块，查看区块是否包含在已知的最长链中；然后，从该区块中获取构建梅克尔树所需的其他散列值，并计算出根散列 merkle_root_hash；最后，比较计算出来的值与区块头中记录的根散列，如果相等，则可确定该交易在区块中。当前链的长度与该区块高度的差就是该笔交易得到的确认数目，一般认为确认超过 6 个即可。

总体来说，使用 SPV 最大的优点是极大地节省了存储空间。一个区块，无论交易量有多少，头部的大小都是始终不变的 80 个字节。以平均每 10 min 一个的出块速度算，每年有 52560 个区块，如果只保存区块头，新增的存储需求只要 4 MB 左右，这样，即使比较低端的设备也足以承受，同时降低了比特币的使用门槛。

2.8　挖矿与区块创建

区块是由矿工通过“挖矿”创建的。对于区块链来说，挖矿这个过程保护着比特币系统的安全，防止欺诈交易，避免“双重支付”。同时，矿工可以通过为比特币网络提供算力来换取获得比特币奖励的机会。矿工验证每笔新的交易并把它们记录在总账本上。比特币系统中平均每 10min 会有一个新的区块被“挖掘”出来，每个区块中包含着从上一个区块产生到目前这段时间内发生的所有交易，这些交易被依次添加到区块链中。我们把包含在区块内且被添加到区块链上的交易称为“确认”交易，交易经过“确认”之后，新的拥有者才能够花费他在交易中得到的比特币。

2.8.1　奖励机制

矿工在挖矿过程中得到两种类型的奖励：创建新区块的新币奖励和区块中所含交易的交易费。为了得到这些奖励，矿工争相完成一种基于加密散列算法的数学难题，这些难题的答案包括在新区块中，作为矿工计算工作量的证明，被称为“工作量证明”。该算法的竞争机制和获胜者有权在区块链上进行交易记录的机制，是比特币系统协议层安全的基石。新比特币的生成过程被称为挖矿，是因为它的奖励机制被设计为速度递减模式，类似于贵重金属的挖矿过程。矿工通过创造一个新区块得到的比特币数量大约每 4 年（准确说是每隔 210000 个块）减少一半。开始时为 2009 年 1 月每个区块奖励 50 个比特币，到 2012 年 11 月减半为每个区块奖励 25 个比特币。2016 年 7 月 9 日 16:41:53，随着第 419999 块的生成，之后的区块再次减半为每个新区块奖励 12.5 个比特币。基于这个公式，比特币挖矿奖励以指数方式递减，直到 2140 年。届时所有的比特币（20999999980）全部发行完毕。换句话说，2140 年之后，不会再有新的比特币产生。

矿工同时也会获取交易费。每笔交易可能包含一笔交易费，交易费是每笔交易记录的输入和输出差额。在挖矿过程中，“挖出”新区块的矿工获胜者可以得到该区块中包含的所有交易“小费”。目前，这笔费用占矿工收入的 0.5%或更少，大部分收益仍来自挖矿所得的比特币奖励。然而，随着挖矿奖励的递减，以及每个区块中包含的交易数量增加，交易费在矿工收益中所占的比重将逐渐增加。2140 年之后，所有的矿工收益都将由交易费构成。

2.8.2　整合交易至候选区块

正如第 2.8.1 节所描述的，挖矿可以为矿工带来收益。但如果只把挖矿看作生产新币的过程，那是把手段（激励措施）当成了目的。需要注意的是，挖矿是一种将结算所去中心化的过程，每个结算所对处理的交易进行验证和结算。挖矿保护了比特币系统的安全，并且实现了在没有中心机构的情况下，也能使整个比特币网络达成共识。下面重点说明怎样通过挖矿达成区块的构建。

交易在验证通过后，比特币节点将这些交易添加到自己的内存池中。内存池也称为交易池，用来暂存尚未被加入区块的交易记录。与其他节点一样，矿工节点收集、验证并中继新的交易。而与其他节点不同的是，矿工节点会把这些交易整合到一个候选区块中。

矿工节点维护了一个区块链的本地副本，包含了自 2009 年比特币系统启动运行以来的全部区块。如果矿工节点在挖矿时，从比特币网络收到了区块 277315，则这个区块的到来标志着终结了产出区块 277315 的竞赛，同时也是产出区块 277316 竞赛的开始。

在上一个 10 min 内，矿工节点在寻找区块 277315 解的同时，它也在收集交易记录为下一个区块做准备。目前它已经收到了几百笔交易记录，并将它们放进了内存池。直到接收并验证区块 277315 后，矿工节点会检查内存池中的全部交易，并移除已经在区块 277315 中出现过的交易记录，确保任何留在内存池中的交易都是未确认的，等待被记录到新区块中。

矿工节点立刻构建一个新的空区块，作为区块 277316 的候选区块。称作候选区块是因为它还没有包含有效的工作量证明，不是一个有效的区块，只有在矿工成功找到一个工作量证明解之后，这个区块才生效。

2.8.2.1　交易块龄、矿工费和优先级

矿工节点需要为内存池中的每笔交易分配一个优先级，并选择较高优先级的交易记录构建候选区块。交易的优先级是由交易输入所花费 UTXO 的“块龄”决定的，交易输入值高、“块龄”大的交易比那些新的、输入值小的交易拥有更高的优先级。如果区块中有足够的空间，高优先级的交易行为将不需要矿工费。

交易的优先级是通过输入值和输入的“块龄”乘积之和除以交易的总长度得到的。

Priority = Sum (Value of input × Input Age) / Transaction Size

在这个等式中，交易输入的值是由比特币单位“聪”（一亿分之一 BTC）表示

的。UTXO 的“块龄”是自该 UTXO 被记录到区块链为止所经历过的区块数，即这个 UTXO 在区块链中的深度。交易记录的大小由字节表示。

一个交易要想成为“较高优先级”，需满足的条件：优先值大于 57600000，相当于 1 个比特币（即 1 亿聪），年龄为一天（144 个区块），交易的大小为 250 个字节。

High Priority > 100 000 000 satoshis×144 blocks / 250 bytes = 57 600 000

区块中用来存储交易的前 50 KB 是保留给较高优先级交易的。矿工节点在填充这 50 KB 时，会优先考虑这些最高优先级的交易，不管它们是否包含矿工费。这种机制使高优先级交易即便是零矿工费，也可以优先被处理。

然后，挖矿节点会选出那些包含最小矿工费的交易，并按照“每千字节矿工费”进行排序，优先选择矿工费高的交易来填充剩下的区块。

如果区块中仍有剩余空间，挖矿节点可以选择那些不含矿工费的交易。有些矿工会竭尽全力将那些不含矿工费的交易整合到区块中，而其他矿工可能选择忽略这些交易。

在区块被填满后，内存池中的剩余交易成为下一个区块的候选交易。因为这些交易还留在内存池中，所以随着新的区块被加到链上，这些交易输入时所引用 UTXO 的深度（即交易“块龄”）也会随之变大。由于交易的优先值取决于它交易输入的“块龄”，所以交易的优先值也就随之增长。最后，一个零矿工费交易的优先值就有可能达到高优先级的门槛，被免费打包进区块。

比特币交易中没有过期、超时的概念，一笔交易现在有效，它就永远有效。然而，如果一笔交易只在全网广播一次，那么它只会保存在一个挖矿节点的内存中。因为内存池是以未持久化的方式保存在挖矿节点存储器中的，所以一旦这个节点重新启动，内存池中的数据就会被完全擦除。而且，即便一笔有效交易被传播到了全网，如果长时间未处理，它将从挖矿节点的内存池中消失。如果交易本应该在一段时间内被处理而实际没有，那么钱包软件应该重新发送交易或重新支付更高的矿工费。

现在，矿工节点从内存池中整合到了全部的交易，新的候选区块包含 418 笔交易，总的矿工费为 0.09094925 个比特币。可以通过比特币核心客户端命令行来查看这个区块。

例：区块 277316

```
{
"hash" :
"000000000000001b6b9a13b095e96db41c4a928b97ef2d944a9b31b2cc7bdc4",
    "confirmations" : 35561,
    "size" : 218629,
    "height" : 277316,
    "version" : 2,
    "merkleroot" :
        "c91c008c26e50763e9f.  8bb8b2fc323735f73577effbc55502c51eb4cc7cf2e",
    "tx":[
        "d5ada064c6417ca25c4308bd158c34b77e1c0eca2a73cda16c737e7424afba2f",
        "b268b45c59b39d759614757718b9918caf0ba9d97c56f3b91956ff877c503fbe",
        ... 417 more transactions ...
        ],
    "time" : 1388185914,
    "nonce" : 924591752,
    "bits" : "1903a30c",
    "difficulty" : 1180923195.25802612,
    "chainwork" :
        "000000000000000000000000000000000000000000000934695e92aaf53afa1a",
    "previousblockhash" :
        "0000000000000002a7bbd25a417c0374cc55261021e8a9ca74442b01284f0569",
    "nextblockhash" :
        "000000000000000010236c269dd6ed714dd5db39d36b33959079d78dfd431ba7"
}
```

2.8.2.2　创币交易

区块中的第一笔交易是特殊交易，称为创币交易或者 Coinbase 交易。这个交易是由挖矿的节点构造并用来奖励矿工所做贡献的。挖矿的节点会创建“向某人的地址支付 25.09094928 个比特币”这样一个交易，把生成交易的奖励发送到自己的钱包。矿工挖出区块获得的奖励金额是 Coinbase 奖励（25 个全新的比特币）和区块中全部交易矿工费的总和。举例如下。

```
$ bitcoin-cli getrawtransaction
d5ada064c6417ca25c4308bd158c34b77e1c0eca2a73cda16c737e7424afba2f1
```

例：创币交易。

```
{
    "hex" :
        "01000000010000000000000000000000000000000000000000000000000000000000
```

```
00000000ffffffff0f03443b0403858402062f503253482ffffffff0110c08d9500000000232102aa970c
592640d19de03ff6f329d6fd2eecb023263b9ba5d1b81c29b523da8b21ac00000000",
        "txid" : "d5ada064c6417ca25c4308bd158c34b77e1c0eca2a73cda16c737e7424afba2f",
        "version" : 1,
        "locktime" : 0,
        "vin" : [
            {
                "coinbase" : "03443b0403858402062f503253482f", "sequence" : 4294967295
            }
        ],
        "vout" : [
            {
                "value" : 25.09094928,
                "n":0, "
                scriptPubKey" : {
                    "asm" :
                    "02aa970c592640d19de03ff6f329d6fd2eecb023263b9ba5d1b81c29b52
3da8b21OP_CHECKSIG",
                    "hex" :
                    "2102aa970c592640d19de03ff6f329d6fd2eecb023263b9ba5d1b81
c29b523da8b21ac",
                   "reqSigs" : 1,
                   "type" : "pubkey",
                   "addresses" : [
                       "1MxTkeEP2PmHSMze5tUZ1hAV3YTKu2Gh1N"
                   ]
                }
            }
        ],
        "blockhash" :
            "000000000000001b6b9a13b095e96db41c4a928b97ef2d944a9b31b2cc7bdc4",
        "confirmations" : 35566,
        "time" : 1388185914,
        "blocktime" : 1388185914
    }
```


与常规交易不同，创币交易没有输入，不消耗 UTXO。它只包含一个被称作 Coinbase 的输入，仅仅用来创建新的比特币。创币交易有一个输出，支付到这个矿工的比特币地址。创币交易的输出将这 25.09094928 个比特币发送到矿工的比特币地址，如本例所示的 1MxTkeEP2PmHSMze5tUZ1hAV3YTKu2Gh1N。

2.8.2.3　Coinbase 奖励与矿工费

为了构造创币交易，矿工的节点需要计算矿工费的总额，将这 418 个已添加到区块交易的输入和输出分别进行加和，然后用输入总额减去输出总额得到矿工费总额，公式如下。

Total Fees = Sum(Inputs) − Sum(Outputs)

在区块 277316 中，矿工费的总额是 0.09094925 个比特币。

紧接着，矿工的节点计算出这个新区块正确的奖励额。奖励额的计算是基于区块高度的，以每个区块 50 个比特币为开始，每产生 210000 个区块减半一次。这个区块高度是 277316，所以正确的奖励额是 25 个比特币。

详细的计算过程可以参看比特币核心客户端中的 GetBlockValue 函数。

例：计算区块奖励—Function GetBlockValue, Bitcoin Core Client, main.cpp, line 1305 int64_t GetBlockValue(int nHeight, int64_t nFees)

```
{
    int64_t nSubsidy = 50 * COIN;
    int halvings = nHeight/Params().SubsidyHalvingInterval();
    // 如果右移的次数未定义，区块奖励强制为零
    if (halvings >= 64)
            return nFees;
    // Subsidy 每 210000 个区块减半一次，大概每 4 年发生一次
    nSubsidy >>= halvings;
    return nSubsidy + nFees;
}
```

变量 nSubsidy 表示初始奖励额，值为 COIN 常量（100000000 聪）与 50 的乘积，即初始奖励额为 50 亿聪。

紧接着，这个函数用当前区块高度除以减半间隔（SubsidyHalvingInterval 函数）得到减半次数（变量 halvings）。每 210000 个区块为一个减半间隔，对应本例中的区块 277316，所以减半次数为 1。

变量 halvings 最大值为 64，如果超出这个值，代码算得的奖励额为 0，整个函数将只返回矿工费总额作为奖励总额。

然后，这个函数使用二进制右移操作将奖励额（变量 nSubsidy）右移一位（等同于除以 2），每一轮减半右移一次。在这个例子中，对于区块 277316 只需要将值为 50 亿聪的奖励额右移一次，得到 25 亿聪，即 25 个比特币的奖励额。之所以采用

二进制右移操作，是因为相比整数或浮点数除法，右移操作的效率更高。

最后，将 Coinbase 奖励额（变量 nSubsidy）与矿工费（nFee）总额求和，并返回这个值。

创币交易不包含“解锁脚本”（又称作 scriptSig）字段，这个字段被 Coinbase 数据替代，长度最小 2 byte，最大 100 byte。除了开始的几个字节外，矿工可以任意使用 Coinbase 的其他部分，随意填充任何数据。Coinbase 前几个字节也曾是可以任意填写的，但在后来的第 34 号比特币改进提议（BIP34）中规定了版本 2 的区块（版本字段为 2 的区块），这个区块的高度必须跟在脚本操作“push”之后，填充在 Coinbase 字段的起始处。

以上例中的区块 277316 为例，Coinbase 就是交易输入的“解锁脚本”（或 scriptSig）字段，这个字段的十六进制值为 03 443b04 03858402062 f503253482f。下面我们来解码这段数据。

03：脚本执行引擎这个指令将后面 3 个字节压入脚本栈。

443b04：十六进制 0x443b04，是以小端格式（最低有效字节在先）编码的区块高度。翻转字节序得到 0x043b44，表示为十进制是 277316。

03858402062：十六进制 0x03858402062，用于编码 extra nonce 或者一个随机值，从而求解一个适当的工作量证明。

f503253482f：十六进制 0xf503253482f，是 ASCII 编码字符 /P2SH/，表示挖出这个区块的挖矿节点支持 BIP0016 所定义的 pay-to-script-hash（P2SH）改进方案。在 P2SH 功能引入比特币时，曾有一场对 P2SH 不同实现方式的投票，候选者是 BIP0016 和 BIP0017。支持 BIP0016 的矿工将/P2SH/放入 Coinbase 数据中，支持 BIP0017 的矿工将 P2SH/CHV 放入他们的 Coinbase 数据中。最后，BIP0016 在选举中胜出，直到现在依然有很多矿工在他们的 Coinbase 中填入/P2SH/以表示支持这个功能。

2.8.3 构造区块头

区块的构造先从区块头部开始，为了构造区块头，挖矿节点需要填充 6 个字段，分别是版本、前区块散列、Merkle 根、时间戳、难度目标、Nonce。前面在区块结构章节中介绍了这些字段的作用，这里不再赘述。下面举例说明区块头的构造过程。

在区块 277316 被挖出时，区块结构中用来表示版本号的字段值为 2，长度为 4 个字节，以小段格式编码值为 0x20000000。接着，挖矿节点需要填充“前区块散列”，在本例中，这个值为 Jing 的节点从网络上接收到的区块 277315 的区块头散列值，它是区块 277316 候选区块的父区块。区块 277315 的区块头散列值为

```
0000000000000002a7bbd25a417c0374cc55261021e8a9ca74442b01284f0569
```

为了向区块头填充 Merkle 根字段，要将全部的交易组成一个 Merkle 树。创币交易作为区块中的首个交易，之后将余下的 418 笔交易添至其后，这样区块中的交易共有 419 笔。由于 Merkle 树中必须有偶数个叶子节点，所以需要复制最后一个交易作为第 420 个节点，每个节点对应交易的散列值。这些交易的散列值逐层地、成对地组合，直到最终组合成一个根节点。Merkle 树的根节点将全部交易数据摘要为一个 32 byte 长度的值，Merkle 根字段值如下。

```
c91c008c26e50763e9f. 8bb8b2fc323735f73577effbc55502c51eb4cc7cf2e
```

挖矿节点继续添加一个 4 byte 的时间戳，以 Unix 纪元时间编码，即自 1970 年 1 月 1 日 0 点到当前共流逝的秒数（本例中的 1388185914 对应的时间是 2013 年 12 月 27 日，星期五，UTC/GMT）。

接下来，节点需要填充难度目标值，为了使该区块有效，这个字段定义了所需满足的工作量证明的难度。难度在区块中以“尾数–指数”的格式编码并存储，这种格式称作“难度位”。这种编码的首字节表示指数，后面的 3 字节表示尾数（系数）。以区块 277316 为例，难度位的值为 0x1903a30c，0x19 是指数的十六进制格式，后半部分 0x03a30c 是系数。

最后一个字段是 nonce，初始值为 0。区块头完成全部的字段填充后，挖矿就可以开始进行。挖矿的目标是找到一个使区块头散列值小于难度目标的 nonce。挖矿节点通常需要尝试数十亿甚至数万亿个不同的 nonce 取值，直到找到一个满足条件的 nonce 值。

2.8.4 “挖掘”区块

矿工的节点已经构建了一个候选区块，接下来就轮到矿工的矿机对这个新区块进行“挖掘”，求解工作量证明算法以使这个区块有效。我们已经学习了比特币系统中不同地方用到的散列加密函数。比特币挖矿过程使用的是 SHA256 散列函数。

用简单的术语来说，挖矿就是重复计算区块头的散列值，不断修改该参数，直

到与散列值匹配的一个过程。散列函数的结果无法提前得知，也没有得到一个特定散列值的模式。散列函数的这个特性意味着得到散列值的唯一方法是不断尝试，每次随机修改输入，直到出现适当的散列值。

2.8.4.1 工作量证明算法

散列函数输入数据的长度是任意的，会产生一个长度固定且绝不雷同的值，可将其视为输入的数字指纹。对于特定输入，散列的结果每次都一样，任何实现相同散列函数的人都可以计算和验证。一个加密散列函数的主要特征就是不同的输入几乎不可能出现相同的数字指纹。因此，对于随机选择输入，有意地选择输入以生成一个想要的散列值几乎是不可能的。

简单来说，无论输入的大小是多少，SHA256 函数输出的长度总是 256 位，且改变原句中的任何一个字母、标点或增加字母都会产生不同的散列值。挖矿的工作就是不断改变参数来生成块散列，并与目标值比对。

挖矿需要以下参数。

- block 的版本 version。
- 上一个 block 的 hash 值 prev_hash。
- 需要写入的交易记录 hash 树的值 merkle_root。
- 更新时间 ntime。
- 当前难度 nbits。

而挖矿的过程就是找到 nonce，使

SHA256(SHA256(version + prev_hash + merkle_root + ntime + nbits + nonce)) < TARGET

上式解的范围是 $0\sim2^{32}$，TARGET 是目标值，可以根据当前难度求出。除 nonce 之外，矿工还可以尝试改动 merkle_root 和 ntime。由于散列的特性，找这样一个 nonce 只能暴力搜索。

一旦矿工找到解，就可以广播一个新的 block，其他客户端会验证这个 block 是否合法。如果 block 被大家接受，由于每个 block 中的第一笔交易必须将新产生的比特币发送到矿工写的某个地址，他会因为付出了工作量而获得收益。

下例是一个简化的工作量证明算法（Python）的实现。

例：简化的工作量证明算法。

```
#!/usr/bin/env python
```

```
# example of proof-of-work algorithm
import hashlib
import time
max_nonce = 2 ** 32 # 4 billion
def proof_of_work(header, difficulty_bits):
    # calculate the difficulty target
    target = 2 ** (256-difficulty_bits)
    for nonce in xrange(max_nonce):
        hash_result = hashlib.sha256(str(header)+ str(nonce)).hexdigest()
        # check if this is a valid result, below the target
        if long(hash_result, 16) < target:
            print "Success with nonce %d" % nonce
            print "Hash is %s" % hash_result
            return (hash_result,nonce)
    print "Failed after %d (max_nonce) tries" % nonce
    return nonce
if __name__ == '__main__':
    nonce = 0
    hash_result = ''
    # difficulty from 0 to 31 bits
    for difficulty_bits in xrange(32):
        difficulty = 2 ** difficulty_bits
        print "Difficulty: %ld (%d bits)" % (difficulty, difficulty_bits)
        print "Starting search..."
        # checkpoint the current time
        start_time = time.time()
        # make a new block which includes the hash from the previous block
        # we fake a block of transactions - just a string
        new_block = 'test block with transactions'+hash_result
        # find a valid nonce for the new block
        (hash_result, nonce) = proof_of_work(new_block, difficulty_bits)
        # checkpoint how long it took to find a result
        end_time = time.time()
        elapsed_time = end_time - start_time
        print "Elapsed Time: %.4f seconds" % elapsed_time
        if elapsed_time > 0:
            # estimate the hashes per second
            hash_power = float(long(nonce)/elapsed_time)
            print "Hashing Power: %ld hashes per second" % hash_power
```

可以任意调整难度值（按二进制位数设定，即散列值开头多少位必须是 0）。

然后执行代码，看看在计算机上求解时间。在下例中，可以看到该程序在一个普通笔记本计算机上的执行情况。

例：多种难度值的工作量证明算法的运行输出（Python）。

```
$ python proof-of-work-example.py*
Difficulty: 1 (0 bits)
[...]
Difficulty: 8 (3 bits)
Starting search...
Success with nonce 9
Hash is 1c1c105e65b47142f028a8f93ddf3dabb9260491bc64474738133ce5256cb3c1
Elapsed Time: 0.0004 seconds
Hashing Power: 25065 hashes per second
Difficulty: 16 (4 bits)
Starting search...
Success with nonce 25
Hash is 0f7becfd3bcd1a82e06663c97176add89e7cae0268de46f94e7e11bc3863e148
Elapsed Time: 0.0005 seconds
Hashing Power: 52507 hashes per second
Difficulty: 32 (5 bits)
Starting search...
Success with nonce 36
Hash is 029ae6e5004302a120630adcbb808452346ab1cf0b94c5189ba8bac1d47e7903
Elapsed Time: 0.0006 seconds
Hashing Power: 58164 hashes per second
[...]
Difficulty: 4194304 (22 bits)
Starting search...
Success with nonce 1759164
Hash is 0000008bb8f0e731f0496b8e530da984e85fb3cd2bd81882fe8ba3610b6cefc3
Elapsed Time: 13.3201 seconds
Hashing Power: 132068 hashes per second
Difficulty: 8388608 (23 bits)
Starting search...
Success with nonce 14214729
Hash is 000001408cf12dbd20fcba6372a223e098d58786c6ff93488a9f74f5df4df0a3
Elapsed Time: 110.1507 seconds
Hashing Power: 129048 hashes per second
Difficulty: 16777216 (24 bits)
Starting search...
Success with nonce 24586379
```

```
Hash is 0000002c3d6b370fccd699708d1b7cb4a94388595171366b944d68b2acce8b95
Elapsed Time: 195.2991 seconds
Hashing Power: 125890 hashes per second
[...]
Difficulty: 67108864 (26 bits)
Starting search...
Success with nonce 84561291
Hash is 0000001f0ea21e676b6dde5ad429b9d131a9f2b000802ab2f169cbca22b1e21a
Elapsed Time: 665.0949 seconds
Hashing Power: 127141 hashes per second
```

可以看出，随着难度位一位一位地增加，查找正确结果的时间呈指数级增长。如果考虑整个 256 位数字空间，每次要求多一个 0，就把散列查找空间缩减了一半。因此在前面例子中，为寻找一个 nonce 使散列值的前 26 位为 0，共尝试了八千多万次。即使家用笔记本电脑每秒可以达 270000 多次散列计算，这个查找也需要 6min。

目前，比特币网络要寻找区块头信息散列值小于 0x180375ff。可以看出，这个目标散列值开头的 0 多了很多。这意味着可接受的散列值范围大幅缩减，因而找到正确的散列值更加困难。生成下一个区块需要网络每秒计算 1.5×10^{18} 次散列。这看起来是不可能的任务，但幸运的是，比特币网络已经拥有约 2500 PH/s(Petahashes Per Second) 的处理能力，平均每 10 min 就可以找到一个新区块。

2.8.4.2　难度表示

区块头中存放了目标值，如在区块 277316 中，它的值为 0x1903a30c。这个目标值被存为系数/指数格式，前两位十六进制数字为幂，接下来 6 位为系数。在这个区块中，0x19 为幂，而 0x03a30c 为系数。

那么，目标值到底是怎么设置的？在此之前，先介绍怎样把一个正整数转换成目标值的那种结构。

第一步：将正整数转换成 base256，得到 base256 的个数。

第二步：如果 base256 中的第 1 个字节大于 127(0x7f)，则在头部插入 00。

第三步：截取 base256 的前 3 个字节，不足 3 个的在尾部补 00。

第四步：将第一步得到的 base256 个数放在最前面。

例：将 $2^{256-32}-1$ 转换成目标值结构。

$2^{256-32}-1$= ff ff ff ff ff ff ff ff ff ff ff ff ff ff ff ff ff ff ff ff ff ff ff ff ff ff ff ff(共 28 个 ff)

由于 ff>7f，所以在前面插入 00，得到

00 ff ff ff ff ff ff ff ff ff ff ff ff ff ff ff ff ff ff ff ff ff ff ff ff ff ff ff ff

截取 3 个，再加上 base256 的个数，得到

1d 00 ff ff

这样即是目标值结构。

计算目标值的公式为

$target = coefficient \times 2^{8\times(exponent-3)}$

由此公式及难度位的值 0x1903a30c，可得

$target = 0x03a30c \times 2^{0x08\times(0x19-0x03)}$

$\Rightarrow target = 0x03a30c \times 2^{0x08\times 0x16}$

$\Rightarrow target = 0x03a30c \times 2^{0xB0}$

按十进制计算为

$\Rightarrow target = 238{,}348 \times 2^{176}$

=> target =

22829202948393929850749706076701368331072452018388575715328

转化为十六进制后为

=> target

=0x0000000000000003A30C00000000000000000000000000

000000000000000000

也就是说，高度为 277316 的有效区块的头信息散列值是小于这个目标值的。这个数字的二进制表示前 60 位都是 0。在这个难度上，一个每秒可以处理一万亿个散列计算的矿工（1 tera-hash per second 或 1 TH/s）平均每 8496 个区块才能找到一个正确结果，换句话说，平均每 59 天，才能为某一个区块找到正确的散列值。

2.8.4.3 难度目标与难度调整

目标决定了难度，进而影响求解工作量证明算法所需要的时间。那么，为什么这个难度值是可调整的？由谁调整？如何调整？

比特币的区块平均每 10 min 生成一个，这就是比特币的心跳（Heartbeat），是“货币”发行速率和交易达成速度的基础。不仅在短期内，而且在几十年内它都必须保持恒定。在此期间，计算机性能将飞速提升。此外，参与挖矿的人和计算机也会

不断变化。为了保持 10 min 产生一个新区快的速率，挖矿的难度必须根据变化进行调整。事实上，难度是一个动态的参数，通过定期调整达到每 10 min 一个新区块的目标。简单地说，无论挖矿能力如何，新区块产生速率保持在 10 min 左右，挖矿难度也根据新区块产生速率而变化。

那么，在一个完全去中心化的网络中，这样的调整是如何做到的？难度的调整是在每个完整节点中独立自动发生的。每 2016 个区块会调整一次难度（这也意味着 2016 个区块内用的是同一难度）。难度的调整公式是由最新 2016 个区块的花费时长与 20160 min（两周，即这些区块以 10 min 一个速率所期望花费的时长）比较得出的。

难度是根据实际时长与期望时长的比值进行相应调整的（或变难或变易）。简单来说，如果网络发现区块产生速率比 10 min 时会增加难度。如果发现比 10 min 慢时则降低难度。这个公式可以总结为如下形式。

New Difficulty = Old Difficulty × (Actual Time of Last 2016 Blocks / 20160 minutes)

而 Old Difficulty，即当前难度的计算公式为

难度 = 最大目标值/当前目标值

最大目标值有不同的取值方式，比特币客户端一般取 0x00000000FFFFFFFFFFFFFFFFFFFFFFFFFFFFFFFFFFFFFFFFFFFFFFFFFFFF

最大难度大约等于 maximum_target / 1 （因为 0 会导致无穷大），这是一个非常大的数值，约 2^{224}；当 maximum_target 为最小 1 时，最小难度值为 1。而发现一个区块的平均时间，可以这样计算。

时间 = 难度×2^{32} / 算力（算力是每秒运算的散列值数量）

例如

某一天的难度值 = 19339258

hashrate=1G/s

那么

一个 block 产生的时间（以秒为单位）= 19339258×2^{32}/10^9 = 83061481.8 s

一个 block 产生的时间（以小时为单位）=83061481.8089/（60×60）=23072.6338358 h

也就是说，按照今天的难度值，在 1G/s 的运算能力下，23072.6 个小时才能产生一个数据区块，即 25 个比特币。

下例展示了比特币核心客户端中的难度调整代码。

例：工作量证明的难度调整源文件 pow.cpp 第 43 行函数 GetNextWork Required()。

```
// Go back by what we want to be 14 days worth of blocks
const CBlockIndex* pindexFirst = pindexLast;
for (int i = 0; pindexFirst && i < Params().Interval()-1; i++)
        pindexFirst = pindexFirst->pprev;
assert(pindexFirst);
// Limit adjustment step
int64_t nActualTimespan = pindexLast->GetBlockTime() - pindexFirst->GetBlockTime();
LogPrintf(" nActualTimespan = %d before bounds\n", nActualTimespan);
if (nActualTimespan < Params().TargetTimespan()/4)
        nActualTimespan = Params().TargetTimespan()/4;
if (nActualTimespan > Params().TargetTimespan()*4)
        nActualTimespan = Params().TargetTimespan()*4;
// Retarget
uint256 bnNew;
uint256 bnOld;
bnNew.SetCompact(pindexLast->nBits);
bnOld = bnNew;
bnNew *= nActualTimespan;
bnNew /= Params().TargetTimespan();
if (bnNew > Params().ProofOfWorkLimit())
        bnNew = Params().ProofOfWorkLimit();
```

参数 Interval（2016 区块）和 TergetTimespan（1209600 s 及两周）的定义在文件 chainparams.cpp 中。

为了防止难度的变化过快，每个周期的调整幅度必须小于一个因子（值为 4）。如果要调整的幅度大于 4 倍，则按 4 倍调整。由于在下一个 2016 区块周期不平衡的情况会继续存在，所以进一步的难度调整在下一周期进行。因此，平衡散列计算能力和难度的巨大差异可能需要花费几个 2016 区块周期才完成。

寻找一个比特币区块需要整个网络花费 10 min 处理，每发现 2016 个区块时会根据前 2016 个区块完成的时间对难度进行调整。

值得注意的是，目标难度与交易的数量和金额无关。这意味着，散列算力的强弱，即让比特币更安全的电力投入量，与交易完全无关。换句话说，当比特币的规模变得更大，使用它的人数更多时，即使散列算力保持当前的水平，比特币的安全性也不会受到影响。散列算力的增加表明更多的人为得到比特币回报而加入了挖矿队伍。只要为了回报，公平正当地从事挖矿的矿工群体保持足够的散列算力，“接管”攻击就不会得逞，让比特币的安全无虞。

2.8.5　成功构建区块

矿工节点创建了一个候选区块，准备拿它来挖矿。假设矿工有几个安装了 ASIC（专用集成电路）的矿机，上面有成千上万个集成电路可以超高速地并行运行 SHA256 算法，这些定制的硬件通过 USB 连接到他的挖矿节点上。接下来，运行在矿工桌面计算机的挖矿节点将区块头信息传送给这些硬件，让它们以每秒亿万次的速度进行 nonce 测试。

在对区块 277316 的挖矿工作开始大概 11 min 后，这些硬件中的其中一个求得解并发回挖矿节点。当把这个结果放进区块头时，nonce 421. 69401 就会产生一个区块散列值。

```
0000000000000002a7bbd25a417c0374cc55261021e8a9ca74442b01284f0569
```

而这个值小于难度目标值。

```
0000000000000003A30C00000000000000000000000000000000000000000000
```

矿工的挖矿节点立刻将这个区块发给它的所有相邻节点。这些节点在接收并验证这个新区块后，继续传播此区块。当这个新区块在网络中扩散时，每个节点将它作为区块 277316 加到自身节点的区块链副本中。当挖矿节点收到并验证了这个新区块后，它们会放弃之前对构建这个相同高度区块的计算，并立即开始区块链中下一个区块的计算工作。

图 2-30 是区块链浏览器上反应的区块打包情况。从图 2-30 中可以看出，实际上区块的产生并不是严格按照 10 min 一块的速率。两个区块的产生间隔有时甚至达到秒级。但是区块链会每隔一定时间根据出块时间来调整难度，使比特币系统能尽量做到出块平均速率是 10 min。

2.8.6　矿场机制

矿工节点通过“挖矿”产生收益，虽然这个过程可以发展和增长区块链，但从矿工的角度来看，他们更在意的是通过这种方式获益。最初矿工可以用自己的 CPU 资源参与，后来发展成为用 GPU 挖矿。然而，随着硬件的提升，全网整体算力的

高度	时间	播报方	哈希值	大小（kB）
446395 (主链)	2017-01-03 08:05:44	1Hash	000000000000000000048ed733c3bdf3847c0a1db0a6ecb0ee330fc1d3afaaed	998.1
446394 (主链)	2017-01-03 07:43:36	AntPool	0000000000000000004e6e264be5d1072891bb33738388bfdd9b1ab8283f712c	997.93
446393 (主链)	2017-01-03 07:41:04	BitClub Network	000000000000000003122914d3a755e08a3b4d071542320e0cdf211dbb26d740	998.25
446392 (主链)	2017-01-03 07:37:39	BW.COM	0000000000000000212a9c8803c1280b71ff985f17fc60efbef328c195947b3	208.23
446391 (主链)	2017-01-03 07:29:39	BW.COM	00000000000000001a2475985867ff566a3be70debe7630c71defd36ca11122	998.19
446390 (主链)	2017-01-03 07:15:54	PHash.IO	000000000000000000c98adc22bc3833a204d803ed6484ce23264dc5104c0e0c	989.21
446389 (主链)	2017-01-03 07:03:01	SlushPool	0000000000000000007fb4da41ae94b9af39752fe91dbdc0c27368b47bf5dfaf	998.06
446388 (主链)	2017-01-03 06:53:38	F2Pool	00000000000000001ea0e0e697ac203f2420d36c54ad7b2f16c5a3e0692a11b	1.000
446387 (主链)	2017-01-03 06:45:04	GoGreenLight	0000000000000000365a1c3a4d230c1ca55106a2b1530adb914358e3c91ee69	0.2
446386 (主链)	2017-01-03 06:42:55	Unknown	00000000000000019e3d3a9577dcd22fd3a9de4aad30690ac0d1abcd2bf40d	749.22
446385 (主链)	2017-01-03 06:07:10	SlushPool	00000000000000003087030e14737dc53a7ec438e3a7d684c7dac6654416f05	998.16
446384 (主链)	2017-01-03 05:47:57	SlushPool	0000000000000000334abfc83e513e78df0d5741569aae9076a87768686c798	907.37
446383 (主链)	2017-01-03 05:38:04	BTCC Pool	000000000000000013d292423d003e6894f4129b4b44394f27b7bd450210ed6	998.24
446382 (主链)	2017-01-03 05:28:01	BW.COM	000000000000000001ca6c123dffdb699569d8d5ce37385947db86577d906ee4	998.12
446381 (主链)	2017-01-03 05:12:14	BTCC Pool	00000000000000000055aeca678888f57c3271f994df6df6a3bacd08b0a2a71b	998.2
446380 (主链)	2017-01-03 05:00:22	AntPool	0000000000000000002516672b4b9f9b8950c95cadb55ca9971a52d88c9449647	998.18
446379 (主链)	2017-01-03 04:43:11	BTCC Pool	00000000000000001b2df6c41e73a1dcc05e455fd67a09c583bf491dca525b1	811.31

图 2-30　区块打包情况

提高，在这个激烈竞争的环境中，个体矿工独立工作已经几乎无法获得收益。因此，矿工合作组成矿池，汇集数以千计参与者的算力并分享奖励。通过参加矿池共同挖矿，矿工得到整体回报的一小部分，但通常每天都能得到，从而减少了不确定性。

矿池通过专用挖矿协议协调成百上千的矿工。个人矿工在建立矿池账号后，设置他们的矿机连接到矿池服务器。他们的挖矿设备在挖矿时保持和矿池服务器的连接，和其他矿工同步各自的工作。这样，矿池中的矿工分享挖矿任务，之后分享奖励。

成功出块的奖励支付到矿池的比特币地址，而不是单个矿工的。一旦奖励达到一个特定的阈值，矿池服务器会定期支付奖励到矿工的比特币地址。

参加矿池的矿工把搜寻候选区块的工作量分割，并根据他们挖矿的贡献赚取“份额”。矿池为赚取“份额”设置了一个低难度的目标，通常是比特币网络难度的1/1 000。当矿池中有人成功挖出一块，矿池获得奖励，并和所有矿工按照他们做出贡献“份额”数的比例分配。

矿池对任何矿工开放，无论大小、专业或业余。一个矿池的参与者中，有人只有一台小矿机，而有些人有一车库高端挖矿硬件。有人只用几十度电挖矿，也有人用一个数据中心消耗兆瓦级的电量。矿池如何衡量每个人的贡献，既能公平分配奖励，又避免作弊的可能？答案是在设置一个较低难度的前提下，使用比特币的工作量证明算法来衡量每个矿工的贡献。因此，即使是池中最小的矿工也经常能分得奖励，这足以激励他们为矿池做出贡献。通过设置一个较低的取得份额的难度，矿池可以计量出每个矿工完成的工作量。每当矿工发现一个小于矿池难度的区块头散列，就证明它已经完成寻找结果所需的散列计算。更重要的是，这些为取得份额贡献而做的工作，能以一个统计学上可衡量的方法，整体寻找一个比特币网络的目标散列值。成千上万的矿工尝试较小区间的散列值，最终可以找到符合比特币网络要求的结果。

我们用骰子游戏来比喻，如果骰子玩家的目标是扔骰子结果都小于 4（整体网络难度），一个矿池可以设置一个更容易的目标，统计有多少次池中的玩家扔出的结果小于 8。当池中的玩家扔出的结果小于 8（矿池份额目标），他们得到份额，但没有赢得游戏，因为他们没有完成游戏目标（小于 4）。但池中的玩家会经常达到较容易的矿池份额目标，规律地赚取他们的份额，尽管没有完成更难的比赛目标。

时不时地，池中的一个成员可能会扔出一个小于 4 的结果，矿池获胜。然后，收益可以在池中玩家获得的份额基础上分配。尽管有的成员扔出小于 8 的结果，并没有赢得游戏，但这是一个衡量成员贡献程度多少的公平方法，没有达到游戏目标的成员同样会得到少量的奖励。

同时，矿池会将矿池难度设置在保证一个单独的矿工能够达到的范围内，以此来激励低算力矿工，因为低算力矿工可能会产生一个符合比特币网络目标的区块头散列，产生一个有效块，同样使整个矿池获胜。

2.8.6.1　托管矿池

大部分矿池是“托管的”，意思是由一个公司或者个人经营一个矿池服务器来管理矿池。矿池服务器的所有者叫矿池管理员，同时他从矿工的收入中收取一定比例的费用。

矿池服务器上运行专业软件以及协调池中矿工活动的矿池采矿协议。矿池服务器同时也连接到一个或更多比特币完全节点并直接访问一个区块链数据库的完整副本。这使矿池服务器可以代替矿池中的矿工验证区块和交易，缓解他们运行一个完整节点的负担。对于池中的矿工，这是一个重要的考量，因为一个完整节点要求拥有最少 15~20 GB 的永久存储空间（磁盘）和最少 2 GB 内存（RAM）。此外，运行一个完整节点的比特币软件需要监控、维护和频繁升级。由于缺乏维护或资源导致的任何死机都会影响到矿工的利润。对于很多矿工来说，不需要跑一个完整节点就能采矿，也是加入托管矿池的一大好处。

矿工连接到矿池服务器使用一个采矿协议，如 Stratum（STM）或者 GetBlockTemplate （GBT）。旧标准 GetWork（GWK）自 2012 年底已经基本上过时，因为它不支持在散列计算速度超过 4 GH/s 时采矿。STM 和 GBT 协议都创建包含候选区块头模板的区块模板。矿池服务器通过聚集交易，添加 Coinbase 交易（和额外的随机值空间），计算 Merkle 根，并连接到上一个块散列来建立一个候选区块。这个候选区块的头部作为模板分发给每个矿工。矿工用这个区块模板在低于比特币网络的难度下采矿，并发送成功的结果返回矿池服务器赚取份额。

2.8.6.2　P2P 矿池

托管矿池存在管理人作弊的可能，管理人可以利用矿池进行双重支付或使区块无效（这在后面章节中会说明）。此外，中心化的矿池服务器代表着单点故障。如果因为拒绝服务攻击服务器挂了或者被减慢，池中矿工就不能采矿。2011 年，为了解决由中心化造成的这些问题，有人提出和实施了一个新的矿池挖矿方法。P2Pool 是一个点对点的矿池，没有中心管理人。

P2Pool 通过将矿池服务器的功能去中心化，实现一个并行的类似区块链系统，称为份额链。一个份额链是一个难度低于比特币区块链的区块链系统。份额链允许池中矿工在一个去中心化的池中合作，以每 30 s 一个份额区块的速度在份额链上采矿，并获得份额。份额链上的区块记录了矿工的贡献份额，并且继承了之前份额区块上的份额记录。当一个份额区块上还实现了比特币网络的难度目标时，它将被广播并包含到比特币的区块链上，并奖励所有已经在份额链区块中取得份额的池中矿工。本质上说，比起用一个矿池服务器记录矿工的份额和奖励，份额链允许所有矿工通过类似比特币区块链系统去中心化的共识机制跟踪所有份额。

P2Pool 采矿方式比在矿池中采矿复杂很多，因为它要求矿工运行空间、内存、带宽充足的专用计算机来支持一个比特币的完整节点和 P2Pool 节点软件。P2Pool 矿工连接采矿硬件到本地 P2Pool 节点，它通过发送区块模板到矿机来模拟一个矿池服务器的功能。在 P2Pool 中，单独的矿工创建自己的候选区块，聚合交易，非常类似于 solo 矿工，但他们在份额链上合作采矿。P2Pool 是一种比单独挖矿更有细粒度收入优势的混合方法，同时不需要像托管矿池那样给管理人太多权力。

近年来，在集中式矿池产生接近 51%攻击的担忧下，P2Pool 的份额增长显著。P2Pool 协议的进一步发展有望去除对完整节点的需要，这将使去中心化采矿更容易。

2.9　分叉处理

区块链技术具有自主性，整条链会不断地发展延长，但过程并不是那么顺利，链由于各种原因而产生分叉的现象非常常见，本章我们具体分析区块链的分叉以及处理方案。

2.9.1　硬分叉与软分叉

2.9.1.1　介绍

比特币是一套软件，对软件代码进行修改升级经常涉及两个概念，一个叫硬分叉，一个叫软分叉。现有的官方定义如下。

硬分叉：A permanent divergence in the blockchain, commonly occurs when non-upgraded nodes can't validate blocks created by upgraded nodes that follow newer consensus rules（区块链发生永久性分歧，在新共识规则发布后，部分没有升级的节点无法验证已经升级的节点生产的区块，通常硬分叉就会发生）。

当整个区块链网络中，系统版本或协议升级后，和老版本协议不兼容，未升级的旧节点无法接受新节点挖出的全部或者部分区块，导致出现两条链，假设新节点的算力较大，新节点在维护一条链，旧节点也始终在维护一条它们认可的链，如果这时大多数的节点开始升级为新版本，那么旧节点维护的链能不能存活就看算力，这就称作硬分叉。

软分叉：A temporary fork in the block chain which commonly occurs when miners using non-upgraded nodes violate a new consensus rule their nodes don't know about（当新共识规则发布后，没有升级的节点会因为不知道新共识规则，而生产不合法的区块，就会产生临时性分叉）。

当整个区块链网络中，系统版本或协议升级后，和老版本协议不兼容，升级后的新节点无法接受旧节点挖出来的全部或者部分区块，因为新节点的算力较大，所以旧节点挖出来的区块没有机会得到认可，旧节点产生的区块最终会被认为是短链而被放弃，新旧节点始终还是在同一条链上工作，这种情况称作软分叉。

硬分叉与软分叉区块如图 2-31 所示。

实际上，目前对这两个定义还没有好的解释，各种版本也存在明显差异。这里介绍几点已经共识的区别对比，具体的定义可以根据这些区别自己总结。硬分叉和软分叉进行比较如表 2-9 所示。

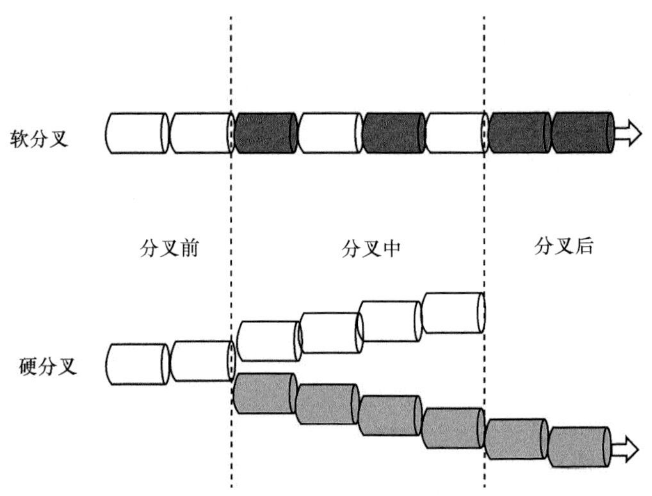

图 2-31　硬分叉与软分叉示意

表 2-9　硬分叉与软分叉比较

特性	硬分叉	软分叉
兼容性	没有兼容性，之前的版本将不可再用，需要强制升级	有一定的兼容性，之前版本至少部分功能可用，可不升级
分叉结果	在区块链层面有分叉的两条链，一条原旧链，一条分叉新链	在区块链层面没有分叉的链，只是组成链的区块有新区块和旧区块
分叉条件	需要在某个时间点全部同意分叉升级，不同意的将进入原旧链	相当长的时间里，允许不进行升级，继续使用原版本生成旧区块，与新区块并存

在分叉的定义中，很大程度上涉及兼容性。根据百科的定义分为向上兼容和向下兼容。

向上兼容，在较低档计算机上编写的程序，可以在同一系列的较高档计算机上运行，或者在某一平台的较低版本环境中编写的程序可以在较高版本的环境中运行。

向下兼容，又称向后兼容、回溯兼容，在计算机中指在一个程序更新到较新版本后，用旧版本程序创建的文档或系统仍能被正常操作或使用（包括写入），或在旧版本库的基础上开发的程序仍能正常编译运行的情况。

兼容性在具体到比特币后，我们从节点、交易、区块 3 个层面来看兼容性问题。

（1）节点层面

节点向前兼容，没有升级的节点接受升级过的节点生产的交易和区块，即旧节点，在新节点的网络中依旧可以运行，这是软分叉能实现而硬分叉无法实现的。

节点向后兼容，升级过的节点接受没有升级的节点生产的交易和区块，即之前的旧交易和旧区块依旧有效，这是软分叉和硬分叉都能做到的。

（2）交易层面

比特币通过硬分叉进行了扩容升级，因此我们以扩容场景为例。扩容硬分叉仅仅是扩大打包区块的大小，对具体交易没有任何影响，即硬分叉没有带来交易层面的额外问题。

比特币通过软分叉进行了隔离验证升级，因此我们以隔离验证为例。分叉后新交易与旧交易的不同点仅仅在于，隔离验证在打包时，将签名的内容隔离出来。这个签名分离的过程可以由节点发送交易时完成，也可以在节点接受交易后由接受的节点自己来完成。因此，在交易层面，节点之间传送交易时，完全可以做到传旧格式交易，也可以传新格式交易。为了更好地兼容，规定完全传旧格式交易，即使新节点之间传送旧格式交易也是可以的。因为两种新旧格式的差异仅仅在于签名所在位置，可相互转化。因此做到交易层面的兼容应该是不困难的。

（3）区块层面

硬分叉方面，我们仍以扩容为例。旧节点是只接受打包小于 1 MB 的区块，因此硬扩容之后的大区块是无法被旧节点接受的，从而在区块层面，硬分叉是无法做到向前兼容的，即区块层面，旧节点无法融入大区块节点形成的新网络。

软分叉我们仍以隔离验证为例。隔离验证将区块打包成两部分：一部分是不超过 1 MB 的交易区块，满足旧节点对于区块的要求，另一部分是验证区块。验证区块并不会写入比特币主链中，因此也就不需要旧节点来校验，即验证区块是没有大小限制的。有些人担心旧节点不校验这些验证了，会不会不安全，其实还有新节点在校验，新节点也是足够多的。另外，在隔离验证新区块出现时，是可以与原来的旧区块做到共存的。当在上一个区块的结果上计算下一个区块时，只看上一个区块的散列值即可，不必关心上一个区块是旧区块还是新区块。同样，新打包的区块，不论新旧，都可以被所有的新旧节点接纳，因为主链部分是小于 1 MB 的，符合旧节点的接纳条件。另外，不同点在于新节点在接受新区块时，附带接受隔离出来的验证，以便进行验证交易。因此，硬分叉在区块层面的实现兼容性是有难度的，而软分叉相对容易。

2.9.1.2　实例分析

1. **硬分叉**

2013 年 3 月 12 日，bitcoin qt 0.8.0 版本软件发布，0.8 版本采用了一种新的数据库 LevelDB。有的矿工节点升级了 bitcoin qt0.8 版本，有的矿工还继续使用 bitcoin qt 0.7 版本的软件。双方各自生产区块，但 bitcoin qt 0.8 采用的新数据库生产出的区块被 qt 0.7 版本节点拒绝。具体原因是旧的数据库对超过 800 kB 的区块会有不接受的情况。因此，在区块高度 22. 30 时，比特币区块链分成了两条链，结果导致比特币区块链产生两条链，一条是包含大于 800 kB 区块的链，另一条是拒绝承认这些包含更大区块的链，这就发生了硬分叉。

当时是采用 bitcoin qt 0.8 版本的矿工放弃了他们挖的链，退回到 bitcoin qt 0.7 版本上继续挖矿。

这次硬分叉是一次意外，是 bitcoin qt 0.8 版本的软件出了 bug，导致采用旧软件的节点拒绝验证新软件节点生产的区块。但硬分叉的成因是采用旧软件版本的节点拒绝验证采用新软件版本的节点生产的区块，然后双方各自挖矿。

2015 年 7 月 4 日，比特币区块链在区块高度 363731 发生一次硬分叉。当时是 Bitcoin Core 开发者在新版本的 Bitcoin Core 0.10.0 添加了 BIP 66。这本来是软分叉的修改，在比特币网络上主要矿池使用了 0.10 版本的软件时，但有一个矿池 BTC Nuggets 没有升级，导致 BTC Nuggets 挖出来的两个区块其他矿工拒绝，然后双方各自挖矿延续自己认为正确的区块链，由此产生硬分叉，形成了两条链。

随后 bitcoin.org 发布公告，呼吁矿工升级到 bitcoin core 0.10.2 版本来消除分叉。

这也是一次意外，硬分叉的成因是新软件版本的节点拒绝验证采用旧软件版本的节点生产的区块，然后双方各自挖矿。

到目前为止，这两次硬分叉都是意外，前一个是因为对新产生的区块格式在不同节点上产生分歧，后一个是因为对交易格式在不同节点上产生分歧。由于是意外，社区没有讨论出足够多的资料，也无法确认具体是区块或交易的哪个字段被修改而导致的分叉。

我们可以对这两个案例进行抽象化，给出一个硬分叉的定义：硬分叉是指比特币区块格式或交易格式（这就是被广泛流传的“共识”）发生改变时，未升级的节点拒绝验证已经升级的节点生产出的区块，不过已经升级的节点可以验证未升级节点生产出的区块，然后大家各自延续自己认为正确的链，所以分成两条链。

2. 软分叉

比特币区块链上执行过一次软分叉升级，使 BIP68/112/113 正式在比特币协议中生效，被社区称为 CSV 软分叉，这个分叉在 2016 年 6 月升级完成。这个软分叉到底改变了比特币代码的哪里？要回答这个问题，我们需要从比特币交易数据结构上寻找答案。

比特币交易数据结构在 CSV 软分叉前后发生了什么变化？

表 2-10 中加粗的字段就是 CSV 软分叉主要修改的地方。在 CSV 软分叉之前，这个字段是序列号（目前未被使用的交易替换功能）。正是因为原来比特币交易数据结构中这个字段未被使用，或者当时是模糊定义，所以才可以被使用重新定义。这种未明确定义的字段在旧版本的比特币完整节点上不会被仔细验证，新版本的节点按照定义过的规则生产新区块，还可以被旧版本的节点验证接受，这就是软分叉的具体过程。

表 2-10　CSV 软分叉重新定义了交易结构中的字段

字段		大小	意义
版本		4 byte	明确这笔交易参照的规则
输入数量		1~9 byte	被包含的输入的数量
输入	交易	32 byte	指向交易包含的被花费 UTXO 的散列指针
	输出索引	4 byte	被花费 UTXO 的索引号
	解锁脚本尺寸	1~9 byte	用字节表示的后面的解锁脚本长度
	解锁脚本	变长	这是签名数据，是隔离见证要移走的东西
	CSV	**4 byte**	**允许 OP_CHECHKSEQUENCEVERIFY 操作码实施**
输出数量		1~9 byte	被包含的输出的数量
输出	总量	8 byte	用聪表示的比特币值
	锁定脚本尺寸	1~9 byte	用字节表示的后面的锁定脚本长度
	锁定脚本	变长	一个定义了支付输出所需条件的脚本
时钟时间		4 byte	一个 UNIX 时间戳或区块高度号

但这显然不是长远之计，因为这种字段就一个，用一次后就没有。

比特币在 2012 年还有一次重要的升级，叫 P2SH，被社区称为多重签名软分叉。这是对比特币交易签名脚本的一次修改，使比特币可以很方便地通过多重签名的方式发送交易。那修改了什么？

表 2-11 中加粗的字段就是多重签名软分叉主要修改的地方。一开始中本聪定义这个字段是支付给公钥（Pay-to-Public-Key-Hash，P2PKH），目前这个字段有 5 种脚本。因为多重签名软分叉之后，没有升级的节点在验证已经升级过的节点产生的区块时，它们对这种新的 P2SH 锁定脚本也可以通过验证，所以这也是一个软分叉。

表 2-11　多重签名软分叉重新定义了交易结构中的字段

字段		大小	意义
版本		4 byte	明确这笔交易参照的规则
输入数量		1~9 byte	被包含的输入的数量
输入	交易	32 byte	指向交易包含的被花费 UTXO 的散列指针
	输出索引	4 byte	被花费 UTXO 的索引号
	解锁脚本尺寸	1~9 byte	用字节表示的后面的解锁脚本长度
	解锁脚本	变长	这是签名数据，是隔离见证要移走的东西
	CSV	4 byte	允许 OP_CHECHKSEQUENCEVERIFY 操作码实施
输出数量		1~9 byte	被包含的输出的数量
输出	总量	8 byte	用聪表示的比特币值
	锁定脚本尺寸	1~9 byte	用字节表示的后面的锁定脚本长度
	锁定脚本	**变长**	**一个定义了支付输出所需条件的脚本**
时钟时间		4 byte	一个 UNIX 时间戳或区块高度号

以上两个软分叉都是对比特币交易数据结构的修改。软分叉还能变相修改比特币的交易历史。

2010 年 8 月 15 日，有一个黑客利用比特币代码的一个漏洞，在第 74638 高度区块上刷出一笔交易，包含 1844 亿个比特币。随后在半天时间内被开发人员发现，并且发布了补丁，将这笔交易的输出变为无效。但这并不是简单地将这笔交易本身定义为无效，而是将一类叫“负值输出”的交易定义为无效，刚才那笔交易就是利用比特币之前没有禁止输出值为负值这个漏洞，只是定义了输出总金额不能高于输入总金额。在补丁中（应该是中本聪发布的）修正了这个漏洞，具体修改的是什么？

表 2-12 中加粗的字段就是这个漏洞补丁主要修改的地方。修改之前的规则是“总量”不能高于“交易”，修改之后的规则添加了“总量”不能是负值。这种修改使未升级的节点能够验证已经升级的节点产生的区块，所以也是软分叉。

表 2-12　2010 年 8 月 15 日第 74638 高度区块漏洞软分叉

字段		大小	意义
版本		4 byte	明确这笔交易参照的规则
输入数量		1~9 byte	被包含的输入的数量
输入	**交易**	**32 byte**	**指向交易包含的被花费 UTXO 的散列指针**
	输出索引	4 byte	被花费 UTXO 的索引号
	解锁脚本尺寸	1~9 byte	用字节表示的后面的解锁脚本长度
	解锁脚本	变长	这是签名数据，是隔离见证要移走的东西
	CSV	4 byte	允许 OP_CHECHKSEQUENCEVERIFY 操作码实施
输出数量		1~9 byte	被包含的输出的数量
输出	**总量**	**8 byte**	**用聪表示的比特币值**
	锁定脚本尺寸	1~9 byte	用字节表示的后面的锁定脚本长度
	锁定脚本	变长	一个定义了支付输出所需条件的脚本
时钟时间		4 byte	一个 UNIX 时间戳或区块高度号

现在对上述案例进行抽象化，给出一个软分叉的定义：软分叉是指比特币交易的数据结构（这就是被广泛流传的“共识”）发生改变时，未升级的节点可以验证已经升级的节点生产出的区块，而且已经升级的节点也可以验证未升级的节点生产出的区块。

至此，可以看出软分叉和硬分叉主要区别是新旧节点相互兼容性的区别。软分叉修改数据结构后，新节点生产的交易和区块能够被旧节点验证并接受，而硬分叉不能。正因为硬分叉修改数据结构后，新节点生产的区块会被旧节点拒绝，如果旧节点拒绝升级软件而坚持按照旧数据结构继续挖矿，那比特币就会产生两条链。而软分叉因为没有升级的节点能接受新节点生产的新数据，所以不会出现两条链。但软分叉要做到新节点和旧节点生产的数据完全兼容，是非常难的，因为本质上是不一样的数据结构要大家互认，一旦出现节点拒绝验证不一样的交易或区块，就会变

成硬分叉。这也就是 BIP 66 软分叉最终变成硬分叉的原因。

2.9.2 挖矿分叉

相比于硬分叉和软分叉而言，挖矿分叉就很常见了。因为区块链是去中心化的数据结构，所以不同副本之间不能总保持一致。区块有可能在不同时间到达不同节点，导致节点有不同的区块链视角。解决办法是，每一个节点总是选择并尝试延长代表累计最大工作量证明的区块链，即最长或最大累计难度的链。节点通过将记录在每个区块中的难度加起来，得到建立这个链所要付出的工作量证明总量。只要所有的节点选择最长累计难度的区块链，整个比特币网络最终会收敛到一致的状态。分叉即在不同区块链间发生的临时差异，当更多的区块添加到了某个分叉中，这个问题便迎刃而解。

从理论上来说，两个区块的分叉是有可能的，这种情况发生在因先前分叉而相互对立的矿工，又几乎同时发现了两个不同区块的解。然而，这种情况发生的概率很低。单区块分叉每周都会发生，而双块分叉则非常罕见。

比特币将区块间隔设计为 10 min，是在更快速的交易确认和更低的分叉概率间做出的妥协。更短的区块产生间隔让交易清算更快地完成，也会导致更加频繁的区块链分叉。相对地，更长的间隔减少分叉数量，却会导致更长的清算时间。

对于区块链中的任何区块来说，只有一条通向创世块的路径。然而，从创世块出发，却可能有分叉。当两个区块产生的时间仅相差几秒时，可能会产生包含一个区块的分叉。当以上现象出现时，矿工节点根据收到区块的时间，在先收到的区块基础上继续挖矿。哪个区块的后续区块先出现，这个区块就被包括进主链，因为这条区块链更长。在修正需要向后兼容的程序 bug 后，曾出现过更严重的分叉。

短块链中的区块没有作用，当比特币客户端转向另一个长块链时，短块链中所有有效的交易将被重新加入交易队列池中，被包括在另一个块中。

在短块链中的区块经常被称为“孤立”区块，这是因为在长块链中的生产交易没有父区块，因而这些生产交易在交易列表的 RPC 调用中表现为孤立。几个矿池误解了这些信息并且把这些区块叫作“孤儿”，事实上，这些区块都有父区块，可能还有子区块。因为一个区块只能引用一个父区块，因而不可能把两个已经分叉的区块链合并，只能丢弃。

图 2-32 是比特币系统建立以来被丢弃的孤立区块，其他统计数据也可在区块链浏览器中查询。

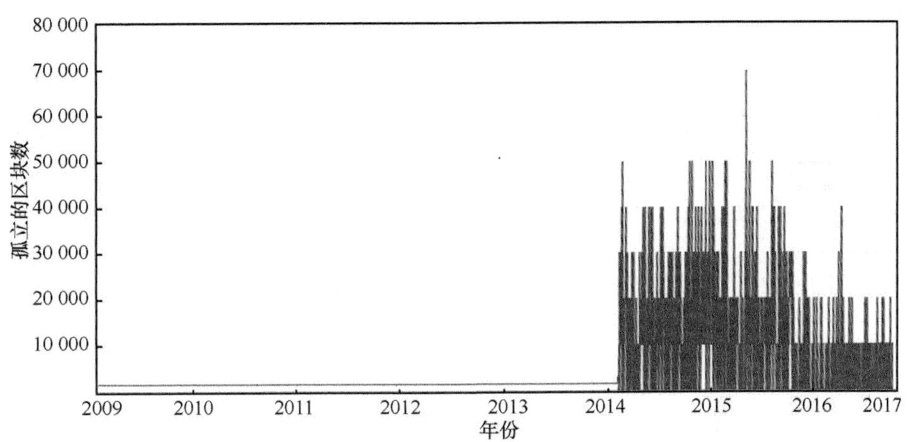

图 2-32　比特币系统建立以来被丢弃的孤立区块

2.9.3　叔伯块

叔伯块这个设定是以太坊首先提出的，那么为什么要加入这个概念？要从比特币平均 10 min 更新一次区块这种机制说起。

作为区块链非常成功的应用案例，比特币一直以来都是其他项目学习和改进的基础。在比特币系统中有许多限制，如平均每 10 min 更新一个区块。说到中本聪为何做出这种限制，就不得不提及洋葱网络。20 世纪 90 年代，美国海军陆战队为了方便海外情报人员的联络，在海军研究实验室开始了基于互联网的匿名网络通信的研究。这项研究于 2002 年 9 月发布了一个测试版，此项目被命名为“洋葱路由项目”，简称 Tor 项目。2004 年 12 月，此项目开源，从此进入公众的生活，并形成了之后的深网。

深网建立在互联网上，但又不能直接通过互联网访问，它里面的服务是匿名的。那么能否有匿名的现金系统？比特币就是在这样一个环境下应运而生，它解决了深网中贸易支付的匿名问题。正是因为洋葱网络的刷新时间是 10 min，比特币打包区块的时间也设置为 10 min。

然而，在区块链技术的实际应用中，10 min 的打包时间对于多数场景而言太长了，因此许多项目会对算法进行修改来提高区块的打包速度。以太坊采用了 Ethash 算法，使区块的生成时间减少到平均 15 s。类似于比特币，以太坊中也有用于支撑奖励机制的货币——以太币（Ether）。当矿工挖到一个以太坊区块时，他不仅获得 5 个以太币的静态收益，而且获得区块中的“燃料（Gas）”，还有就是将叔伯块包含进区块链的额外奖励。由于以太坊产生区块的速度比比特币产生区块的速度快很多，所以更容易产生合规但没有被加入主链中的区块，这种区块就叫作叔伯块。在以太坊中，产生叔伯块的矿工和将叔伯块包括在区块链中的矿工都能得到奖励。

矿工每包含一个叔伯块将获得（$\frac{1}{32}$）×5 的额外奖励。

矿工产生叔伯块会获得（叔伯块 ID+8−当前区块 ID）×$\frac{5}{8}$ 的奖励。

将产生废块的算力包括进来，有效地增加了安全性，也使攻击者更不容易追上一个带有叔伯块的主链。同时，通过给叔伯块奖励，也避免出现像比特币那样算力高度集中的矿池，因为矿池相对来说不像单个挖矿节点那样容易产生废块。叔伯块的包含也不是毫无限制的，严格来说，叔伯块是在当前链接区块往前推最多 6 个“祖先”废块，每个区块最多能链接两个“叔伯块”。

以太坊采用一个与比特币不同的算法——贪婪最重观察树（Greedy Heaviest Observed Subtree，GHOST）来构建区块链。因为加了叔伯块的关系，严格来说，以太坊的区块链不是一个链条，更像是一棵树，但具体交易数据等信息仍以主链为准，以太坊 GHOST 示意如图 2-33 所示。

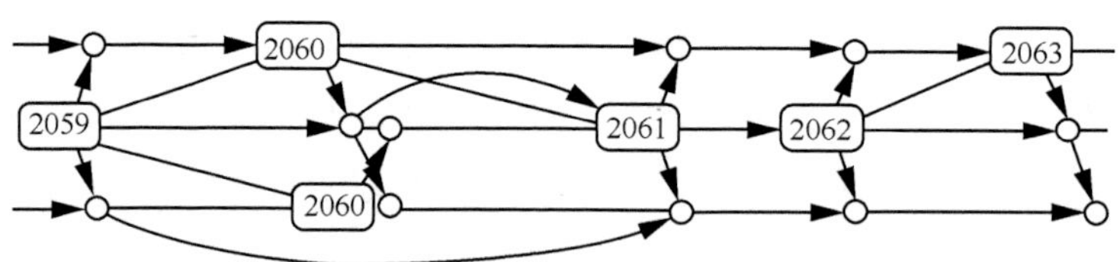

图 2-33 以太坊 GHOST 示意

第 3 章 区块链安全

网络空间安全早已提升到国家战略层面，作为互联网新领域的区块链技术的安全性广受关注。区块链具有去中心化、数据难以篡改等特点，其安全性建立在密码学和经济激励基础之上，点对点的网络架构也能起到隐私保障作用。本章首先分层介绍区块链面临的安全技术挑战，随后介绍目前区块链典型攻击类型，最后分析区块链隐私保护问题。

区块链技术具有高度自治性和安全性，那它是否就无懈可击？区块链作为从比特币中抽象出的底层技术，是一种传统技术在当今互联网时代下新的应用，然而，区块链系统在实践应用中各种安全事件的发生，使区块链技术在安全层面暴露了诸多问题。在安全理论研究方面，无论是对原始比特币区块链还是对其改进系统，都未给出系统级的安全论证和安全属性相关的判别边界。在项目实现方面，各类区块链系统使用的共识协议各异，用户账户的管理方式不同，节点网络的部署没有经过严格的安全设计，这些都使区块链技术在安全层面面临严峻的挑战。

| 3.1 技术挑战 |

接下来，我们对区块链框架（数据层、网络层、协议层和应用层）逐层详述区块链安全面临的技术挑战。

3.1.1 数据层

数据层的安全问题主要体现在密码算法的安全性上。区块链有防篡改、不可伪造、计算不可逆的特点，尤其是它的去信任性，都是以加密、签名算法足够安全为前提的。目前，针对签名的攻击层出不穷，尤其是量子计算对传统密码学的冲击，一旦系统所用密码协议被破解，可能会造成不可估量的损失。区块链使用的主要是

SHA3 系列、椭圆加密等算法，其安全性来源于数学难度，是相对安全的。但随着高性能计算和量子计算的发展和商业化，目前所有的加密算法均存在被破解的可能。

3.1.2　网络层

1. **针对 P2P 网络的攻击**

区块链节点间采用 P2P 网络的组织形式，P2P 网络的开放性具有节点参与成本少、门槛低的特点，并可能出现攻击者通过制造虚假节点发布恶意信息来降低网络信任度的现象，这给区块链 P2P 网络带来了风险，如女巫、虫洞等攻击。此外，区块链交易信息和区块本身的传播依赖于节点向临近节点的广播，网络的寻径方式若过于单一，则难以保证对远距离节点的可靠交付。

2. **隔离攻击**

区块链挖矿节点和网络路由分布的中心化，导致网络上的攻击者能通过劫持控制少量路由中继节点实现对一定比例挖矿算力的隔离，隔离攻击的目标是将一组节点集合完全从区块链网络中隔离，无法连通，从而降低区块链的运行效率和可信任度。

3. **分布式拒绝服务（DDoS）攻击**

相比传统的网络架构，区块链的去中心化架构节点分散、无固定中心且具备冗余的特性，针对区块链的 DDoS 攻击将会更难展开。然而也不完全排除利用区块链的传播机制和验证机制，进行分布式拒绝服务攻击的可能，尤其是在采用偏中心化的共识算法系统中。

3.1.3　协议层

协议层由共识层、激励层组成，其中，共识层主要包括网络节点的各类共识算法；激励层将经济因素集成到区块链技术体系中，主要包括经济激励的发行机制和分配机制等。针对协议层的安全问题主要体现在共识层上，包括自私挖矿、合谋攻击等。

自私挖矿。自私挖矿主要通过扣留自己挖的区块，拖延公布区块的时间来达成。自私挖矿的目的不是破坏“加密货币”的区块链网络，而是获得更大利润。攻击门槛相对较低且收益好，理论上，这种攻击更容易出现，避免这种攻击需要改进区块

链网络的共识机制。

合谋攻击。区块链技术目前潜在的最令人担忧的问题是51%攻击的可能性，即区块链中，如果一个节点能够掌控全网51%的计算能力，就有可能抢夺区块链的控制权，从而伪造或者篡改区块链的数据。尤其是，当前的挖矿行业呈现中心化趋势，掌握着多数算力的几大矿池存在联合攻击的可能。虽然目前区块链的激励机制足以保证他们的诚实性，并且一些矿场也声称自己不会发动51%攻击来接管网络，但仍存在不安全的因素。

3.1.4 应用层

应用层运行在各个计算节点之上，它能够自动化执行各种算法脚本和代码，主要包括各类脚本、算法和智能合约，其中最主要的部分是智能合约，能够根据当前的状态对区块链的行为进行判断和调整。应用层上的安全问题包括大整数溢出、硬分叉带来的双花问题、智能合约漏洞。

1. **大整数溢出漏洞**

溢出包括上溢和下溢两种情况：当数字递增时使数字上溢，即在最大值 $2^{256}-1$ 时递增 1 得最小值 0；在相反的情况下，当数字无符号时，递减使数字下溢，从而产生最大可能值。2010 年 8 月 15 日，比特币区块链的第 74638 块上就出现了一条数量为 184467440737.09551616 个比特币的交易，经查，此交易正是利用大整数溢出漏洞，绕过系统的平衡检查，才得以攻击成功。

2. **51%攻击造成的双花问题**

双花问题，是说 A 是否能够确保 B 给他的一笔编号为“527”的资金没有被 B 另外支付给别人。对于双花问题，比特币系统采用了时间戳和工作量证明机制。当一个区块被挖掘出来时，挖矿人会在记录交易信息的同时，为区块添加时间信息。后续的区块时间一般晚于之前的区块，这样就使交易可以按时序记录。工作量证明机制确保了矿工不能任意生成区块，而是必须提供算力来解决一定问题，从而争取记账权利。每个区块都有各自的散列值，这个数值取决于上一个区块的散列值和此区块包含的交易信息。因此，如果想让一笔钱产生双重支付，必须先等包含正常交易信息的区块放入链中，再从消费之前的某点开始竞争计算，此时由于新生区块的内容有差异，区块链从差异节点产生分叉。根据比特币网络承认“最长链”的特性，新链中区块的生成速度必须高于旧链，才能使旧链信息作废。要做到比旧链高的速度，攻击节点的综合竞争力至少要达到全网的 51%，在 PoW 中这个竞争力是算力，而在 PoS 中是权益。

3. 状态转移与重放攻击

以以太坊为代表的区块链 2.0 系统在加入智能合约的同时，也加入了账户的设定。一个账户的状态即为他在某个时间点的具体属性值。每个参与交易验证的节点也会记录其他账户的状态，这样在验证时就无需向被验证者发送状态询问。当节点采纳新的区块后，逐条在本地执行块中包含的所有交易，并改变本地存储的所有账户的状态信息。交易跟账户状态密切相关。例如，用户 B 有 6 枚“货币”，他必须先接受 A 发来的 4 枚“货币”（交易 1），才够给用户 C 发送 10 枚“货币”转账（交易 2），因此交易 1 和交易 2 的执行顺序必须是固定的（合约也一样）。而其他节点很可能由于网络原因先收到交易 2，此时就需要验证用户 B 的余额是否够用，验证未通过则先保留。同理，由一个账户发送的多条交易间也有先后顺序，因此，一般的系统处理方式是在账户属性中加入 Nonce 值，这个值随账户发送的交易数而递增，每条交易中都会携带。综上，节点只需依序将交易整理入区块中，即可做到交易的正常执行。

Nonce 值除了可为交易排序外，还能防止重放攻击（Replay Attacks）。重放攻击又称重播攻击、回放攻击，是指攻击者发送一个目的主机已接收过的数据包，以达到欺骗系统的目的。例如，在账户形式的区块链项目中，转账是从余额中选取“货币”，而非 UTXO 形式中有确定的 TxID 输入，因此无法准确追踪到每一“货币”的流动。假设 Alice 有 10 枚“货币”，她向 Bob 发送 2 枚，如果只验证余额，这笔交易很可能被执行一次后，由于余额足够而再次执行，这就是交易重放。重放攻击的防御方案有加入随机数、时间戳、流水号等，在以太坊和 HyperLedger Fabric 中就是加入了 Nonce 值。每笔交易执行完使账户 Nonce 值增加，同时交易中也会携带一个 Nonce 值，使包含较小 Nonce 值的交易被认为已完成而作废。

在硬分叉中同样存在重放攻击，由于分叉后两个链的交易内容、格式相同，因此一条链上的交易在另一条中同样有效。由于区块链系统中有交易验证，因此这种攻击现象常见于对交易所发动。针对此类攻击，目前大多数的交易所已有相应防范措施。

4. 合约编写漏洞

智能合约的加入，一方面使区块链系统增强了图灵性，另一方面在安全性上也带来了隐患。由于智能合约由人工编写以及业务逻辑性的复杂，合约在编写时难免会出现漏洞，并且除账户能调用合约外，合约也能调用合约，这就造成了无限的可能性。

3.2 典型安全攻击类型

下面着重介绍区块链面临的集中典型安全攻击。

3.2.1 理论 51%攻击

仍以比特币体系为例，比特币的共识机制确保了被矿工（或矿池）试图使用自己的算力实行欺骗或破坏的难度很大，至少理论上是这样。比特币的共识机制依赖于一个前提，即绝大多数的矿工，出于自己利益最大化的考虑，会通过诚实地挖矿来维持整个比特币系统。然而，当一个或者一群拥有整个系统中大量算力的矿工出现之后，他们就可以通过攻击比特币的共识机制达到破坏比特币网络安全性和可靠性的目的。

值得注意的是，共识攻击只能影响整个区块链未来的共识和过去不久的几个区块的共识（最多影响过去 10 个块）。而且随着时间的推移，整个比特币块链被篡改的可能性越来越低。理论上，一个区块链分叉可以变得很长，但实际上，要想实现一个非常长的区块链分叉需要的算力非常大，随着整个比特币区块链逐渐增长，过去的区块基本可以认为是无法被分叉篡改的。同时，共识攻击也不会影响用户的私钥以及加密算法。共识攻击也不能从其他的钱包那里偷到比特币、不签名地支付比特币、重新分配比特币、改变过去的交易或者改变比特币持有纪录。共识攻击能够造成的唯一影响是最近的区块（最多 10 个）并且通过拒绝服务影响未来区块的生成。

共识攻击的一个典型场景是“51%攻击”。想象这么一个场景，一群矿工控制了整个比特币网络 51%的算力，他们联合起来打算攻击整个比特币系统。由于这群矿工可以生成绝大多数的块，他们可以通过故意制造区块链分叉实现“双重支付”

或者通过拒绝服务的方式阻止特定的交易或者攻击特定的钱包地址。区块链分叉/双重支付攻击指的是攻击者通过不承认最近的某个交易，并在这个交易之前重构新的块，从而生成新的分叉，继而实现双重支付。有了充足算力的保证，一个攻击者可以一次性篡改最近的 6 个或者更多的区块，从而使这些区块包含的本应无法篡改的交易消失。值得注意的是，双重支付只能在攻击者拥有的钱包所发生的交易上进行，因为只有钱包的拥有者才能生成一个合法的签名用于双重支付交易。攻击者只能在自己的交易上进行双重支付攻击，但当这笔交易对应的是不可逆转的购买行为时，这种攻击就是有利可图的。

共识攻击中除了“双重支付”攻击，还有一种攻击场景是拒绝对某个特定的比特币地址提供服务。一个拥有系统中绝大多数算力的攻击者，可以轻易地忽略某一笔特定的交易。如果这笔交易存在于另一个矿工所产生的区块中，该攻击者可以故意分叉，然后重新产生这个区块，并且把想忽略的交易从这个区块中移除。这种攻击造成的结果是，只要这名攻击者拥有系统中的绝大多数算力，他就可以持续地干预某一个或某一批特定钱包地址产生的所有交易，从而达到拒绝为这些地址服务的目的。

需要注意的是，51%攻击并不是攻击者需要至少 51%的算力才能发起，实际上，即使其拥有不到 51%的系统算力，依然可以尝试发起这种攻击。之所以命名为 51%攻击，是因为在攻击者的算力达到 51%这个阈值时，其发起的攻击尝试大都会成功。本质上，共识攻击就像系统中所有矿工的算力被分成两组，一组为诚实算力，一组为攻击者算力，两组人在争先恐后地计算区块链上的新块，只是攻击者算力算出来的是精心构造的、包含或者剔除了某些交易的块。因此，攻击者拥有的算力越少，在这场角逐中获胜的可能性越小。从另一个角度讲，一个攻击者拥有的算力越多，其故意创造的分叉块链就越长，可能被篡改的最近的块或者受其控制的未来的块就越多。一些安全研究组织利用统计模型得出的结论是，算力达到全网的 30%就足以发动 51%攻击。

全网算力的急剧增长使比特币系统不再可能被某一个矿工攻击，因为一个矿工的算力在全网算力中微乎其微。但是中心化控制的矿池则引入了矿池操作者的角色，这无形中增加了矿池操作者发起攻击或误操作的风险。矿池操作者控制了候选块的生成，同时也控制哪些交易会被放到新生成的块中。这样，矿池操作者就拥有剔除特定交易或者双重支付的权力。如果这种权力被矿池操作者以微妙而有节制的方式滥用，那么矿池操作者就可以在不为人知的情况下发动共识攻击并获益。

但并不是所有的攻击者是为了利益。一个可能的场景是，攻击者仅仅为了破坏整个比特币系统而发动攻击，而不是为了利益。这种意在破坏比特币系统的攻击者需要巨大的投入和精心的计划。这类攻击者或许购买矿机，运营矿池，通过滥用矿池操作者的上述权力来施行拒绝服务等共识攻击。但是，随着比特币网络的算力呈几何级数快速增长，上述这些理论上可行的攻击场景，实际操作起来越来越困难。近期比特币系统进行了一些升级，如旨在进一步将挖矿去中心化的 P2Pool 挖矿协议，也都让这些理论上可行的攻击变得越来越困难。

3.2.2 垃圾交易攻击

2015 年 7 月，比特币网络遭受了一场复杂的大规模攻击，攻击者可能是一个专业且资金雄厚的黑帽黑客，造成了网络巨大的交易延迟、高额的交易费，并迫使比特币的每秒交易数（TPS）大幅上升。

但是比特币网络抗住了这次攻击，尽管网络被推到极限，BlockCypher 也没有出现宕机的情况。

以下是关于这次攻击的详细介绍、事件的影响以及生态系统需要怎么解决这个问题。

攻击时间表如图 3-1 所示。

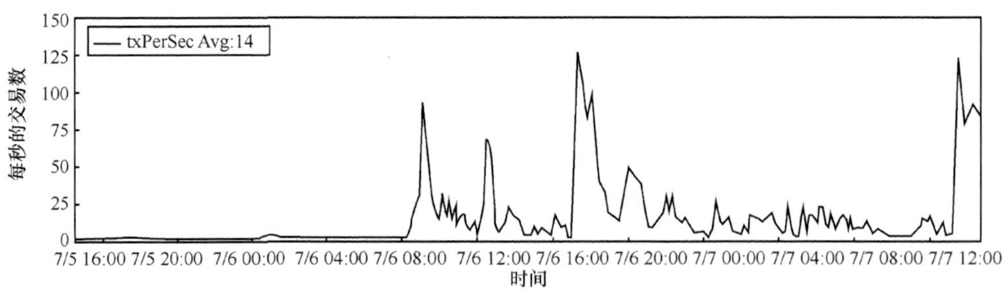

图 3-1 攻击时间表 1（2015 年 7 月 5 日~7 日）

图 3-1（来自 Statoshi.info）显示 2015 年 7 月 5 日～7 日的每秒交易数（TPS）。通常典型的每秒交易数是 1～2 TPS，如 7 月 5 日所示，相当于填充了半个比特币块。在存储器池（内存池）的未确认交易，处于控制之下。

2015 年 7 月 6 日，有人决定发动洪水般的交易，不同于现有的“压力测试”，这些交易是未经通知，没有明确意图的恶意交易。如图 3-1 所示，每秒的交易数达到峰值时，约达到 150 TPS。因此，内存池开始膨胀，攻击的第一天，未确认的比特币交易达到 20 000 笔，这导致许多矿工和节点崩溃，从而出现内存池的分歧。以前明显宽敞的 1 MB 区块此时显得不够用。一些人未能将这些比特币成功交易出去。

不同于其他公开宣布的“压力测试”，这种攻击在 24 h 之后并没有松懈。黑客以相同的模式继续攻击，交易量不断上升。内存池也不断增长，在某一个点的未确认交易甚至超过 100 000 笔，如图 3-2 所示。

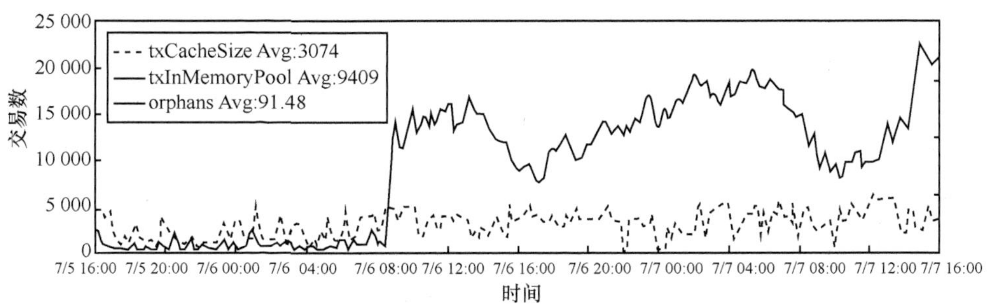

图 3-2　攻击时间表 2

意识到这种攻击没有停止的意思之后，各大钱包开始认真对待，以估算适当的交易费，BlockCypher 在 2015 年 7 月 8 日时开始调整费用，平均费用上升了 3 倍，而最低费用上涨了 25 倍。雪上加霜的是，类似的攻击开始在比特币 Testnet3 链上进行。

同时，攻击者也制造了许多不常见的垃圾交易，具体可以查看以下交易 bb41a757f 405890fb 0f5856228e23b715702d714d59bf2b1feb70d8b2b4e3e08，此前从未有人预料到会出现 1 MB 的交易。

1. BlockCypher 承受重压

最初的攻击，对于 BlockCypher 的基础设施来说，还是可以承受的，但是，针对这些垃圾交易攻击，BlockCypher 的微交易费用，未能做出及时的调整，这导致 BlockCypher 的客户遭遇了确认问题。之后，BlockCypher 迅速地调整了费用。

此外，BlockCypher 的双花检测也出现了很大的问题。除了充斥网络的垃圾交易，攻击者还试图双花他们的比特币。在这场双花风波中，失望的用户也试图重新花费他们未经确认的交易，这导致产生了更多的双花交易。

BlockCypher 还有 6 行未经优化的代码，这导致 BlockCypher 的 CPU 占用率扶摇直上。为什么没有经过优化？简单地说，BlockCypher 从未处理过这种规模的双花支出尝试。在此之前，BlockCypher 检查双花的方式是扫描所有地址的未花费交易输出（UTXO）；BlockCypher 表示，修复这一问题是简单的："我们必须将双花交易构建到合适、相关的地址，而不是扫描所有内存池中的地址。"

2. **攻击事件后的反思**

尽管有技术精湛、资金雄厚的对手对比特币网络进行了攻击，但是比特币依然幸存了下来。

但这并不是说我们可以安枕无忧，毕竟这种攻击太容易发起。经过粗略的攻击成本估算，在垃圾交易出现之前，比特币区块大约是处于半满的状态，平均每个块大约包含 750 笔交易。为了填补这些块，攻击者必须支付费用，让矿工验证块中包含的交易。因此，攻击者所要支付的费用为 750 笔交易／块×6 区块/小时×24 小时×15000 聪平均交易费，约合每天 16.2 BTC。

3. **更高的交易费将成为"新常态"**

由于垃圾交易攻击，平均交易费用的上升在所难免。当交易费上升时，如果攻击者选择继续这样的攻击，那么他们的成本无疑会增加。从某种意义上来说，纯粹的动态费用市场是能够抵抗这类攻击的一种方式。

4. **大的内存池是可怕的**

事实上，内存池这个词是不恰当的，因为每个矿工和节点拥有自己的内存池，只是大小、策略以及池内规则不同而已。大内存池强调比特币的分布式基础构架，当用户的交易随机丢弃时，会大大提高用户混淆的可能性。

但要注意的是，这种攻击与区块大小上限是有关的。如果区块上限是 8 MB，假设按之前的平均水平 1~2 TPS 计算，攻击者要填满 7.5 MB 的区块，而不是 500 kB，那么其所需要的费用是 15 倍。当然，这种成本还是很低的，但对那些不满者来说，攻击的成本已经上升了许多。

作为这次攻击事件中的一线希望，比特币生态系统应从中收集有用的见解，基础设施需变得更加坚强（包括 BlockCypher 自己），BlockCypher 证明当前比特币网络可以在 150~400 TPS 的状态下维持，这对未来网络的扩展而言是个吉兆。

但并不是说比特币就是不可攻克的，尤其是当考虑到可能 5000 美元/天的攻击费就可以阻止人们使用比特币。我们现在需要做的，就是推进积极、迭代、高效的

解决方案。

值得一提的是，现在以太坊中的智能合约中引入了 Gas 机制，Gas 就像是燃料，每执行一条约定都需要花费一定的 Gas（即以太币），这样可以有效防止垃圾交易的泛滥。

3.2.3　交易 ID 伪造攻击

2014 年发生在 MT.Gox 交易平台的丢币事件是与比特币相关的、影响最大的一次安全事件，这起事故国内称之为“门头沟”事件，它直接导致了当时最大交易平台 MT.Gox 的破产。先来回顾下这次事件的背景。

Mt.Gox 在 2014 年 2 月 7 日发出公告，声称发现大量无效提现请求，需要分析原因，并暂停了一切提现操作。随后 bitstamp 等多个知名比特币交易网站均宣布暂停提现，从而引发炒币者的恐慌，导致比特币价格一度震荡。2014 年 2 月 10 日，Mt.Gox 再次发出公告称已查明原因，提现交易受到“伪造交易 ID 攻击”，并说明将尽快恢复提现。这次事件是由于比特币交易的“可锻性（Transaction Malleability）”引起的，可锻性体现在“交易 ID 可被伪造”，而“交易 ID 可被伪造”的根本原因是签名算法不够健壮。

一般来说，比特币交易是 P2P 的。在这样的比特币交易中，第三方交易系统将交易发送方、接收方、交易金额、比特币钱包私钥等数据作为一个交易发送到比特币网络中，发送之前对这条交易信息进行加密和签名，接着根据生成的签名最终获得一个散列值，这个散列值作为交易 ID（类似网络购物的订单号）返回给提现的用户。

图 3-3 是一次交易请求（如提现）后，交易系统对当前交易所做的工作，有省略部分细节，但体现了整个流程。用户接收到仅有一个交易 ID，根据这个交易 ID 可以查看交易是否成功。

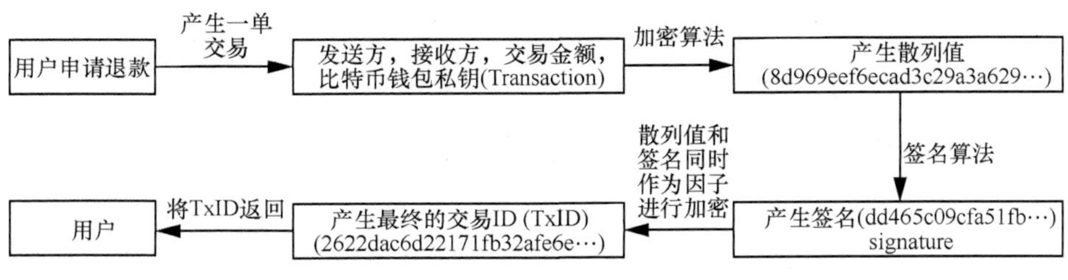

图 3-3　交易系统流程

图 3-4 是从比特币浏览器中找到的一次交易。箭头双方是比特币钱包地址，上方的散列值就是交易 ID（TxID）。

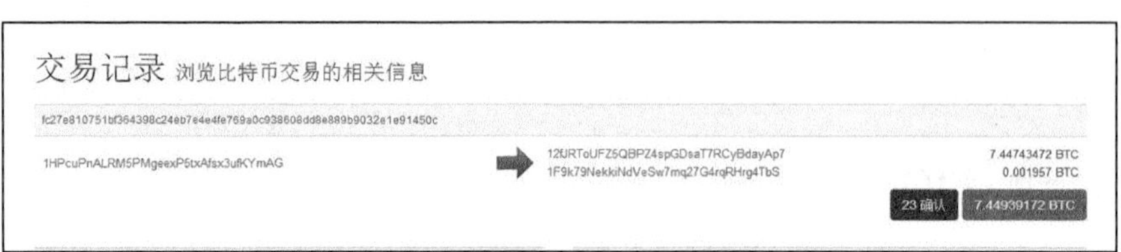

图 3-4　根据交易 ID 查询信息

当交易发送到比特币网络中后，网络中的各个节点根据之前生成的签名验证交易的真实性，这些做法是很正确、很理所当然的。但问题就出现在签名算法中，由于现在大部分使用的签名算法是基于 OpenSSL 的椭圆曲线数字签名（ECDSA），这个签名算法的一个问题是，修改签名的某个字节能够使签名依然校验成功，这样伪造签名之后交易依然能成功进行。如果单在比特币网络中，这顶多捣捣乱，但是对于第三方交易系统就不同了，由于交易 ID 是根据签名生成的，而伪造之后的签名会生成一个完全不同的交易 ID，第三方交易系统判断到两个 ID 不同便确定当前交易失败，而事实上交易已经成功，用户已经收到货币了。这时如果用户发现平台系统提示提款交易失败，就可以再次发起提现交易，第三方交易系统看到之前确实失败了，就会再进行一次提款，这时用户的比特币钱包中就会多收到一份比特币，也就造成了第三方交易平台资金损失。交易的可锻性体现在虽然签名被修改伪造过，但最终的交易依然有效。

为什么这样的攻击可以奏效，原理在上文已经讲清楚了，但有一个疑问，我们伪造的交易请求是在正常交易请求之后发出的，如果正常交易被采纳，那伪造的交易如何奏效？这要说到比特币网络的一个特性，发出一个比特币交易请求后不会立刻返回交易成功与否，在比特币网络中有一个处理延时，而比特币网络由于自身的特性，所有交易请求是以网状形式随机处理的，也就是说两次交易请求并不会以队列形式依次处理。这给攻击者提供了可乘之机，专业来讲叫作时间条件竞争。我们伪造的交易和正常的交易都在比特币网络中，如果伪造的交易先被处理，那么攻击成功。

这样，攻击的形式就显而易见了，首先需要有足够多的比特币矿机接入网络，以增加伪造的请求被优先处理的可能性；攻击者在第三方交易平台提交一个提款请求并获得一个交易 ID；根据交易信息伪造一个签名同时生成一个完全不同的交易 ID，并将伪造的请求发出；若伪造的交易被优先处理，则原始交易失败；这样我们可再次提交提现请求，第三方交易平台确认之前的交易失败后会再次发送提现交易，至此攻击成功。

攻击流程如图 3-5 所示。

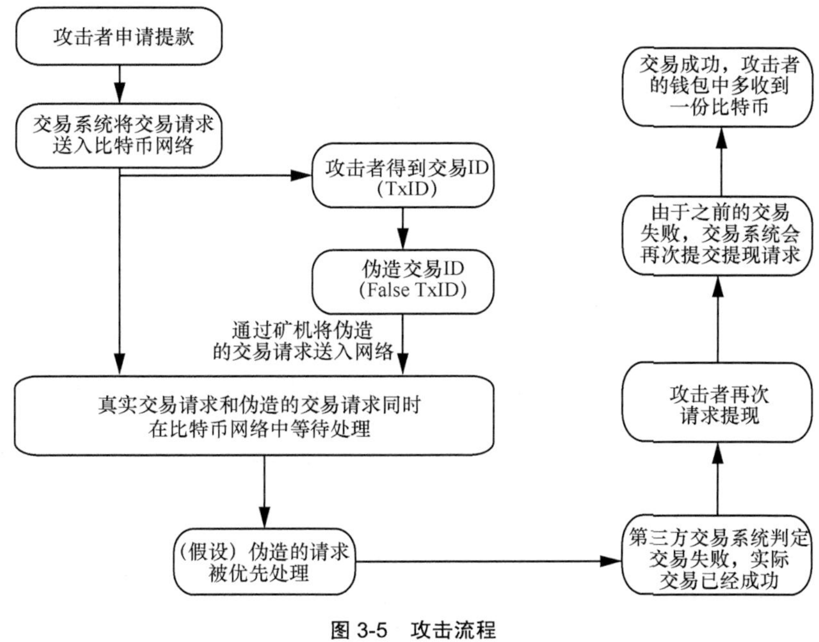

图 3-5　攻击流程

如果能得知交易平台的邻接节点，并在他们收到平台广播的交易后，对他们做 DDoS 攻击，则会提高伪造请求先被处理的概率。

这次 Mt.Gox 出现的问题基本上算货币交易安全，虽然签名算法不够健壮，但并不影响整个比特币网络的安全。

3.3　区块链的隐私保护

互联网时代，人们被越来越多的互联网应用包围，总需要提供自己的真实信息作为身份认证，但近几年来由于隐私泄露造成的事故和案件屡屡出现，个人隐私保

护问题成为各项技术的重点。互联网中的隐私通常是指数据拥有者不愿意公开的敏感数据或数据所表征的特性。区块链是一个公开的分布式账本，通过分散节点之间维持数据同步并对交易达成共识，解决了节点之间的信任问题，这其中必须公开一些信息。但同时，为了保护用户隐私，必须对一些敏感数据进行处理，减少隐私泄露的风险。

区块链技术在隐私保护方面具有一些突出优势，能够解决一些中心化服务器面临的隐私泄露问题，因此被应用到许多需要保护隐私的场景，如基于区块链技术的匿名投票。然而，区块链技术采用的去中心化架构和数据存储机制给隐私保护带来一些不利因素。

3.3.1 区块链隐私保护的优势

接下来，我们从网络层、交易层、应用层的角度讨论区块链技术在隐私保护方面的优势。

1. **网络层**

P2P 网络的天然优势增大了网络窃听的难度。区块链网络实际上是一种 P2P 网络，节点之间采用中继转发的模式进行通信，通过窃听网络流量发现用户之间通信关系的传统方法难度很大。例如，区块链网络中，当节点之间需要进行交易时，发送方首先将交易信息发给自己的邻居节点，收到信息的邻居节点再将信息转发给自己的邻居节点，通过节点间传递的方式，信息逐渐广播到整个网络。接收方节点最终将从网络中收到交易信息，而不需要和发送方直接通信。因此，攻击者很难通过窃听发现网络中传播信息的真实来源和去向。

2. **交易层**

区块链技术支持匿名交易。区块链交易中使用的地址（类似于银行卡账户）通常由用户自行创建和保存，不需要第三方参与，地址本身和用户身份信息无关。此外，区块链地址通常具有非常大的地址空间，出现碰撞的概率非常低，这使用户可以为每次交易生成不同的地址，增强交易的匿名性。从具体的数字比较来证明，比特币地址对应的私钥空间是 2^{256}，用十进制表示是 10^{77}，而可见宇宙中的原子数在 10^{80} 个左右，因此比特币系统的地址空间足以支持一次性地址策略。

3. 应用层

去中心化架构能够有效应对网络攻击，采用区块链技术的应用程序通常是去中心化架构的，不需要在中心服务器上存储账户、密码等敏感信息，能够避免传统服务器被攻击而导致的数据泄露风险。

3.3.2　区块链隐私保护的不足

接下来分析区块链技术在隐私保护方面的不足之处。

1. 区块链网络中的节点容易遭受攻击

区块链网络中的节点通常是个人计算机，和传统网络架构中的专用服务器相比性能低、抗攻击能力差。此外，在中心化架构中，管理者只需针对一台或者少数几台服务器进行重点保护。而在区块链网络中，所有节点地位平等，很难对地理位置分散的众多节点采用相同的安全措施，攻击者可以寻找安全薄弱的节点入侵区块链网络。

2. 区块链交易之间的关联性可以被用于推测敏感信息

区块链中所有交易都存储在公开的全局账本中，攻击者很容易获得所有交易信息。通过分析交易中的关联关系，攻击者能够逐步降低区块链地址的匿名性，甚至发现匿名地址对应用户的真实身份信息。

3. 不规范的区块链应用开发流程和方式存在多种安全威胁

开源的区块链技术仍处于发展初期，不成熟、不规范的开发流程和方式可能导致区块链应用存在隐藏的安全缺陷和漏洞，给实际的应用过程带来安全威胁。

3.3.3　隐私保护方案

针对 3 个层面的优势和不足，各区块链产品不断尝试新的隐私保护方案，我们通过 3 个目前在隐私保护方面独具特点的“数字货币”区块链应用来介绍。

1. 达世币

达世币（Dash）诞生于 2014 年 1 月 18 日，它有 3 种转账方式：一是像比特币一样的普通转账；二是即时交易，不需要矿工打包确认就可以确认交易，几乎可以实现秒到；三是匿名交易，即从区块链上看不到是谁和谁进行了转账，这里使用一种称之为混币（CoinJoin）的关键技术。混币就是通过一些主节点将多个用户（至少 3 个）的多笔交易进行混合，形成单一交易的技术。在混币中，每个用户都会提供一个输入输出地址，然后将其送到主节点进行混合（即任意交换输入/输出地址）。交易只能以规定面额（0.1, 1, 10, 100）为单位进行，这就增加了攻击者从数额的角度猜测交易关联性的难度。同时，主节点还要保证乱序输出。图 3-6 是一个简单的例子，主节点输入的不同的条纹代表此金额来自不同用户，DASH 是达世币的“货币”标识。通过混合，斜条纹用户完成了对反斜条纹用户 1 DASH 的转账，斜条纹用户完成了对网条纹用户 10DASH 的转账等，而外界很难从输入和输出的状态中发现交易具体是谁转账给谁。

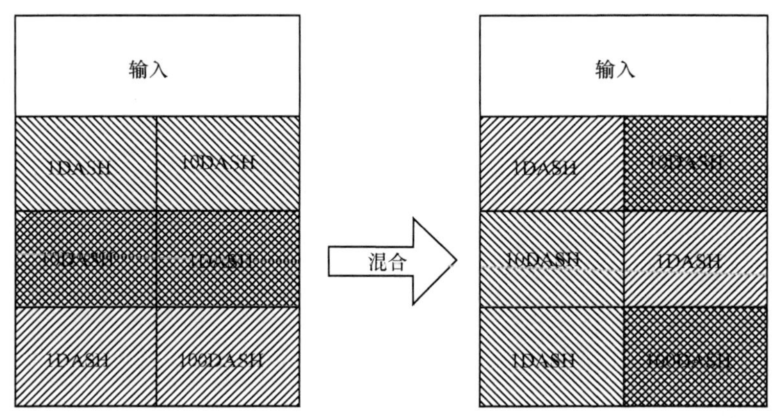

图 3-6 混币示意

混币过程中一个关键的角色是主节点，因为主节点依然存在被攻击者控制的可能性。为了解决这个问题，达世币中引入了链式（Chaining）混合以及盲化（Blinding）技术。链式混合是指用户的交易随机选择多个主节点，并在这些主节点中依次进行混合，最后输出；盲化技术是指用户不直接将输入/输出地址发送到交易池，而是随机选择一个主节点，让它将输入/输出传递到一个指定的主节点，这样后一个主节点就很难获取用户的真实身份。通过这两个技术，除非攻击者控制了很多主节点，否则几乎不可能对指定交易进行关联。

除了防范交易数额以及输入输出地址的关联攻击，达世币还能预防交易时间上的关联攻击。每个用户往往都具备自己的交易习惯，如每天的交易时间段以及短时间内进行多笔交易等。这些时间信息也会一定程度暴露用户身份。为了解决这个问题，达世币提出了被动匿名化的方案，保证用户客户端以固定的时间间隔发起交易请求，来参与主节点的混合。

2. 门罗币

达世币存在主节点被控制以及攻击者恶意参加混币的风险，这在一定程度上会导致用户隐私的泄露。为了解决这个问题，门罗币（Monero）提出了一种不依赖于中心节点的加密混合方案。门罗币的关键技术有两个，一个叫作隐蔽地址（Stealth Address），另一个叫作环签名（Ring Signature）。

隐蔽地址是为了解决交易输出地址和钱包地址关联性的问题。每当发送者 Alice 要给接收者 Bob 发送一笔金额时，她首先通过 Bob 的地址（每次都重新生成），利用椭圆曲线加密算出一个一次性的公钥，这个公钥被记录在交易之中，并标明谁在后续的交易中可以使用这些交易输出，对外人来说，无法从区块链上得知门罗币是否从 Alice 移动到 Bob，或任何钱包的地址与这笔交易相关。因此 Alice 转账门罗币给 Bob 时，Bob 所收到的交易输出并不会与 Bob 的钱包发生关联。但是 Alice 需要证明她真的有转账给 Bob 时，她的钱包依然能够提供证明，因此 Bob 可以确信没有其他人能够得知这笔门罗的交易发生在何时甚至是否存在。

从技术细节角度来看，当 Alice 想要给 Bob 转账门罗币时，Alice 的钱包会使用 Bob 的 Public View Key 和 Public Spend Key 再加上一些随机内容来产生唯一的一次性公钥，供 Bob 的后续交易使用。所有人都能够在区块链上看见这个一次性公钥，但只有 Alice 和 Bob 自己知道他们的钱包之间有交易发生。交易输出后，Bob 可以利用他的 Public View Key 扫描区块链找到属于他的交易输出。当 Bob 的钱包在区块链上获取到本次的交易输出后，钱包就能通过其一次性公钥推算出一次性私钥，最后用 Private Spend Key 花费掉这些交易输出。整个交易的过程完全不需要让 Bob 的钱包地址在区块链上与任何交易产生关联。如果 Bob 是一个商人，那么隐蔽地址功能很有效，因为没有其他人可以从区块链上得知他的客户组成和数量。

隐蔽地址虽然能保证接收者地址每次都变化，从而让外部攻击者看不出地址关联性，但并不能保证发送者与接收者之间的匿名性。因此，门罗币借鉴了古代人们联名上书的场景，为了不暴露上书发起人，大家把自己的名字按照环形排列，这样每个名字在环中的地位相同，从外界看不出谁是发起人，这就是环签名的原理。

环签名是一种特殊的群签名组成的协议，将多个可能的签名者，打包在一起形成独特的签名集合来授权一次交易。这个数字签名是由真实的签发者与其他虚假签名者共同签发的签名环，且每个签名者都是平等有效的。这其中真实的签名是一次

性的消费密钥，它对应发送方钱包的消费输出，虚假签名则是从区块链中随机挑选的过往交易输出，用以隐藏真实的签名，这些输出密钥共同组成这一次交易的输入，对外人而言，每个输入都有相同的概率成为这次交易的真实消费输出。这项功能使所有的输入真假难辨，从而帮助发送者隐藏每笔交易的真实来源。

既然外人无法确认哪个消费是真实的，那么如何防止同样的钱被重复消费？这个问题通过密钥镜像（Key Image）技术来解决。密钥镜像是将真实的交易输出通过密码学方法加密，并附在每个环签名交易中。在门罗币区块链中，同一个密钥镜像只能出现一次，同时，根据密码学原理，从密钥镜像反推真实的交易输出却是完全不可能的，在门罗币区块链中有一张已使用的密钥镜像列表，矿工将新交易的镜像与之对照，从而确保重复消费不会发生。从整个过程来看，Alice 想转账给 Bob 一些门罗币，环签名大小为 5。环签名 5 个输入中的 1 个来自 Alice 的钱包，它会被真实地消费，另外 4 个则是从区块链中随机挑选来隐藏真实的交易，这形成了一个由 5 个签名者所组成的环签名，每个签名者都可能是真实的签名者。对于外人，甚至包括接收者 Bob，没人能够确定哪个才是 Alice 的一次性消费密钥，但同时通过密钥镜像，整个网络能够确认这些发送给 Bob 的门罗币，在之前并没有被消费过。这样，门罗币通过将交易来源模糊化，不仅成功地保护了发送方的隐私，还保持了门罗币的不可追踪性。此外，为了进一步增加交易双方的隐匿性，还有一种环隐匿交易技术（Ring CT）被应用于门罗币来隐藏交易的具体数额。

举例来讲 Ring CT，Alice 拥有一个金额为 12.56 门罗币的交易输出，并想向 Bob 转账 2.5 门罗币，由于输出是无法被花费两次的，所以这个输出将会被整笔花费出去，之后才将找零返回给 Alice。Alice 的这笔交易将有一笔 12.56 门罗币的输入和两笔输出，一个输出是要转账给 Bob 的 2.5 门罗币，传送给 Bob 的钱包，另一笔是 10.06 门罗币的找零，会传送给她自己的钱包。为了防止门罗币在交易过程中被伪造或无中生有，每一笔门罗币的交易输入与交易输出各自的金额总和必须相同。而由于 Ring CT 的特性，Alice 会被要求提供此笔交易输出的金额，仅提供让交易网络可以验证此笔交易的信息，而不公开实际上到底花费了多少金额。尽管提供的这些信息看起来是随机的数字，矿工仍然可以从这其中验证转账给 Bob 的金额与可用的余额相同。在 Ring CT 交易中，另一个重要的机制是范围保护（Range Proof），这可以防止有人提交负值的交易金额，以保证门罗币的发行量。范围保护在加密学上保证了交易中的金额大于零并小于特定的数字，因此即使外人无法从交易输出中得知真正的交易金额，但依然可以验证交易是有效的。

因此，在门罗币系统中，隐匿地址技术防止交易输出被连接至钱包地址，环签名技术保护发送者的信息隐私，环隐匿交易技术隐藏交易的具体数额，由于植入的这些隐私性保护功能，用户可以随意地发送门罗币给任何对象，而不用担心有人会得到交易的金额或是双方的身份，这些也使门罗币成为保护隐私中最先进的“数字货币”之一。

3. 零币

门罗币的方案看似已经接近完美，但依然存在一个问题：环签名中依旧需要与其他用户的公钥进行混合，因此可能会遭遇恶意用户从而暴露隐私。零币（Zcash）利用基于零知识证明（Zero Knowledge Proof）的 zk-SNARK 解决了这个问题，让用户只是通过和“加密货币”本身进行交互来隐藏交易信息。

简要介绍什么是零知识证明。

零知识证明是一种刚刚诞生二十多年的加密解决方案，最初 MIT 研究人员在论文中描述到，“零知识协议是一方（证明方）可以向另一方（验证方）证明某事是真实的方法，除了这一具体陈述是真实的事实以外，不透露任何额外的信息”。这样看来，之前介绍的环签名技术可以视为一种弱化的零知识证明，接下来我们探讨一般意义上的零知识证明。

零知识证明的通常解释是证明方能够在不向验证者提供任何有用信息的情况下，使验证方相信某个论断是正确的。需要注意的是，零知识证明并不是严格数学意义上的证明理论，而是基于概率的证明，是存在小概率误差的。它的小概率误差永远存在，但通过现有技术可以将小概率的误差缩小到可以忽略的值，在某些数学计算模型的基础上是一个有效的证明手段。举例来理解零知识证明，Alice 要向 Bob 证明她知道一部手机的密码，有两种方法：①Alice 告诉 Bob 手机的密码；②Alice 自己输入手机密码，解锁手机证明给 Bob 看。第二种方法就是简单的零知识证明，好处在于整个证明的过程中，Bob 始终不能知道手机密码到底是什么，从而避免了密码泄露。

零知识证明分为交互式和非交互式，交互式零知识证明是指证明者与验证者需要进行多轮通信，而非交互式指证明者只需按照协议向验证者发送一次消息，验证者根据协议即可验证。零币使用的 zk-SNARK 是最为成熟实用的，它具有以下几个属性。

（1）零知识：前文介绍的零知识证明属性。

（2）简洁性（Succinct）：生成的零知识证据信息很小，验证者只需要少量计算就可以完成验证。这对于区块链非常重要，因为区块链上为了能够快速达成共识，每一个计算步骤不能过于复杂。

（3）非交互性（Non-interactive）：证明者和验证者之间只需要交换极少量的信息即可完成整个验证过程。这对于区块链同样至关重要，因为区块链上节点众多，并且每个节点都需要对每一笔交易进行验证，所以验证过程必须只涉及极少量的信息交换，否则通信成本会非常巨大。

（4）知识的验证（Arguments of Knowledge）：证明过程是计算完好（Computationally Soundness）的，证明者无法在合理的时间内造出伪证（破解）。

zk-SNARK 引入了同态加密、多项式盲验证等密码学方法，zk-SNARK 的基础过程简述如下。

（1）将要验证的程序拆解成一个个逻辑上的验证步骤，将这些逻辑上的步骤拆解成由加减乘除构成的算术电路。

（2）通过一系列的变换将需要验证的程序转换成验证多项式乘积是相等的，如证明 $t(x)h(x)= w(x)v(x)$。

（3）为了使证明更加简洁，验证者预先随机选择几个检查点 s，检查在这几个点上的等式是否成立。

（4）通过同态加密的方式使验证者在计算等式时不知道实际的输入数值，但是仍能进行验证。

（5）在等式左右两边可以同时乘上一个不为零的保密数值 k，在验证 $t(s)v(s)k$ 等于 $w(s)v(s)k$ 时，无法知道具体的 $t(s)$、$h(s)$、$w(s)$、$v(s)$，因此使信息得到保护。

根据 zk-SNARK“白皮书”中所述，zk-SNARK 是首次实现既可以不依赖任何信任设置来完成区块链验证，计算速度又随着计算数据量的增加而指数级加速的系统。它不依赖公钥密码系统，更简单的假设使它理论上更安全，因为它唯一的加密假设是散列函数（如 SHA2），是不可预测的（这一假设也是比特币挖掘稳定性的基础），因此也使其具有抗量子性。

描述了 zk-SNARK 这么多好处，那么它目前有什么缺陷？描述如下。

（1）虽然 zk-SNARK 通过随机采样的方式大大减少了验证工作的计算量，但是由于需要验证一个较为复杂的多项式性质，其和传统的验证过程相比耗费了更多计算资源，这仍是目前很多区块链无法承受的计算需求。因此，如何针对 zk-SNARK 进行计算优化仍是一个开放问题。

（2）zk-SNARK 有一个初始设置的阶段生成“绝对机密”的随机信息。目前这些绝密随机信息的生成和保存仍然非常原始，很难进行拓展。例如，未来每一个需要隐私保护的智能合约可能都有自己的初始随机信息要生成，如何确保这些初始随机信息不被坏人泄露？同时业界和学术界也在研究如何在 zk-SNARK 中避免这个让人诟病的初始设置步骤。

Zcash 在目前所有的密码学货币中是匿名性最好的，因此受过市场狂热的追捧，在 2016 年 10 月底发行前后，单币价格估值曾高达几千个比特币。

区块链发展势头迅猛，隐私保护的必要性和重要性毋庸置疑，底层技术升级和制度层面落实是接下来区块链隐私保护的发展方向。具体地，提出 3 个未来的研究方向。

（1）按需配置的网络层安全防护机制。针对联盟链和私有链，采用合适的访问控制策略防止恶意节点接入和监听网络，从根本上增强网络层的保护能力。此外，联盟链或者私有链与传统中心化架构有很多相似之处，可以采用传统中心化架构中成熟的安全措施。针对公有链网络，重点研究异常节点检测的方法，及早发现和屏蔽恶意节点。

（2）基于密码学算法的交易层隐私保护机制。随着数据分析技术的发展，传统的混币机制保护隐私的效果将逐渐降低，有必要研究采用更新的密码学算法保证安全性，尝试新的密码学算法或将零知识证明等成熟算法结合，提高算法可用性。基于加密的保护方案还应该充分考虑区块链服务器的计算能力和存储能力，保证算法复杂度的同时，保证硬件性能和系统性能。

（3）安全密钥技术。在应用层，除了提升用户安全意识、增强区块链服务商安全能力以外，重点是研究钱包的密钥保护技术，开发使用方便、安全可靠的钱包程序。钱包密钥直接关系到账户安全，可以研究基于口令、硬件以及生物特征等多因素认证机制，增强私钥的安全性。

此外，在研究区块链隐私保护技术的同时，也应该关注如何对滥用区块链技术的非法行为进行监管。目前使用区块链技术进行洗钱、勒索以及其他犯罪活动的事件层出不穷，如影响全球 30 万名用户的勒索病毒 Wannacry 就是使用比特币勒索赎金。由于比特币去中心化、匿名化等特征，很难阻止勒索行为、追踪勒索者的身份信息。因此，人们越来越注意到区块链监管的必要性。

第4章 区块链共识机制

区块链根据实际应用场景和需求采用不同的共识机制保证一致性，共识机制的效率和性能将决定整个区块链系统的TPS，因此被称为区块链的核心层。本章首先对比介绍目前3种类型区块链系统的特点，分析各自的典型应用场景，随后介绍几种不同场景下共识机制的技术细节和流程，最后讨论目前共识机制的发展趋势。

4.1 区块链类型

4.1.1 公有区块链

公有区块链（Public Blockchains）是指全世界任何人都可读取的、任何人都能发送交易且交易能获得有效确认的、任何人都能参与其中共识过程的区块链——共识过程决定哪个区块可被添加到区块链中并明确当前状态。作为中心化或者准中心化信任的替代物，公有区块链的安全由"加密数字经济"维护，"加密数字经济"采取工作量证明机制或权益证明机制等方式，将经济奖励和加密数字验证结合起来，并遵循一般原则，如每个人从中可获得的经济奖励与对共识过程做出的贡献成正比。这些区块链通常被认为是"完全去中心化"的。

4.1.2 联盟区块链

联盟区块链（Consortium Blockchains）是指其共识过程受到预选节点控制的区块链。例如，一个由 15 个金融机构组成的共同体，每个机构都运行着一个节点，而且为了使每个区块生效需要获得其中 10 个机构的确认（$\frac{2}{3}$确认）。区块链或许允许每个人都可读取，或只受限于参与者，或走混合型路线。例如，区块的根散列及其应用程序接口（API）对外公开，允许外界用 API 进行有限次数的查询和获取区块链状态的信息。这些区块链可视为“部分去中心化”的。

4.1.3　私有区块链

私有区块链（Fully Private Blockchains）是指其写入权限仅在一个组织手中的区块链。读取权限或者对外开放，或者被任意程度地进行限制。相关的应用包括数据库管理、审计，甚至公司各项业务流程，尽管在有些情况下希望它有公开的可审计性，但在很多的情形下，公开的可读性并非是必需的。

公有链、联盟链和私有链对比汇总如表 4-1 所示。

表 4-1　公有链、联盟链和私有链对比

类型	去中心化程度	参与者	信任机制	记账者	经济奖励	优势	缺点	使用场景	应用案例
公有链	完全去中心化	任何人	工作量证明	所有参与者	个人从中可获得的经济奖励与对记账过程做出的贡献成正比	完全解决信任问题，全球用户都可访问，应用程序容易部署，进入壁垒较低	交易量受限，挖矿能耗高	网络节点之间没有信任的场景	比特币，以太坊
联盟链	部分去中心化（多中心化）	预先设定、具有特殊特征（身份）的成员	共识机制	参与者协商决定	未知	容易进行控制权限定具有很高的可扩展性	不能完全解决信任问题	连接多个公司或中心化组织	清算
私有链	中心化	中心组织控制并指定可以参与的成员	自行背书	自定	不需要奖励，没有“虚拟货币”存在的必要	一般而言没有挖矿过程，网络能耗低，规则修改容易，交易量、交易速度无限制，节点通过授权进入，不存在51%攻击风险	接入节点受限不能完全解决信任问题	节点之间高度信任场景	R3联盟等金融领域联盟

4.1.4 侧链

比特币主要是按中本聪的思想设计的一个“虚拟货币”系统，其规则已经相对固定，很难根据应用需求进行较大修改，因为这些修改会引起分叉，影响现有的比特币用户。因此，要在比特币平台上做创新或扩展是比较困难的。一般来说，大部分代币系统是用比特币平台作基础，重构一条区块链，然后在上面使用新的规则发行的“虚拟货币”。然而这些代币系统要从无到有得到人们的价值认可是非常困难的，通常的办法是与比特币挂钩，相当于用比特币作为储备来发行代币，完成代币的货币价值认可的过程。但随之而来的问题是，如何自动保障代币和比特币的挂钩？因为“虚拟货币”的一个特点是价格波动非常大，一般人不愿意持有波动大、流动性差的代币。一个直接的方式是通过比特币平台和代币平台的整合做到实时挂钩的。

2014 年，亚当·贝克（Adam Back）等发表了一篇论文“Enabling Blockchain Innovations with Pegged Sidechains”，意思是“用比特币挂钩的侧链来提供区块链创新”，其核心观点是比特币的区块链在概念上独立于作为资产的比特币。他希望能支持在不同的区块链上转移资产，这样新的系统可以重用原先的比特币，从而提出侧链（Sidechain）的概念。侧链是能和比特币区块链交互，并与比特币挂钩的区块链。贝克列出了侧链的一些属性，如下。

（1）一个用户在一条链上的资产被转移到另一条链上后，应该还可以转移回原先链上的同一用户名下。

（2）资产转移没有对手卷款逃跑的风险，即不诚实的用户没能力阻碍资产转移的发生。

（3）资产转移必须是原子操作，即要么全发生，要么不发生，不应该出现丢失资产或欺诈性增加资产的情况。

（4）侧链间应该有防火墙。一条侧链上的软件错误造成链上资产的丢失或增加不会影响另一条链上的资产丢失或增加。

（5）即使在资产的转移过程中发生区块链的重组，也不应该出现问题。任何因区块链重组造成的中断，应该局限在本条侧链上而不影响其他区块链。通常侧链之间最好能相互独立，用户可以从其他链条提供数据。只有当存在明确的侧链共识规则时才需要检查另一条侧链来对其验证。

（6）用户不需要跟踪不经常使用的侧链。

比特币是较公认的公有链，是很多代币的基础。但比特币的设计规则决定了比特币有一定的局限。例如，平均每 10 min 出一个区块，每个区块 1 MB 大小限制，这使大概每秒才能确认 7 笔交易，这种交易速度在很多场景下不能满足业务需求。因此，通过侧链提升效率、扩展比特币功能是一个非常有效的做法。例如，闪电网络把很多交易放在侧链，只有在做清算时才用上主链，这样可以极大地提升交易速率，又不增加主链的存储负担。目前，侧链技术主要是由 Blockstream 公司开发。

4.1.5 互联链

互联链（Interchain）是个较新的概念，尚未被业界普遍接受。目前，针对特定领域的应用可能会形成各自垂直领域的区块链，这些区块链有互联互通的需求。例如，在金融行业中，目前大家比较看重这项技术在支付领域中的前景。现在的支付系统很多是竖井型，互不连接。如果不同的支付组织各自维护一个链（账本），然后将这些链通过某种互联互通协议连接起来，与互联网一样，那么这种区块链上的互联互通就构成互联链，形成区块链全球网络。

4.2 共识算法

由前文可知，链的“生长”需要多个节点通力合作，而每个节点又是相互独立的，因此，可以将区块链看作一个分布式系统。其部署模式中，公有链、联盟链、私有链，实际上也分别对应去中心化分布式系统、部分去中心化分布式系统和弱去中心化分布式系统。

对于分布式系统而言，各节点在协同处理事务时，往往会面临各种各样的问题，如节点接收信息先后顺序问题、信息在传送过程中是否丢失或被伪造、节点本身发生故障，甚至节点是否已被控制等。因此，如何让每个主机达成一致的状态，是我们需要考虑的关键问题。

一般来说，理想的分布式系统一致性应该满足以下性质。

可终止性（Terminability）：一致的结果在有限时间内能完成。

共识性（Consensus）：不同节点最终完成决策的结果应该相同。

合法性（Validity）：决策的结果必须来自经节点执行后提出的提案。

然而，绝对理想的强一致性（Strong Consistency）代价很大，除非不发生任何故障，并且所有节点之间的通信无须任何时间（这个时候其实等价于一台机器）。实际上，越强的一致性要求往往意味着越弱的性能。很多时候，人们发现对一致性可以适当放宽一些要求，在一定约束下实现最终一致性（Eventually Consistency），即总会存在一个时刻，系统达到一致的状态。为保障系统满足不同程度的一致性，往往需要通过共识算法来实现。

4.2.1 共识算法初探

共识算法解决的是对某个提案（Proposal）大家达成一致意见的过程。提案的含义在分布式系统中十分宽泛，如多个事件发生的顺序、某个键对应的值、谁是领导等，可以认为任何需要达成一致的信息都是一个提案。

4.2.1.1 FLP 与 CAP

在探讨分布式系统下的一致性算法问题之前，不得不提到的一个经典理论是 FLP 不可能性，这个定理是在由 Fischer、 Lynch 和 Patterson 在 1985 年发表的论文“Impossibility of Distributed Consensus with One Faulty Process”中提出的。FLP 不可能原理指在异步网络环境中，只要有一个故障节点，就无法找到任何能解决系统一致性的算法。简而言之，这个定理就是告诫大家，不要浪费时间去为异步分布式系统设计在任意场景下都能实现共识的算法。

那么，是否我们做任何努力就都变成了徒劳？实则不然，科学告诉我们什么是不可能的；而工程则告诉我们，付出一些代价，可以把它变成可能，这就是工程的魅力。所以，退一步讲，在付出一些代价的情况下，我们能做到多少？这一问题的答案是另一个很出名的原理——CAP 原理。

CAP 原理最早由 Eric Brewer 在 2000 年 ACM 组织的一个研讨会上提出猜想，后来 Lynch 等进行了证明，内容如下。

分布式计算系统不可能同时确保一致性（Consistency）、可用性（Availability）和分区容忍性（Partition），设计中往往需要弱化对某个特征的保证。

- 一致性：任何操作应该都是原子的，发生在后面的事件能看到前面事件发生导致的结果，注意这里指的是强一致性。

- 可用性：在有限时间内，任何非失败节点都能应答请求。
- 分区容忍性：网络可能发生分区，即节点之间的通信不可保障。

直观地理解，当网络可能出现分区时，系统是无法同时保证一致性和可用性的。节点收到请求后因为没有得到其他人的确认可以不应答，否则节点只能应答非一致的结果。好在大部分时候网络被认为是可靠的，因此系统可以提供一致可靠的服务；当网络不可靠时，系统要么牺牲一致性（大部分时候是如此），要么牺牲可用性。

既然 CAP 不可同时满足，设计系统时候必然要弱化对某个特性的支持。

- 弱化一致性：对结果一致性不敏感的应用，可以允许在新版本上线后过一段时间才更新成功，期间不保证一致性。例如，网站静态页面内容、实时性较弱的查询类数据库等，CouchDB、Cassandra 等为此设计。
- 弱化可用性：对结果一致性很敏感的应用，如银行取款机，当系统故障时候会拒绝服务。MongoDB、Redis 等为此设计 Paxos、Raft 等算法主要处理这种情况。
- 弱化分区容忍性：现实中，网络分区出现概率减小，但较难避免。某些关系型数据库、ZooKeeper 为此设计。实践中，网络通过双通道等机制增强可靠性，达到高稳定的网络通信。

可以说，CAP 原理在一定程度上解决了 FLP 提出的共识算法难题，被认为是分布式系统领域的重要原理。

4.2.1.2　Paxos

Paxos 算法于 1990 年由 Leslie Lamport 提出，该算法在工程角度实现了一种最大化保障分布式系统一致性（存在极小的概率无法实现一致）的机制，是第一个被证明的共识算法，Leslie Lamport 也因此获得了 2013 年度图灵奖。目前，Paxos 被广泛应用在 Chubby、ZooKeeper 这样的系统中。

Paxos 算法应用于分布式系统中存在故障（Fault）但不存在恶意（Corrupt）节点的场景，即消息可能会丢失或重复，但不会被伪造。其故事背景是，古希腊 Paxon 岛上的多个法官在一个大厅内对一个议案进行表决，如何才能达成统一的结果。他们之间通过服务人员来传递纸条，同时法官可能离开或进入大厅，服务人员也可能偷懒去睡觉。

算法中将节点分为 3 种类型，如下。

- Proposer：提出一个提案，等待大家批准为结案，往往是客户端担任该角色。
- Acceptor：负责对提案进行投票，往往是服务端担任该角色。
- Learner：被告知结案结果，并与之统一，不参与投票过程，可能为客户端或服务端。

Paxos 达成共识的原理基于两阶段的状态提交。基本过程包括 Proposer 提出提案，先争取大多数 Acceptor 的支持，超过一半支持时，则发送结案结果给所有人进行确认，细节如下。

准备阶段，多个提案者可以发送提案<id, value>，接收者收到提案就返回收到消息，并且只保留最新的提案。如果收到一个请求的提案号比目前保留的提案号小，则返回保留的提案给提案者，告诉它已经有其他人发出更新的提案了。

提交阶段，如果一个提案者在准备阶段收到大多数的回复（表示大部分人听到它的请求，可能做好最终确认的准备了），则再次发出确认消息。如果再次收到大多数的回复，并且大家都返回空，则带上原来的提案号和内容；如果返回中有更新的提案，则替换提案值为更新提案的值。如果没收到足够多的回复，则需要再次发出请求。

Paxos 算法会出现的问题是，Proposer 在运行过程中可能出现故障，这可以通过超时机制来解决。但极为凑巧的情况下，每次新一轮提案的 Proposer 都恰好故障，系统则永远无法达成一致，不过这概率很小。因此我们可以认为，Paxos 能够保证在超过 $\frac{1}{2}$ 的正常节点存在时，使系统达成共识。

4.2.1.3 Raft

作为共识算法的先导者，Paxos 比较理想化，实际中有各种各样的问题，往往需要领导人或协调人角色来应对，Paxos 是一种无领导人（Leaderless）算法，而 Raft 算法是一种强领导力的算法。

Raft 对 Paxos 算法重新进行了设计和实现，是后者的一个简化版本。Raft 将共识问题分解为 3 个相对独立的子问题：选举（Leader Election）、日志复制（Log Replication）、安全性（Safety）。

在 Raft 中，每个节点处于 3 种状态之一：Leader（领导者）、Follower（追随者）、Candidate（候选者）。

- Leader：同一时刻中，只能有一个。它负责日志的同步管理，处理来自客户端的请求，与 Follower 保持着心跳（Heartbeat）的联系。

- Follower：刚启动时所有节点为 Follower 状态，被动响应来自 Leader 或者 Candidate 的请求。
- Candidate：用来选举 Leader。

Raft 的阶段主要分为两个。① Leader 选举。每个 Candidate 随机经过一定时间都会提出选举方案，最近阶段中得票最多者被选为 Leader。② 同步 Log。Leader 会找到系统中 Log 最新的记录，并强制所有的 Follower 刷新到这个记录。细节如下。

① Leader 选举

系统开始运行时，所有的节点都是 Follower 身份。为了描述选举过程，我们先引入 term 这个概念。在 Raft 中，整个系统的生命周期由一系列的 term 组成，用来表示已经运行了多少个周期。每个 term 都由一个唯一的整数（term number）表示，term 是单调递增的，每个节点都会在本地记录自己当前的 term number。当节点之间互相通信的时候，当前 term number 会在节点之间互相传播。节点发现自己的当前 term number 比其他的小，则更新自己当前的 term number 到那个较大值。如果 Leader 或者 Candidate 发现自己的 term 过时了，它就立刻改成 Follower 状态。如果节点收到带着过时 term number 的请求，则直接拒绝这个请求。Leader 通过发送心跳给其他节点来保持自己的权威，同时阻止其他节点成为 Leader，一旦 Follower 持续一段时间没有收到心跳，并可以认为系统中没有 Leader 了，并转变自己为 Candidate，开始竞争 Leader（虽然此时可能是这个 Follower 跟其他节点连接中断，不过没关系，这种情况下它不可能赢得选举）。Follower 等待心跳的时间称为 election timeout。就是说，Follower 等待了 election timeout 都没有收到心跳，就可以认为系统中没有 Leader，从而开始选举过程。系统刚启动的时候，所有的节点都是 Follower，经过一个 election timeout，选举过程也就开始了。

选举过程开始后，Follower 增加自己的 term number，转变到 Candidate 状态。它首先为自己投票，然后和其他节点通信，请求其他节点为自己投票。每一个节点在一个 term 内，只能投票给一个 Candidate，采用先到先服务的原则，总是投票给这个 term 中最先收到请求所属的 Candidate。一个 Candidate 收到半数以上投票则赢得选举。如果 Candidate 在选举过程中收到一个自称 Leader 节点的消息，并且这个消息的 term number 不小于 Candidate 的 term number，那么 Candidate 承认这个 Leader，自己转变成 Follower 状态。如果经过一段时间无人胜出，则重新开始选举过程，Candidate 增加 term number 开始新一轮的投票。

我们看一个例子，假如系统中有 5 台节点（ServerS1~S5），本来 S3 是 Leader，term number 是 7，现在 S3 宕机（网络不可达），无心跳发出。经过 election timeout，S1 和 S5 开始转变成 Candidate，同时把当前的 term number 变为 8。此时状态如下。

S1（8）S2（7）S3（7－网络不可达）S4（7）S5（8）

S1 和 S5 都投自己的票，同时以 term number 8 要求其他 Server 投自己的票。S2 先收到 S1 的请求，于是在 term number 8 上 S2 投票给 S1，后收到 S5 的请求，这个时候因为在 term 8，S2 已经投过票，所以拒绝投票给 S5。S4 相反，投票给 S5，拒绝 S1。现在 S1 和 S5 都只有 2 票，谁都没有达到多数，大家都在等 S3 的投票结果，因为 S3 网络阻塞，一直没有回复。过了 election timeout 时间，本轮投票结束，无胜者，开始下一轮投票。

大家发现，如果一直这样循环下去，可能产生死循环，Raft 解决这个问题的方法是每个 Server 的 election timeout 时间是不一样的，是一个 150~300 ms 之间的随机值。继续假设 S5 先到达 election timeout，于是它又开始一轮选举，S5 的 term number 现在是 9，开始要求其他 Server 对它投票。此时状态如下。

S1（8）S2（8）S3（7－网络不可达） S4（8）S5（9）

大家注意，S2 和 S3 的 term number 是 8，这是因为上一轮投票时他们发现自己的 term number 过时，更新成了投票消息中的最新值。因为 S5 现在的 term number 是 9，假设某种原因，S1 没收到这个消息，但是 S2、S4 都很痛快地投票给 S5。这时，S5 已经赢得了选举。现在的情况如下。

S1（8）S2（9）S3（7－网络不可达）S4（9）S5（9）——S5 是 term 9 的 Leader

下面 S3 的网络恢复了。它发现自己收到 S1term8 的投票要求，而它自己的 term 是 7，所以它转变自己为 Follower，然后投票给 S1。

S1 现在赢得了 term8 阶段的 Leader，因为它收到 S2、S3 和它自己的投票，这个时候，系统中有两个 Leader，但它们是不同 term 的。这种情况完全有可能，因为分布式系统没有全局时钟，所以出现不同 term 同时存在的情况。但这并不影响算法的正确性，因为当 S1 想要把任何更新传播到多数派的时候，它发现自己是过时的。

② 同步 Log

- 假设 Leader 领导人已经选出，这时客户端发出增加一个日志的要求。
- Leader 要求 Follower 遵从他的指令，将这个新的日志内容追加到他们各自日志中。

- 大多数 Follower 服务器将日志写入磁盘文件后，确认追加成功，发出 Committed Ok。
- 在下一个心跳中，Leader 会通知所有 Follower 更新 Committed 项目。

对于每个新的日志记录，重复上述过程。

在这一过程中，如果发生网络分区或者网络通信故障，使 Leader 不能访问大多数 Follower，那么 Leader 只能正常更新它能访问的那些 Follower，而剩下大多数的 Follower 因为没有了 Leader，他们会重新选举一个候选者作为 Leader，这时就产生了双 Leader。原先的 Leader 独自在一个区，向它提交数据由于不可能复制到多数节点，而向新的 Leader 提交则可成功更新多数节点。网络恢复后，旧的 Leader 发现集群中有更新 term 的 Leader 后，自动降级为 Follower 并从新 Leader 处同步数据达到集群数据一致。

以上是对 Raft 算法的粗略介绍，详细细节可以查看参考论文“In Search of an Understandable Consensus Algorithm”。

4.2.2　拜占庭共识算法

回到本书最初拜占庭将军的问题，如何让各位将军做出一致的行动，实质上相当于在一个分布式系统中，怎样让节点达成共识。每一个将军参与共识决策的每一个节点，而信使则在节点之间传递消息。在这个问题中，将军有忠诚的也有叛变的，类似地，在分布式系统中，某些节点也可能由于各种原因而产生错误信息并发送给其他节点，这些可能发生问题的节点称作拜占庭节点。

上文中无论是 Paxos 还是 Raft，都建立在所有节点诚实的基础上，这对于私有链或某些联盟链比较适用。然而在公有链中，任何人都可以加入网络中，竞争记账权。也就是说，系统中对加入的节点没有要求，也没有任何验证，这就难免有作恶节点加入以谋取利益。因此，面向拜占庭问题的容错算法，是应对公有链问题的解决之道。

从目前研究现状来看，拜占庭系统的设计主要分为状态机拜占庭协议和 Quorum 拜占庭协议。两种协议在功能上的主要区别在于前者需要给所有的请求安排序号，所有请求必须按顺序执行，主要用于对系统状态敏感的分布式计算系统中；后者不需要为请求安排序号，多个请求可以同时执行，主要应用于分布式存储系统中。拜占庭容错技术的研究方向主要是降低系统开销，缩小与目前实际应用中系统之间的差距。状态机拜占庭协议的难点在于确保正常节点都以相同的序列执行一些同样的请求，接下来介绍一种基于状态机原理的 PBFT 算法，它融合主从技术和 Quorum 拜占庭技术来序列化请求。

4.2.2.1 PBFT

实用拜占庭容错（Practical Byzantine Fault Tolerance，PBFT）算法是第一个得到广泛应用的 BFT 算法。这种算法的主要思想是，只要系统中有以上的节点是正常工作的，就可以保证一致性。该算法是卡斯特罗（Miguel Castro）和利斯科夫（Barbara Liskov）在 1999 年提出来的，该论文发表在 1999 年的操作系统设计与实现国际会议上（OSDI99）。

原始的拜占庭容错系统由于需要展示其理论上的可行性而缺乏实用性，而且还需要额外的时钟同步机制支持。而 PBFT 解决了原始拜占庭容错算法效率不高的问题，将算法复杂度由指数级降低到多项式级，使拜占庭容错算法应用在实际系统中成为可能。

作为一种状态机拜占庭系统，PBFT 算法要求整个系统共同维护一个状态，所有节点采取一致的行动。为此，算法包括 3 种基本协议：一致性协议（Agreement）、检查点协议（Checkpoint）、视图变更协议（View Change）。

一致性协议的目标是使来自客户端的请求在每个服务器上都按照一个确定的顺序执行。在 PBFT 中，节点（Replica）有两种身份，有一个节点作为主节点，负责将客户端的请求排序，其余是备份节点，按照主节点提供的顺序执行请求。PBFT 对每个节点提出了两个限定条件：① 所有节点必须是确定性的，也就是说，在给定状态和参数相同的情况下，操作执行的结果必须相同；② 所有节点必须在相同的配置信息下开始工作，这个配置信息称为视图（View），每更换一次主节点，视图随之发生变化。

一致性协议包含至少 3 个阶段：发送请求（Request）、序号分配（Pre-prepare）和返回结果（Reply）。根据协议设计不同，还可能包含交互（Prepare）、序号确认（Commit）等阶段。Pre-prepare 阶段和 Prepare 阶段用来将在同一个视图中发送的请求进行排序，让各个备份节点都认可这个序列，按序执行。Prepare 阶段和 Commit 阶段用来确保那些已经达到 Commit 状态的请求即使在发生视图变更后的新的视图中依然保持原有的序列不变。例如，一开始在 view 0 中，共有 req 0 和 req 1 两个请求依次进入了 Commit 阶段，假设这时因主节点问题导致视图变更，view 0 变成 view 1，在新的视图中，原本的 req 0、req1 两个请求的序列会被保留。而那些处于 Pre-prepare 和 Prepare 阶段的请求在视图变更发生后将被遗弃。

下面我们用一个实例来阐述协议执行过程。PBFT 系统通常假设故障节点数为 *f* 个，而整个系统节点数为 3*f*+1 个。每个客户端的请求需要经过 5 个阶段，在节点中达成一致并执行。图 4-1 中显示了一个简化的 PBFT 协议通信模式，其中，C 为客户端，N0~N3 表示系统节点，其中，N0 为主节点，N3 为故障节点。整个协议的基本过程如下。

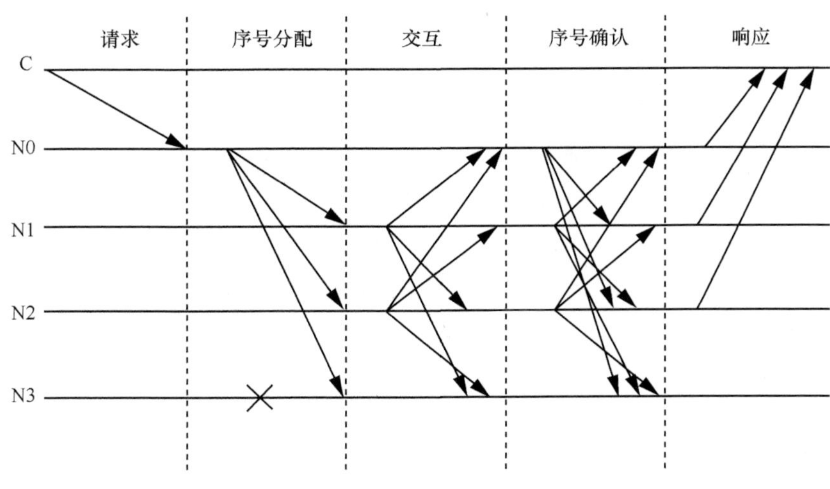

图 4-1　PBFT 基本流程

1. 请求阶段

客户端 C 向主节点发送<REQUEST,o,*t*,c>请求执行状态机操作 o，其中，时间戳 *t* 用来保证客户端请求只执行一次。

2. 预准备阶段

主节点 N0 收到来自 C 的一条请求并分配一个编号给这个请求，然后主节点广播一条 PRE-PREPARE 信息给备份节点，预准备消息的格式为<<PRE-PREPARE, *v*,*n*,*d*>,*m*>，这里，*v* 是视图编号，*m* 是客户端发送的请求消息，*d* 是请求消息 *m* 的摘要（Digest）。直到该信息送达每一个备份节点，接下来看收到信息的备份节点同不同意主节点分配给该请求的编号 *n*，即是否接收这条 PRE-PREPARE 信息，如

果一个备份节点 accept（接收）了这条 PRE-PREPARE，它就进入下面的 prepare 准备阶段。

只有满足以下条件，各个备份节点才会接受一个预准备消息。

- 请求和预准备消息的签名正确，并且 d 与 m 的摘要一致。
- 当前视图编号是 v。
- 该备份节点从未在视图 v 中接受过序号为 n 但摘要 d 不同的消息 m。
- 预准备消息的序号 n 必须在水线（Watermark）上下限 h 和 H 之间。水线存在的意义在于防止失效节点使用很大的序号消耗序号空间。

3. **准备阶段**

如果备份节点接收了预准备消息，则进入准备阶段。在准备阶段的同时，该节点向所有节点发送准备消息<PREPARE, v, n, d, i>，并且将预准备消息和准备消息写入自己的消息日志。

包括主节点在内的所有副本节点在收到来自其他节点的准备消息之后，对消息的签名是否正确、视图编号是否一致，以及消息序号是否满足水线限制这 3 个条件进行验证，如果验证通过，则把这个准备消息写入消息日志中。

当一个备份节点收到来自 $2f+1$ 个节点的准备消息，并且验证请求消息一致时，我们就说该请求在这个节点上的状态是 prepared（准备好的），节点将<m, v, n, i>记入其消息日志，同时该节点也拥有了一个证书（Prepared Certificate）。

4. **序号确认**

当一个节点的日志中有(m,v,n,i)后，该节点就可将格式为<COMMIT, v, n, $D(m)$,i>的确认消息向其他节点广播，告知它有一个 Prepared Certificate 了。与此同时，它会陆续收到来自其他节点的 commit 信息，然后验证：① 签名是否正确；② 消息的视图编号与节点的当前视图编号是否一致；③ 消息的序号 n 是否满足水线条件，在 h 和 H 之间。一旦确认消息的接受条件满足，则该副本节点将确认消息写入消息日志中。当它收到 $2f+1$ 条 commit（包括自己的一条）时，我们就认为请求在这个节点上达到 committed 状态，该请求也会被该节点执行，同时节点也拥有一个 committed 状态的证书（Committed Certificate）。

综上所述，当一个节点的日志中有<PREPARE, v, n, d, i>消息时，表示这个节点对该 PRE-PREPARE 消息认同；当一个节点的日志中有<m, v, n, i>时，表示这个节点相信 $\frac{2}{3}$ 以上节点对该 PRE-PREPARE 消息认同（但其他节点不一定确信）；而当一个节点达到 committed 状态时，它就认为大多数（$\frac{2}{3}$以上）节点相信大多数节点同意这个 PRE-PREPARE 分配，它们也会按此顺序执行，因此自己也可以，这就是为何要加入 commit 阶段的原因。

5. **响应阶段**

客户端不会收到中间消息，只能得到最终结果。节点发给客户端的响应为 <REPLY, v, t, c, i, r>，v 是视图编号，t 是时间戳，i 是副本的编号，r 是请求执行的结果。当收到 $2f+1$ 个不同节点的一致响应后（一致的响应需要保证签名正确，并且具有同样的时间戳 t 和执行结果 r），客户端才能把 r 作为正确的执行结果。

客户端通过点对点消息向它自己认为的主节点发送后续请求，然后主节点自动将该请求向所有备份节点进行广播。如果客户端没有在规定时间内收到回复，那么它会向所有副本节点再次广播请求。如果请求已经在某个节点处理过，该节点就向客户端重发一遍执行结果；如果收到请求的节点没有处理过，该节点将把请求转发给主节点，若是主节点没有将该请求进行广播，则认为主节点失效，当有足够多的节点认为主节点失效时，就会触发一次视图变更。

当主节点本身发生故障时，为防止出现备份节点无期限地等待请求的执行，或备份节点接收到请求对应序号被胡乱分配等问题，一般会触发视图变更协议，将主节点用一个备份节点替换掉,并且保证已经被非拜占庭节点执行的请求不会被篡改。可以说，视图变更协议使在主节点失效时，仍能保证系统的活性。

协议通过公式 $p = v \bmod |R$ 更换主节点，其中，v 是视图的编号，是从 0 开始的递增整数。可以理解为，当每一次视图变更发生时，节点从 $N0$ 到 N（$R-1$）依次充当新的主节点。

至于检查点协议，拜占庭系统每执行一个请求，节点都会记录相关日志。如果日志得不到及时清理，就会导致系统资源被大量日志所占用，从而影响系统的整体性能。另外，由于拜占庭节点的存在，一致性协议并不能保证每一个节点都执行相同的请求，所以，不同节点的状态可能不一致。综上，周期性地检查点协议的作用就是定期地处理日志，及时纠正节点状态。

为了节省内存，系统需要一种将日志中的无异议消息记录删除的机制。为了保证系统的安全性，节点在删除自己的消息日志前，需要确保至少 $2f+1$ 个正常节点执行了消息对应的请求，并且可以在视图变更时向其他节点证明。另外，由于拜占庭节点的存在，不同节点的状态可能不一致，这就需要通过传输部分或者全部服务状态实现该节点的同步。因此，副本节点同样需要证明自己状态的正确性。

如果在每一个操作执行后都生成这样的证明是非常消耗资源的。因此，证明过程只有在请求序号可以被某个常数（如 100）整除时才会周期性地进行。我们将这些请求执行后得到的状态称作检查点（Checkpoint），并且将具有证明的检查点称作稳定检查点（Stable Checkpoint）。

检查点正确性证明的生成过程如下：当节点 N*i* 生成一个检查点后，向其他节点广播检查点消息<CHECKPOINT, *n*, *d*, *i*>，这里，*n* 是最近一个影响状态的请求序号，*d* 是状态的摘要。每个节点都默默地在各自的日志中收集并记录其他节点发过来的检查点消息，直到收到来自 2*f*+1 个不同副本节点的具有相同序号 *n* 和摘要 *d* 的检查点消息。2*f*+1 个消息就是这个检查点的正确性证明。拥有稳定检查点的节点可以将所有序号小于等于 *n* 的预准备、准备和确认消息从日志中删除，同时也可以将之前的检查点和检查点消息一并删除。

检查点协议也可以用来更新水线（Watermark）的高低值（*h* 和 *H*），这两个高低值限定了可以被接收的消息数量。

PBFT 在很多场景有应用，在区块链场景中，一般适合于要求强一致性的私有链和联盟链场景。目前，HyperLedger Fabric 项目是一个比较典型的联盟链实现，基于 Fabric，我们能够很方便地开发自己的商业应用。在 Fabric 中，多种共识算法被做成可插拔的模块供用户选择，其中，PBFT 由于它本身良好的性能成为主要的可选项之一。

在公有链中，如果仍是采用一个节点一票的方式，很容易遭受女巫攻击（Sybil Attack），即攻击者批量制造大量的节点加入系统，通过绝对多数的投票权发起攻击，对于一个节点而言，无从辨别其他节点是普通节点还是拜占庭节点，也可能有的节点是普通节点，只是在一些有利益影响的事情上表现出拜占庭行为。所以，基于 IP 或者 CPU 的投票制度在公有链上不能发挥应有的作用，因为这些不是稀缺资源，尤其是存在“僵尸网络”的情况下。

4.2.2.2 PoW

既然传统思路走不通，突破只能来自体系之外，中本聪提出“要有经济激励”，于是 token 被引入共识；“还要有博弈”，于是奖励和惩罚机制也被创造出来。

我们假定节点背后的人都是经济理性的人，不会做成本高于收益的事情。之所以拜占庭节点不遵守协议约定，无非是因为不遵守协议的利益更大，如果能够设计一种博弈机制，让遵守约定行为的收益高于违反约定的收益，那么基于经济理性人假设，节点就不会表现出拜占庭行为，使在公有链上，即便没有对加入节点的审查和监控，算法也可以认为没有拜占庭节点，简化了协议设计。

这就是比特币的工作量证明（Proof of Work，PoW）算法，现在大部分的“虚拟货币”，如莱特币、以太币等，是基于 PoW 共识的“虚拟货币”。PoW 算法中，要求记账节点花费一定的资源做一些计算（即前文介绍的“挖矿”过程），然后向网络其他节点提交计算的工作量证明。这个证明需要能够被快速验证，并且工作量容易度量，然后我们根据工作量来分配记账权。大家按照设定规则，随时同步并且维护着最长链，以此达到公认的共识。

在通过工作量获取记账权的同时，比特币还设立了一些奖励机制来吸引更多算力的加入。简单来说，就是能获得多少货币，取决于挖矿贡献的有效工作。节点的挖矿时间越长，机器性能越好，得到货币的可能性就越大，这就是根据节点的工作证明来执行货币的分配。因为工作量证明无法伪造，有很高的成本，所以只有遵守协议约定，才能够收回成本，获得收益。

PoW 的优点在于，它可以与奖励机制巧妙地结合，共同提升网络的安全性。矿工挖矿获得比特币奖励以及记账所得的交易费用使矿工更希望维护网络的正常运行，而任何破坏网络的非诚信行为都会付出很大的经济代价。因此，即使有些比特币矿池具备强大的算力，它们都没有作恶的动机，反而有动力维护比特币的正常运行，因为这和它们的切身利益相关。

PoW 的缺点总结如下。

（1）算力是计算机硬件（CPU、GPU 等）提供的。计算要耗费电力，这是对能源的直接消耗，与人类追求节能、清洁、环保的理念相悖。不过，如果一定要给“加密货币”找寻“货币价值”的意义，那么这个方面应该是最有力的证据。

（2）这种机制发展到今天，算力的提供不再是单纯的 CPU，而是逐步发展到 GPU、FPGA 乃至 ASIC 矿机。用户也从个人挖矿发展到大的矿池、矿场，算力集中越来越明显。这与去中心化的方向背道而驰，渐行渐远，网络的安全逐渐受到威胁。

（3）比特币区块奖励每 4 年将减半，当挖矿的成本高于挖矿收益时，人们挖矿的积极性降低，会有大量算力减少，比特币网络的安全性进一步堪忧。

4.2.2.3 PoS

比特币在 PoW 中引入的经济激励和博弈机制给探索者非常大的启发：使作恶的成本高于收益，以此来减免拜占庭节点的可能。

然而 PoW 机制的弊端在于，矿工的设备差异较大，算力值和节点数渐渐失配；同时，比特币网络每秒可完成数百万亿次的 SHA256 计算，这些计算除了防范恶意攻击者外，几乎没有实际科学价值。

鉴于此，权益证明（Proof of Stake，PoS）应运而生。PoS 由 Quantum Mechanic 2011 年在 bitcointalk 首先提出，后经 Peercoin 和 NXT 以不同思路实现。新的共识系统延续了 PoW 中竞争打包区块权的理念，不同之处在于 PoS 中是根据用户持有的系统代币数量和时间决定打包出块的概率。PoS 中的代币类似于公司的股权，大股东对系统有更大的发言权，有更多的责任，也有获得更多收益的权力。

PoW 协议中，能够发起攻击的计算资源在比特币的体系之外，而在 PoS 中，必须拥有足够多的代币才可能攻击成功，因此有人认为 PoS 更加安全。不过 PoS 最想解决的问题还是比特币的能源消耗，希望实现一个环保节能的共识协议。因为不是工作量证明，而是权益证明，所以 PoS 协议中，不需要专用的矿机，用户使用普通的钱包在个人计算机上就可以，挖矿的多少和持币多少有关，和算力无关。所以，和 PoW 相比，PoS 更省电。

PoS 的设计理念来自对比特币危机的思考，原因有以下几点。

首先，比特币的区块产量每 4 年会减半，在不久的未来，随着比特币区块包含的产量越来越低，大家挖矿的动力将不断下降，矿工节点数越来越少，整个比特币网络会逐渐陷入瘫痪（因为大家都减少了运行比特币客户端的时间，所以越来越难找到一个 P2P 节点连接和同步网络数据）。

而在 PoS 体系中，只有打开钱包客户端程序，才能发现 PoS 区块并获得利息，这促使很多不想挖矿的人，也会常常打开自己的钱包客户端，促进了 P2P 货币网络的健壮。

其次，若干年后，随着矿工人数的下降，比特币很有可能被一些高算力的人、团队或矿池进行 51%攻击，导致整个比特币网络崩溃。

而在 PoS 体系中，即使拥有了全球 51%的算力，也不一定能够进行 51%攻击，因为部分货币并不是挖矿产生的，而是由利息产生（利息存放在 PoS 区块中）的，这要求攻击者还需持有全球超过 51%的货币量，这大大提高了 51%攻击的难度。

再次，虽然比特币是一个永远不会通货膨胀的体系，因为它的货币总量表面看起来是固定的，但比特币其实是一个通货紧缩的体系。因为当我们重装系统，或者忘记钱包密钥时，会永远无法再拿回钱包里的钱，这意味着，每年都会有一些比特币随着钱包的丢失而永远被锁定，这就形成了实质上的通货紧缩，也许 50 年后，有效的比特币，将只剩下 1 000 万个。

而 PoS 方案提供一定的年利率，尽可能保证既不通货膨胀，也不通货紧缩。

从以上 3 点可以看出，PoS 体系是在 PoW 的基础上全新建设的体系，有长远的见解和先进的理念。

那么，怎样才能获得 PoS 产生的利息？

PoS 引入了币龄的概念，使获取收益的难度与交易输入的币龄成反比，币龄越长越容易获得收益。首次使用需要先将钱包解锁并开启挖矿模式，之后关闭钱包也可每天累积币龄，但只有打开钱包时才能挖矿。钱包中的每个币每天产生 1 币龄，如持有 100 个币，共持有了 30 天，此时币龄就为 3000。这个时候，如果用这 100 个币进行挖矿，并发现了一个 PoS 区块，币龄就会被清空为 0。每被清空 365 币龄，将会从区块中获得 0.05 个币的利息（可理解为年利率 5%）。在这个例子中，利息是 $3000\times\frac{5\%}{365}=0.41$ 个币（需要注意的是，5%的年利率仅是举例，并非每个 PoS 模式的币种都是 5%，如点点币 PPCoin 是 1%的年利率）。

实际在挖矿时，矿工也可以自己决策如何分配自己的货币资源。以苹果币为例，假如用户有 1 万个币在钱包挖矿，如果将这 1 万币作为一笔交易，那么这笔资产本身的币龄较大，较容易竞争成功。然而，这一笔资产也只相当于一个矿工，每 8 h 参与一次竞争 PoS 块，若成功，这 1 万个币会被冻住，经过 120 个区块确认后解冻。这个循环的理论值是 10 h，这样每天 3 次竞争机会，运气好可能成功两笔，运气差可能一次也挖不出。那么，如果他将这 1 万个币分成 100 笔或者更多？苹果币区块链理论值是每天打包 1440 个块，如果该矿工币龄足够分散，分散到币龄时间和出块时间匹配（每隔 1 min 进行转账创造一个矿工），那么 8 h 后，他的钱包可能会陆陆续续地获得挖矿收入。将资产分散挖矿的决策虽然弱化了单个矿工的能力，但同时增加了矿工数目，获取了更多的竞争次数。因此，在 PoS 中，如何分配自己持有的资产来获取更多收益，也是一项比较有趣的思考。

简单来说，PoS 就是一个根据用户持有货币的多少和时间（币龄）发放利息的制度。在现实中最典型的例子就是股票或者银行存款。如果用户想获得更多的货币，就打开客户端，保持在线，就能通过获得“利息”获益，同时保证网络的安全。

可以看出，PoS 的优点主要如下。

（1）节能。不需要大量耗费电力和能源来挖矿。

（2）更去中心化。去中心化是相对的。相对于比特币等 PoW 类型的“加密货币”，PoS 机制的“加密货币”对计算机硬件基本上没有过高要求，人人可挖矿（获得利息），不用担心算力集中导致中心化的出现（单用户通过购买获得 51%的货币量，成本更高），网络更加安全有保障。

（3）避免紧缩。PoW 机制的“加密货币”，用户丢失等各种原因，可能导致通货紧缩，但 PoS 机制的“加密货币”按一定的年利率新增货币，可以有效避免紧缩出现，保持基本稳定。比特币之后，很多新币采用 PoS 机制，采用工作量证明机制的旧币也纷纷修改协议，“硬分叉”升级为 PoS 机制。

PoS 是依据权益结余来选择的，这样导致首富账户的权利更大，有可能支配记账权。因此，PoS 机制的“加密货币”，信用基础还不够牢固。为解决这些问题，很多系统采用 PoW+PoS 的双重共识机制，通过 PoW 挖矿发行“加密货币”，使用 PoS 维护网络稳定；或者采用 DPoS 机制，通过社区选举的方式，以增强信任。

4.2.2.4　DPoS

股份授权证明机制（Delegated Proof of Stake，DDoS）是比特股（Bitshare）最先引入的。

比特股首次提出了去中心化自治公司（DAC）的理念，其软件目的就是用于发布 DAC。这些无人控制的公司发行股份，产生利润，并将利润分配给股东。实现这一切不需要信任任何人，因为每件事都是被硬编码到软件中的。通俗点讲就是：比特股创造可以盈利的公司（股份制），股东持有这些公司的股份，公司为股东产生回报，无须挖矿。

对于 PoS 机制的“加密货币”，每个节点都可以创建区块，并按照个人的持股比例获得利息。而比特股采用的 DPoS 引入了见证人这个概念，见证人是由持股人选举出来的可信账户，他们可以生成区块。

为了成为见证人，用户要去社区拉票，获得足够多用户的信任。用户根据自己持有的“加密货币”数量占总量的百分比来投票。得到总同意票数中的前 N（N 通常定义为 101）个候选者可以当选为见证人。这个 N 的设定需满足：至少一半的参与投票者相信 N 已经充分地去中心化。

见证人的候选名单每个维护周期（一天）更新一次。选举完成后，见证人随机排列，每个见证人按序有 2 s 的权限时间生成区块，若见证人在规定时间片中不能生成区块，那么这个权限交给下一个时间片对应的见证人。

DPoS 充分利用了持股人的股票，以公平民主的方式达成共识。他们投票选出的这 N 个见证人可以理解为 N 个矿池，而这 N 个矿池彼此的权利是完全相等的。持股人可以随时通过投票更换这些见证人（矿池），如果他们提供的算力不稳定、计算机宕机或者试图利用手中的权力作恶，他们就会立刻被愤怒的选民踢出整个系统，而后备代表可以随时顶上去。

比特股还设计了另一类竞选——代表竞选。选出的代表拥有提出改变网络参数的特权，包括交易费用、区块大小、见证人费用和区块区间。若大多数代表同意所提出的改变，持股人有两周的审查期，这期间可以罢免代表并废止所提出的改变。这一设计确保了代表在技术上没有直接修改参数的权利，并且所有网络参数的改变最终需要得到持股人的同意。

DPoS 的优点如下。

（1）能耗更低。DPoS 机制将节点数量进一步减少到 101 个，在保证网络安全的前提下，整个网络的能耗进一步降低，网络运行成本最低。

（2）更加去中心化。目前，对于比特币而言，个人挖矿已经不现实，比特币的算力集中在几个大的矿池手中，每个矿池都是中心化的，就像 DPoS 的一个受托人，因此 DPoS 机制的“加密货币”更加去中心化。PoS 机制的“加密货币”（如未来币）要求用户开着客户端，事实上用户并不会天天开着计算机，因此真正的网络节点是由几个股东保持的，去中心化程度也不能与 DPoS 机制的“加密货币”相比。

（3）更快的确认速度。例如，亿书使用 DPoS 机制，每个块的时间为 10 s，一笔交易（在得到 6~10 个确认后）大概 1 min，一个完整的 101 个块的周期大概仅需要 16 min。而比特币（PoW 机制）产生一个区块需要 10 min，一笔交易完成（6 个区块确认后）需要 1 h。点点币（PoS 机制）确认一笔交易大概也需要 1 h。

而 DPoS 的缺点如下。

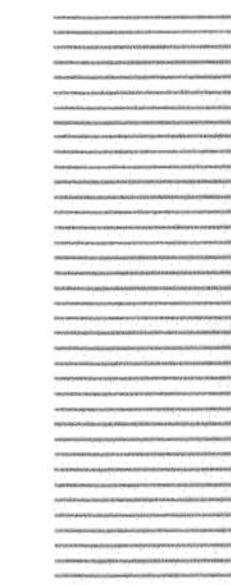

（1）投票的积极性不高。绝大多数持股人（90%以上）从未参与投票。这是因为投票需要时间、精力以及技能，而这恰恰是大多数投资者所缺乏的。

（2）对于坏节点的处理存在诸多困难。社区选举不能及时有效地阻止破坏节点的出现，给网络造成安全隐患。

4.2.2.5 PoA

如果想用以太坊搭建一个联盟链或私有链，并要求该链交易成本更低甚至没有、交易延时更低、并发更高，还拥有完全的控制权（意味着被攻击概率更低）。根据之前介绍的 PoW 和 PoS 的优缺点分析，能够得到并不适合这种联盟链和私有链的场景，因此，接下来介绍一种适用于联盟链和私有链场景的权威证明共识机制（Proof of Authority，PoA）。

PoA 是一种利用高信任度降低延时的算法，原理相对简单：网络中分为普通节点和小部分权威节点，普通节点在满足某些条件之后被认证为权威节点（Signer），如身份认证，由这些权威节点负责维持区块链数据。具体来讲，PoA 是依靠预设好的权威节点，负责产生区块。每一个节点都有可能成为权威节点，所以他们会积极地争取权威节点的地位。通过在权威节点上附加一个声誉的概念，激励权威节点维护交易过程，因为他们不希望自己的声誉受到负面影响，这比 PoS 更有活力。同时，新权威节点的加入可以由已授权的权威节点进行选举，投票超过 50%则可加入。即使存在恶意权威节点，他最多只能攻击（权威节点数目 /2）+ 1 个连续块中的 1 个，期间可以由其他权威节点投票踢出该恶意权威节点。

具体地，PoA 的工作流程如下。

（1）在创世块中指定一组初始授权的权威节点，所有地址都保存在创世块 Extra 字段中。

（2）启动挖矿后，该组权威节点开始对生成的 block 进行签名并广播。

（3）签名结果保存在区块头的 Extra 字段中。

（4）Extra 字段中更新当前高度已授权的所有权威节点的地址，因为可能有新加入或踢出的权威节点。

（5）每一高度都有一个权威节点处于 IN-TURN 状态，其他权威节点处于 OUT-OF-TURN 状态，处于 IN-TURN 状态的权威节点签名的区块会立即广播，处于 OUT-OF-TURN 状态的权威节点签名的区块会延时一点随机时间后广播，保证

IN-TURN 状态的签名区块有更高的优先级上链。

（6）如果需要加入一个新的权威节点，权威节点通过 API 接口发起一个 Proposal，该 Proposal 通过复用区块头 Coinbase（新权威节点地址）和 Nonce（“0xffffffffffffffff”）字段广播给其他节点。所有已授权的权威节点对该新权威节点进行“加入”投票，如果赞成票超过权威节点总数的 50%，表示同意加入。

（7）如果需要踢出一个旧的权威节点，所有已授权的权威节点对该旧的权威节点进行“踢出”投票，如果赞成票超过权威节点总数的 50%，表示同意踢出。

在具体实现时，以太坊希望既将新的共识作为一个可选的设定，又不影响原本 PoW 的使用。因此 PoA 在区块链的数据结构上修改不大，稍有区别，主要体现在 Header 结构，如表 4-2 所示。

表 4-2　PoW 与 PoA 对比

字段	PoW	PoA
Coinbase	挖矿奖励地址	新权威节点的地址
Nonce	随机数	提名分类，增加或删除
Extra	其他数据	存储当前高度已经授权的权威节点集合
Difficulty	挖矿难度	权威节点优先级（1 或 2），同一区块高度只能有一个权威节点的优先级 2

4.2.3　其他共识算法

在实际应用中，许多项目根据自己节点的需求和特点来设计自身的共识算法。下面介绍几个比较有名的机制。

4.2.3.1　恒星共识协议

与 PBFT 算法类似。恒星共识协议（Stellar Consensus Protocol，SCP）是基于联邦拜占庭协议（Federated Byzantine Agreement）改进而成，同样解决了拜占庭容错问题。SCP 通过节点自行选择仲裁片区（Quorum Slice）来达成共识，增减节点非常灵活，网络效率也很高，采用只有达成共识才写账本的方法，因此没有等待确认的时间。它的网络容错上限同样为 33%，其性能可以作为 PBFT 的参考。

4.2.3.2 瑞波共识机制

瑞波（Ripple）是一种基于互联网的开源支付协议，可以实现去中心化的货币兑换、支付与清算功能。在 Ripple 的网络中，交易由客户端（应用）发起，经过追踪节点（Tracking Node）或验证节点（Validating Node）把交易广播到整个网络中。追踪节点的主要功能是分发交易信息以及响应客户端的账本请求。验证节点除包含追踪节点的所有功能外，还能够通过共识协议，在账本中增加新的账本实例数据。图 4-2 是 Ripple 共识过程中节点交互示意。

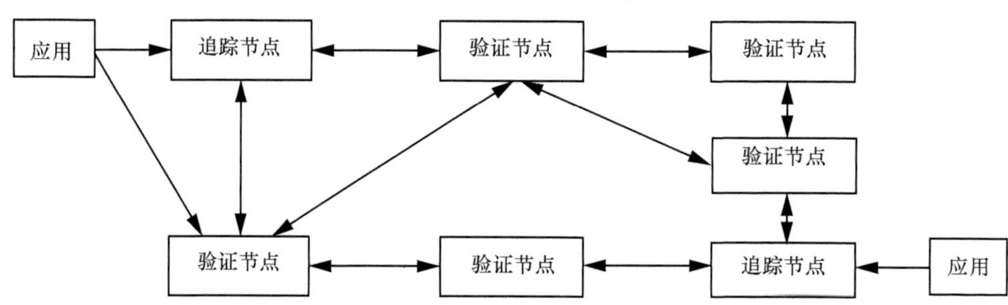

图 4-2 Ripple 共识过程节点交互示意

Ripple 的共识达成发生在验证节点之间，每个验证节点都预先配置了一份可信任节点名单，称为 UNL（Unique Node List），在名单上的节点可对交易达成进行投票。每隔几秒，Ripple 网络将进行如下共识过程。Ripple 共识算法流程如图 4-3 所示。

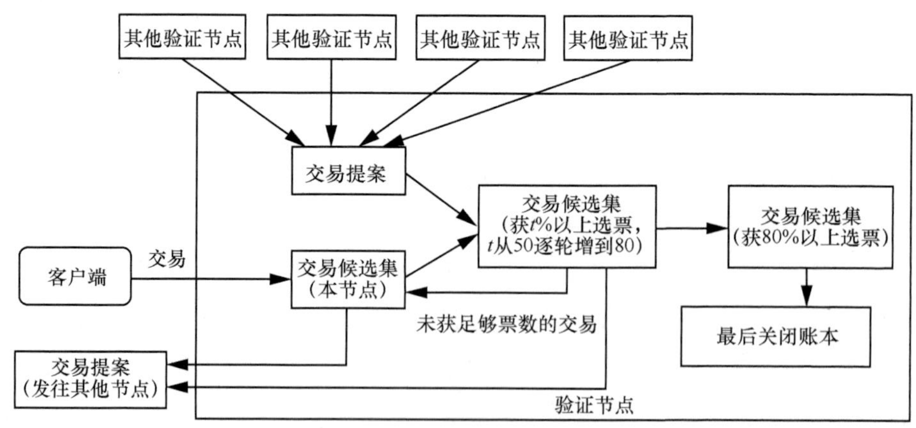

图 4-3 Ripple 共识算法流程

（1）每个验证节点会不断收到从网络发送过来的交易，通过与本地账本数据验证后，不合法的交易直接丢弃，合法的交易将汇总成交易候选集（Candidate Set）。交易候选集中还包括之前共识过程无法确认而遗留下来的交易。

（2）每个验证节点把自己的交易候选集作为提案发送给其他验证节点。

（3）验证节点在收到其他节点发来的提案后，如果不是来自 UNL 上的节点，则忽略该提案；如果是来自 UNL 上的节点，则对比提案中的交易和本地的交易候选集，如果有相同的交易，该交易就获得一票。在一定时间内，当交易获得超过 50%的票数时，该交易进入下一轮。没有超过 50%的交易，将等待下一次共识过程确认。

（4）验证节点把超过 50%票数的交易作为提案发给其他节点，同时提高所需票数的阈值到 60%，重复步骤 3 和步骤 4 直到阈值达到 80%。

（5）验证节点把经过 80%的 UNL 节点确认的交易正式写入本地的账本数据中，称为最后关闭账本（Last Closed Ledger），即账本最后（最新）的状态。

在 Ripple 的共识算法中，参与投票节点的身份是事先知道的，因此，算法的效率比 PoW 等匿名共识算法要高，交易确认时间只需几秒。当然，这点也决定了该共识算法值适合于权限链（Permissioned Chain）的场景。Ripple 共识算法的拜占庭容错（BFT）能力为（$n-1$）/5，即可以容忍整个网络中 20%的节点出现拜占庭错误而不影响正确的共识。

4.2.3.3　小蚁共识机制

小蚁（NEO）是基于区块链技术，将实体世界的资产和权益进行数字化，通过点对点网络进行登记发行、转让交易、清算交割等金融业务的去中心化网络协议。小蚁可以被用于股权众筹、P2P 网贷、数字资产管理、智能合约等领域。

小蚁共识机制 dBFT 使运行小蚁协议的各节点能够对当前区块链状态达成一致意见。通过股权持有人投票选举来决定记账人及其数量；被选出的记账人完成每个区块内容的共识，决定其中所应包含的交易。

小蚁的记账机制被称为中性记账。PoW/PoS/DPoS 解决谁有记账权的问题，而中性记账则侧重于解决如何限制记账人权利的问题。在中性记账的共识机制下，记账人只有选择是否参与的权利，而不能改变交易数据，不能人为排除某笔交易，也不能人为对交易进行排序。

小蚁的中性记账区块链可以做到：

（1）每 15 s 产生一个区块，优化后有望达到小于 5 s；

（2）单个记账人不能拒绝包含某笔交易进入当前区块；

（3）每个确认由全体记账人参与，一个确认就是完全确认；

（4）结合超导交易机制，记账人不能通过构造交易来抢先成交谋利。

小蚁股权持有人可以发起选举记账人交易，对所选择数量（1~1024 个）的候选记账人进行投票支持。一般认为，记账人应当实名化，候选记账人应当通过其他信道提供能证明其真实身份的数字证书。

小蚁协议实时统计所有投票，并计算出当前所需记账人的人数和记账人名单。为确定所需记账人数，将所有选票按支持人数排序，按所持小蚁股权的权重取中间的 50%，然后计算平均值。当人数不足最低标准时，启用系统预置的后备记账人来顶替。所需记账人数确定后，按由高到低的得票数确定记账人名单。

我们以区块随机数的生成来了解小蚁共识机制。每个区块生成前，记账人之间需要协作生成一个区块随机数。小蚁使用沙米尔秘密共享方案（Shamir's Secret Sharing Scheme，SSSS）来协作生成随机数。

根据 SSSS 方案，可以将密文 S 生成 N 份密文碎片，持有其中的 K 份，就能还原出密文 S。小蚁记账人（假设为 N+1 个）之间通过以下 3 步对随机数达成共识。

（1）自选一个随机数，将此随机数通过 SSSS 方案生成 N 份碎片，用其他 N 个记账人的公钥加密，并广播。

（2）收到其他 N 个记账人的广播后，将其中自己可解密的部分解密，并广播。

（3）收集到至少 K 份加密文件后，解出随机数；获得所有记账人的随机数后，合并生成区块随机数。

区块随机数由各个记账人协同生成，只要有一个诚实的记账人参与其中，那么随便其他所有记账人合谋，也无法预测或构造此随机数。

在上述区块随机数生成的第一步广播中，记账人同时广播其认为应该写入本区块的每笔交易的散列值。其他记账人侦听到广播后，检查自己是否有该交易散列值的对应数据，如没有，则向其他节点请求。

当区块随机数产生后，每个记账人合并所有第一步广播中的交易（剔除只有散列值但无法获得交易数据的交易），并签名。获得 $\frac{2}{3}$ 记账人的签名，则本区块完成；否则，共识失败，转回随机数共识的第一步，再次尝试。

4.2.3.4　有向无环图

区块链的出块、同步以及回放机制都是检查点同步的过程，而该过程从 PoW、PoS 甚至 DPoS 来看都是一种同步操作。因此，区块链的链式结构中，使用账本同步机制实现的共识算法为检查点式同步持久化策略。而 IOTA 提出的 DAG 模式，以及近期依据 DAG 思路所提出的一系列变种，则采用异步持久化策略。

DAG 与链式结构的本质区别在于异步与同步通信。在前文中已经讨论过链式结构的本质等同于数据库事务日志，而出块操作则为检查点操作，因此链式结构体系可以看作是定期同步检查点的数据库事务同步机制。而 DAG 则通过将事务操作进行异步处理来增加网络吞吐量，采用谣言传播算法在节点间发送操作日志，并通过某种机制将一个权重赋给该操作。

相比同步操作的链式结构，DAG 结构与任何异步机制一样，能够带来吞吐量的提升，但同时也带来无法有效预测交易被确认时间与周期的问题。

同时，IOTA 架构对于 DAG 的实现机制更会导致几个额外问题。

（1）在对历史交易验证时采用随机方式，而没有任何先后规则，那么有可能产生某些交易在极端情况下没有任何其他节点对其验证，从而永远不会被确认。

（2）为了追踪每一笔交易与之前交易的关系，整个 DAG 图谱需要被随时检索和访问。在一个较大规模的系统中，其交易图谱溯源会非常复杂，几乎不可能被全部保存在内存中以进行实时更新。而如果将这些数据保存在磁盘上，那么实时刷新每个 Tangle 的权重会造成大量随机 I/O（也许可以通过大量部署 SSD 解决），导致极大的性能问题。

（3）由于采用谣言传播的方式将每一笔交易广播到网络中的其他节点，随着网络中节点数的增加（IOTA 结构中可能会有百亿级别的设备节点，而非链式结构中几万个全账本节点），整个网络中的通信量会呈指数级上升。因此，IOTA 宣称其异步机制能够大幅度提升网络流量，但忽略了该体系需要在网络中传播的数据量远超链式结构，因此在一个具有大量节点的网络中是否能够达到优秀的传输速度需要仔细评估。

（4）IOTA 宣称每个设备节点既作为验证节点又作为交易的发起节点，对接入 IOTA 的设备硬件处理能力要求较高。一般来说，类似智能电表、高速公路线圈等设备使用 LoRa 等 LPWAN 协议进行通信，设备本身基本不具备任何计算能力。因此，IOTA 才尝试通过软硬件一体化的方式将这些复杂逻辑写入芯片，并与其他设备进行集成。

如今，从 DAG 衍生出一些其他数据结构（如散列树等），基本上只是在存储方式上有一些特定的优化，但整体上与 DAG 所带来的问题保持一致。DAG 的异步数据分发思路完全可以与链式结构相辅相成。在一些完全可以接受部分数据丢失或最终一致性的非支付类业务中，采用受限（避免出现网络风暴）的谣言传播算法能够有效提升吞吐量，但其无法满足类似支付结算等需要实时性与一致性较高的业务场景。

总之，DAG 与链式结构相比创新不足，其优势在于用异步通信理念替换传统的同步检查点机制，以期望提升设备的响应速度。但几个核心问题对其在物联网交互与结算领域能否真正得到大规模应用，提出了不小的挑战。

4.2.4 小结

近年来，随着区块链技术得到广泛关注，共识算法也被越来越多的人学习和研究。作为区块链的重要组成部分，共识算法体现着区块链系统的性能与功能。目前，新的共识方式层出不穷，经分析与总结，该技术呈现如下几个发展趋势。

1. **证明方式多样化**

早期的工作量证明、权益证明方式存在资源浪费、节点积极性不高的问题。研究者出于降低“挖矿”竞争的成本或是提高资源利用率、增加应用场景等目的，开发出了时间证明（Proof of Time）（Chrono Logic 使用）、存储证明（Proof of Store）、存在证明（Proof of Existence）、贡献证明（Proof of Contribution）（以太雾使用）、有效流量证明（Proof of Flow）（yoyow 使用）、品味证明（Proof of Taste）（steemit 使用）、概念证明（Proof of Concept）、消逝时间量证明（Proof of Elapsed Time）（超级账本“锯齿湖”使用）等机制。新的证明方式仍会层出不穷，但在设计共识算法中，需要考虑的关键一点是要做到挖矿权足够分散，增加攻击者掌握大部分竞争力的难度，减少单个节点或组织改写区块链的可能。这样，才能有效防范双花，保证系统的安全与稳定。

2. **证明方式混合化**

PoW 的威胁来自拥有高算力的矿场，而 PoS 的安全隐患是活跃的大股东，二者的共同特点是决定挖矿权的算力或权益被少部分人所控制。为增加攻击难度，研究者提出是否可以尝试将 PoW 与 PoS 混合，这样，如果想发动 51%攻击，恶意节点就需掌握大部分的算力和大部分的股权。这是一个相对难以达成的条件，如果真有人做到这点，那么整个区块链系统也会因过高的中心化而失去价值。理论上，混合模式具有独特优势，但目前成熟项目不多。

3. 中心化共识需求增多

公有链中，任何人都可加入并维护一个节点，公平地享有全部数据。但在涉及企业或组织内部信息的情况下，联盟链或私有链无疑是更好的选择。由于这两种链中节点是联盟成员或企业内部提供，可信度有一定保证。因此，在设计共识算法时，可以免去中间选举、验证或竞争挖矿权等过程。例如，瑞波和 PoA 共识虽然加入了选举机制，但不作为必要流程，共识节点完全可以由组织内部指定，节点间依据共同规则轮流生成区块。这些算法具有一定的中心化程度，若用于公有链中，必然会因其不公平性而受到质疑。但在不需要彻底去中心化的联盟链中，由于简化了共识流程，此类算法会普遍表现出优于公有链算法的性能。随着企业对联盟链或私有链需求的增多，中心化的共识算法也会得到相应的关注和发展。

4. 研究合理的激励措施

区块链中往往会引入激励机制来处理技术上的难题，如公有链的安全依赖于大量节点的维护，于是加入激励机制来调动用户积极性；如用于解决区块链存储问题的 IPFS 技术，也是结合激励机制来鼓励用户协助存储数据碎片，才得以形成一个完整的项目 Filecoin。因此，如果能结合共识的具体过程，设计合理的激励措施，在实际运行中往往会达到事半功倍的效果，对系统的安全与延续也会有积极作用。此外，研究者对于联盟链中是否需要内部代币一直存在争论，我们认为在一些信任度不完全的联盟中，加入代币概念来实施奖惩功能是有必要的。而联盟链中若采用有一定中心化的共识，节点间不设竞争而用设定的顺序生成区块。此种情况下，怎样加入合理的激励措施就成了问题。通过大家的不断探索，相信以后会有适合联盟链激励的解决方案。

第5章 区块链成熟应用项目

近几年来区块链技术的发展历程可分为3个阶段：以转账、汇款等数字货币支付为特征的区块链1.0阶段；融入“可编程”模式的区块链2.0阶段；作为价值互联网内核的区块链3.0阶段。3个阶段分别以比特币（Bitcoin）、以太坊（Ethereum）、超级账本（HyperLedger）作为代表，3个项目社区始终保持极高的活跃度，基于平台的二次开发应用快速迭代。本章详细介绍闪电网络、以太坊、超级账本等区块链项目的技术架构和细节。

在《区块链：新经济蓝图及导读》一书中，作者 Melanie Swan 提出了一个按区块链应用范围和发展阶段来划分的概念，即把区块链应用分为区块链 1.0、2.0、3.0 这 3 个阶段。

1. **区块链** 1.0

中本聪的设计开创了区块链在“数字货币”的应用，也就是转账、汇款等数字化支付相关的密码学“货币”的应用，称为区块链 1.0。虽然问题重重，包括价格的剧烈波动、数量上限可能导致的通货紧缩等，但其仍然是区块链技术最成功的应用，区块链 1.0 起点很高，但路途可能是最遥远的，因为要连起这样一个全球的区块链网络，需要所有个人和机构的共同参与才能达成。随后，基于比特币网络交易速度慢、账户容易被跟踪等问题，有一些改进的区块链技术，如闪电网络、隔离见证、零知识证明等算法。闪电网络通过在比特币上建立支付通道，由网关进行清算的方式将比特币网络的交易能力理论上扩展到无限大。隔离验证将交易的交易签名从区块中隔离出来以增加区块处理的交易大小。零知识证明在保证交易合法性的同时将用户账户隐藏起来，减小了账户被追溯的可能性，实现完全的匿名化。

区块链 1.0 是以比特币为代表的“数字货币”应用，区块链 1.0 典型架构如图 5-1 所示，其关键技术和典型特征如下。

（1）以区块为单位的链状数据块结构：区块链系统各节点通过一定的共识机制选取具有打包交易权限的区块节点，该节点将新区块的前一个区块的散列值、当前时间戳、一段时间内发生的有效交易及其梅克尔树根值等内容打包成一个区块，向全网广播。

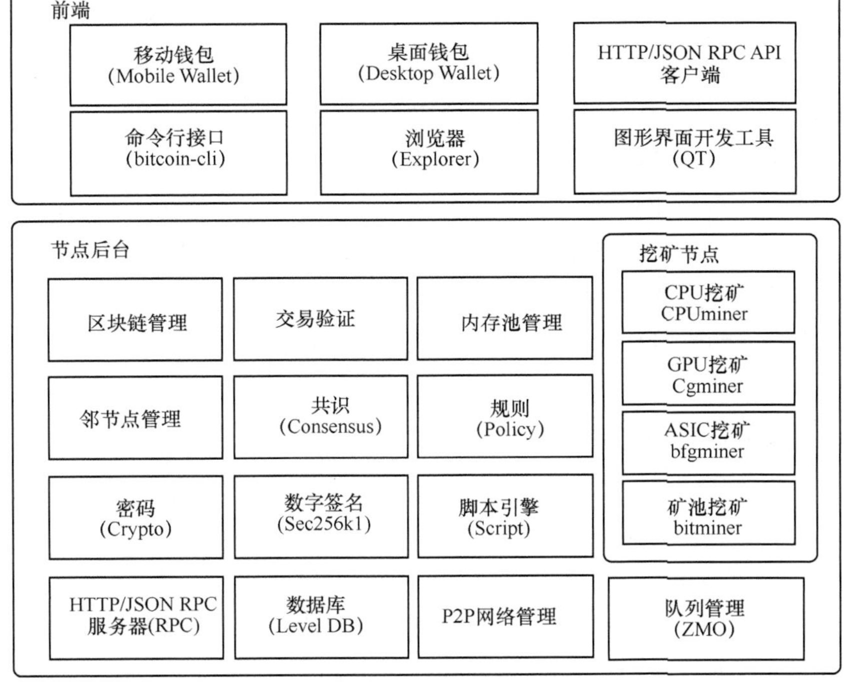

图 5-1　区块链 1.0 典型架构（比特币）

（2）全网共享账本：在区块链网络中，每个节点都会存储全网发生的历史交易记录的完整、一致账本。因此，对个别节点账本数据的篡改、攻击不会影响全网总账的安全性。

（3）非对称加密：存储在区块链上的交易信息是公开的，但账户身份信息是高度加密的，只有在数据拥有者授权的情况下才能访问到，从而保证了数据的安全和个人的隐私。

（4）源代码开源：区块链网络中设定的共识机制、规则等可以通过一致的、开源的源代码进行验证。

2. **区块链 2.0**

早在比特币创建之初，中本聪就考虑让区块链技术具有可编程的特征，从而可以支持多种交易类型。以此为出发点，区块链技术的应用范围超越了“数字货币”，通过与智能合约相结合，区块链 2.0 可用来注册、确认和转移各种不同类型的资产，从而更宏观地对整个市场去中心化。2013 年，Vitalik Buterin 创立发明以太坊，将智能合约的概念带到大众视野，极大扩展了区块链技术的应用范围。智能合约是一

种满足条件后可以自主执行合约操作并产生可被验证证据的计算机程序。区块链 2.0 的核心理念是把区块链作为一个可编程的分布式信用基础设施，支撑智能合约的应用，构建去中心化的市场；与过去仅把区块链作为一个“虚拟货币”交易支撑平台区分开。该阶段典型“数字货币”就是以太坊，以太坊在其区块链上实施了一种近乎图灵完备的语言，构建了一个突出的智能合约框架。以太坊仍然使用 PoW 共识算法，此时开始出现 PoS、DPoS 共识算法，这些算法解决了 PoW 算法高耗能的问题。以太坊已经在尝试从 PoW 过渡到 PoS，以提高区块链交易速度。

区块链 2.0 的典型架构如图 5-2 所示，其关键技术和典型特征如下。

（1）智能合约：旨在以信息化方式传播、验证或执行合同的计算机协议。智能合约允许在没有第三方的情况下进行可信交易。这些交易可追踪且不可逆转。以太坊在其区块链上实施了一种近乎图灵完备的语言，是一个突出的智能合约框架。

（2）虚拟机：2.0 项目中为执行智能合约而加入的模块。

（3）闪电/雷电网络：可提升交易速度，降低区块链的负担，提高可扩展性。

（4）账户：以比特币为代表的 1.0 项目中，往往不设置账户概念，所有的余额都是一笔笔未花费交易（Unspent Transaction Output, UTXO）。而 2.0 中为了增加智能合约，需要设定账户对合约进行记录，以及配合合约完成状态转移。

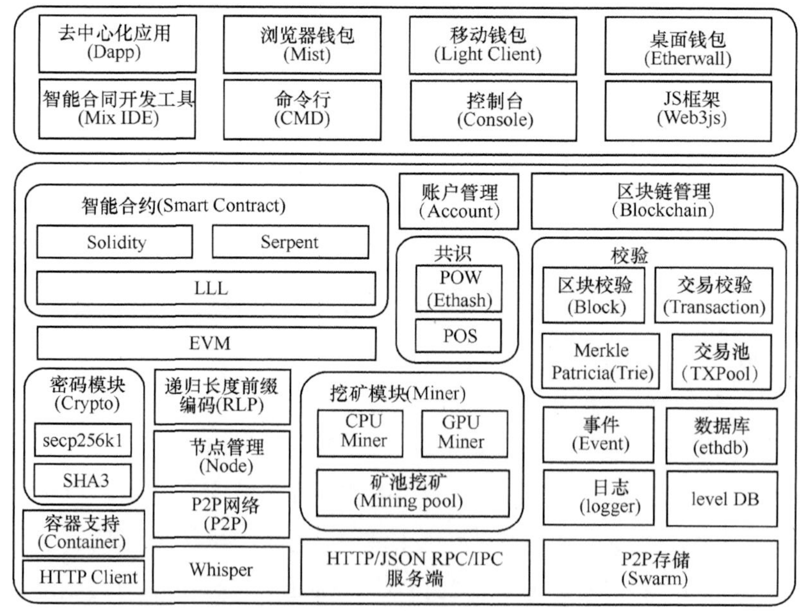

图 5-2　区块链 2.0 的典型架构（以太坊）

3. **区块链** 3.0

区块链 3.0 是价值互联网的内核，价值互联网的核心是由区块链构造一个全球性的分布式记账系统，它不仅能够记录金融业的交易，还几乎可以记录任何有价值的能以代码形式进行表达的事物，如对共享汽车的使用权、信号灯的状态、出生和死亡证明、结婚证、教育程度、财务账目、医疗过程、保险理赔、投票、能源。因此，随着区块链技术的发展，其应用能够扩展到任何有需求的领域，包括审计公证、医疗、投票、物流等领域，进而到整个社会。区块链 3.0 已有很多案例，但目前还没有类似以太坊这种广泛而成熟的应用平台。

2015 年底，Linux 基金会成立了超级账本开源项目，旨在推动各方合作，共同打造基于区块链的企业级分布式账本底层技术，用于构建支撑业务的行业应用和平台。截至目前，超级账本项目已汇集了 IBM、Intel、摩根大通、富国银行等 100 多家公司，成为最大的区块链开源项目，也是大企业领衔的商业化联盟链项目。在超级账本中，第一个孵化的项目是由 IBM 主导的 HyperLedger Fabric 开源项目，该项目的设计主要针对联盟链中的金融资产管存、公司行为、供应链、主数据管理及分享经济等用例，设计已接近区块链 3.0 架构（如图 5-3 所示）。

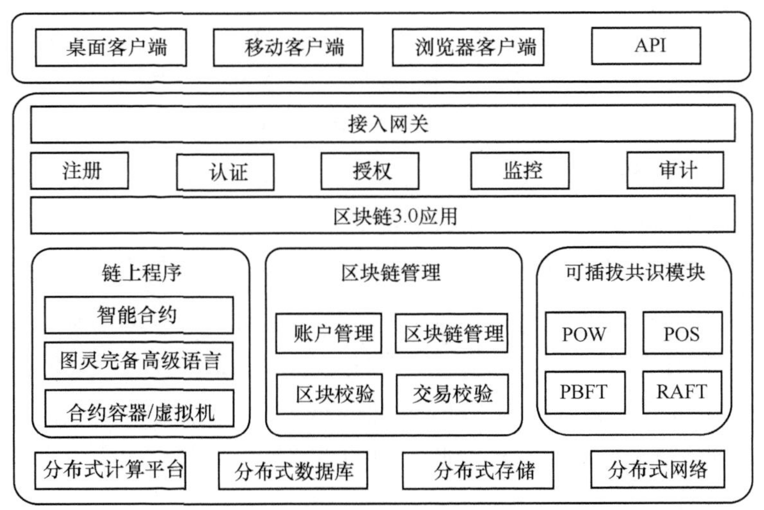

图 5-3　区块链 3.0 典型架构（Fabric）

从行业的角度观察，现阶段区块链在全球范围内票据、证券、保险、供应链、存证、溯源、知识产权等十几个领域有了成功案例，部分已经进入了实践阶段。不

仅独立开发商，国际国内多家大的金融机构、银行、传统企业，无论是自己进行研发，还是和第三方合作，也纷纷建立自己的区块链项目，不难看出，区块链技术的行业应用趋势异常火爆。

从 2008 年中本聪提出的第一个基于区块链的“虚拟货币”——比特币开始，到如今相似类型的“虚拟币”层出不穷，如莱特币、狗狗币、点点币等。可以说，区块链 1.0 的整体框架还是相对简单，相关应用已经发展得比较成熟，甚至出现了一些 1.0 阶段无法克服的瓶颈。这就引发了人们对区块链 2.0 阶段的探索，目前普遍认同的 2.0 对 1.0 的改进在于：区块链 2.0 更图灵完备，相比起来，1.0 的应用中协议相对简单，只能执行有限的指令；区块链 2.0 支持自主设定的、复杂的智能合约，而 1.0 不支持。因此，相比 1.0 应用定位的单一，2.0 阶段的区块链应用可以用于更多的场景。下面介绍几个区块链应用的典型案例。

5.1 闪电网络

作为区块链 1.0 的代表，比特币可以说是如今最成熟的“数字货币”系统。无须中心机构，用户就可以相互交易，实现对商品和服务的购买。但作为一个支付系统，比特币仍存在一些缺陷。例如，由于区块有 1 MB 大小的限制，这就要求比特币网络中平均每秒只能有 7 笔交易，统计下来全年的吞吐量大约 2.2 亿笔，这显然难以满足现实“货币”系统应用的需求；此外，每笔交易要等待一定时间后才能确认，由此引起的时间成本也是个不容忽视的问题。

针对以上这些问题，闪电网络（Lightning Network）应运而生。它由 Joseph Poon 和 Tadge Dryja 首先提出，被认为是比特币自创立以来最重要的革新。用户既可以通过点对点的直接支付方式，也可以通过网络路由的方式实现间接支付。闪电网络并没有发明新的加密形式或脚本，却巧妙地实现了离线支付的功能。在其他“加密货币”（如以太币）系统中，也按照类似的原理实现了被称为雷电网络（Raiden Network）的离线支付方案。

闪电网络是基于微支付通道演进而来的，创造性地设计出了两种类型的交易合约：序列到期可撤销合约（Revocable Sequence Maturity Contract，RSMC）和散列时间锁定合约（Hashed Timelock Contract，HTLC）。

RSMC 解决了通道中币单向流动问题，HTLC 解决了币跨节点传递的问题。这两个类型的交易组合构成了闪电网络，下面主要介绍用户通过闪电网络是如何进行交易的。

5.1.1　RSMC 的创建

闪电网络的基础是交易双方之间的双向微支付通道，RSMC 定义了双向微支付通道的最基本工作方式。实际上，在闪电网络提出之前，支付通道（Payment Channel）的概念就已经出现了。支付通道可以实现某些特定场合的离线交易，但仅支持单向支付，只能不断地把钱从消费者转到商户。闪电网络对支付通道进行了扩展，实现了无须信任第三方的双向支付通道。

首先，我们创建一个这样的双向支付通道。假设 Alice 和 Bob 是合作方，经常有比特币往来，因此他们创建了一个“微支付通道”（资金池）。这个通道可以由参与双方共同发起一个交易来建立，交易的输出是个双重签名的地址。双方都预存一部分资金到“微支付通道”中，之后每次交易，就对交易后的资金分配方案共同进行确认，同时签字作废旧的版本。

假设最初 Alice 往通道中支付了 2 BTC，Bob 支付了 3 BTC，那么它们将形成一个如图 5-4 所示的交易。

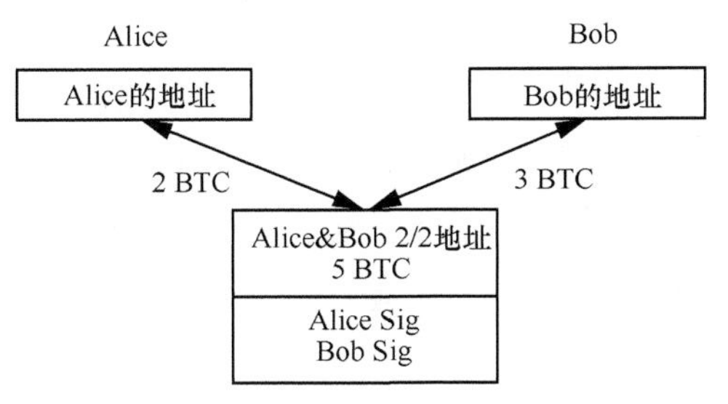

图 5-4　最初交易形式

可以看到，输出地址拥有 5 个比特币的未花费输出（UTXO）。由于该地址是二分之二（2-of-2）的多重签名地址，因此需要 Alice 和 Bob 两个人同时签名才可以使用该地址上的比特币。这个交易被称为支付通道的“首次交易”（Funding Transaction），主要为后续的合约作基础。这个“首次交易”在建立之初是不会给其签名的，以防止被想作恶的一方劫持，使“货币”无法被任何一方花费。

当 Alice 和 Bob 通过支付通道进行交易时，他们可以创建链下的离线交易来更改通道的离线余额，这个交易被称为“承诺交易”（Commitment Transaction）。现在 Alice 要支付 1 BTC 给 Bob，这样，比特币分配就从原来的 Alice 2 BTC，Bob 3 BTC 变为 Alice 1 BTC，Bob 4 BTC。他们需要构造如图 5-5 所示的交易来表现这笔余额变动。

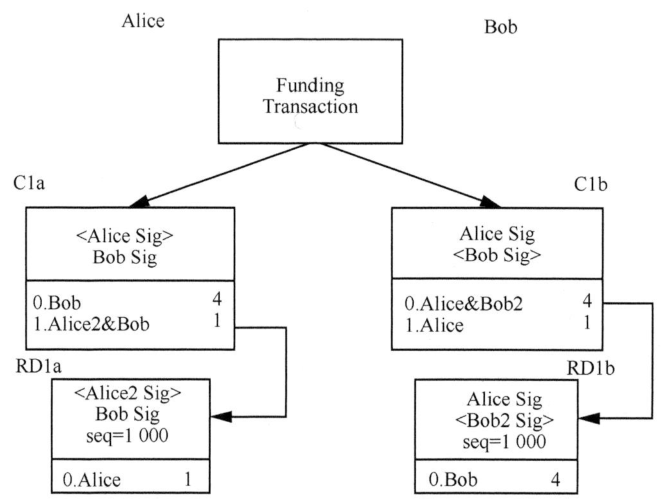

图 5-5　余额变动交易

如图 5-5 所示，Alice 构造的承诺交易为 C1a 和 RD1a，承诺交易整体的输入为“首次交易”，C1a 的一个输出为给 Bob 的 4 BTC，另一个输出为多重签名地址，这个地址需要 Alice 的另一把私钥 Alice2 和 Bob 的 2-of-2 多重签名。

Bob 也构建一个类似的交易，不同的是，C1b 的输出为给 Alice 的 1 BTC 和给多重签名地址的 4 BTC，这个多重签名地址是 Alice 和 Bob 的另一把密钥 Bob2 的 2-of-2 多重签名。

需要说明的是，在这个交易建立之前，Alice 和 Bob 首先随机生成新的密码，作为承诺交易中多重签名地址的私钥（本例中是 Alice2 和 Bob2）。这个私钥的散列值作为公钥可以让对方提前得知并写入输出脚本中。

RD1a 为 C1a 中输出为多重地址的花费交易，输出给 Alice-1 BTC，但此类型交易带有 sequence，作用是阻止当前交易封装进块，只有新生成 1000 个确定区块后才能写入。同理，Bob 构造的交易 C1b 中也有 RD1b 起同样作用。

为什么要设置 RD1a 与 RD1b？在闪电网络的设定中，比特币的流转变动主要

体现在交易双方更新各自持有的交易上，本例中 Alice 和 Bob 如有新的交易，他们会更新自己的 C1a 和 C1b 为 C2a 和 C2b（具体细节后面会讲）。闪电网络鼓励这种链下的交易方式，因为可以在一定程度上减少链上交易量，从而降低链的负担。但是，闪电网络要确保交易双方可以随时提现，这个过程才涉及区块链。只要有一方广播自己最新的交易，另一方就可以为此交易签名完善，从而写入链中确认。例如，Bob 在和 Alice 第一次交易后，他认为没有后续交易的需要，那么他就可以广播自己持有的 C1b 请求提现。Alice 看到 C1b，确认交易信息无误后，她就可以为此交易签名，然后立即得到她的 1 BTC。而发起方 Bob 在等待 1000 个区块后才能得到他的 4 BTC，这也作为违背闪电网络初衷的惩罚机制。随着交易 C1b 被写入区块中，这条支付通道也同时关闭，如果 Alice 和 Bob 想创建新的上述通道，那么他们需要从设立新的 Funding Transaction 开始。

对于将闪电网络的交易广播在链上的方式，还有一个版本。我们写的版本是根据查看原始论文而来，由于没有实际验证，因此将另一个版本也写在这里。交易广播的另一种说法是，在 C1a 和 C1b 创建好后，Alice 和 Bob 先将这两个交易互换，让对方查看并签名。Bob 想提现时，由于自己的 C1b 已经被 Alice 签过名了，因此只要他自己签名并广播就可以等待这笔交易被验证，无须 Alice 再参与。这两种方式都需要经过双方的签名认证才可以，虽然认证的流程上有差别，但结果是相同的，Alice 立即得到她的比特币，而 Bob 需等待约七天的时间。

5.1.2 交易更新

闪电网络中，交易双方通过更新自己的交易来完成“虚拟货币”的流转。5.1.1 节中，Alice 的余额为 1 BTC，Bob 是 4 BTC。此时 Bob 从 Alice 处购买了一件商品，价格为 2 BTC，那么余额应该变为 Alice 3 BTC、Bob 2 BTC。他们通过创建新的 Commitment Transaction 以确认这笔交易，对 Alice 来说是 C2a 和 RD2a，对 Bob 来说是 C2b 和 RD2b，交易形式与上面类似，如图 5-6 所示。

同 C1a 和 C1b 一样，Alice 和 Bob 事先生成新的密钥（Alice3 和 Bob3），并交换散列值。此时两个交易状态均是有效的，即使发布上一个状态的交易也有可能记录在链中（毕竟矿工并不知道双方交易的具体细节，只验证交易格式是否合规）。那么最核心的问题是，如何才能彻底废弃 C1a 和 C1b?

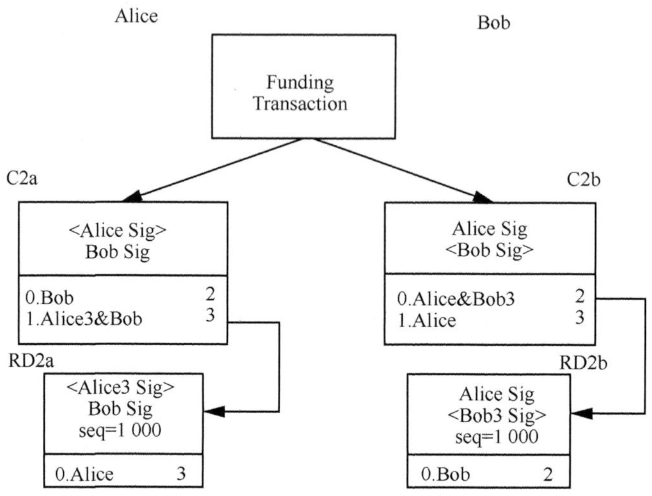

图 5-6　更新后的交易

RSMC 采用了一个非常巧妙的方法，在 C1a 地址为多重签名的输出中，采用 Alice2 和 Bob 的多重签名，新的交易状态 C2a 生成后，Alice 将 Alice2 的私钥交给 Bob，即表示 Alice 放弃 C1a，承认 C2a。同样，Bob 也将 Bob2 交给 Alice。双方可以比对密钥散列是否与之前交换的值相同，从而验证密钥的真实性。

那如果 Bob 从 Alice 手中拿到商品后，却广播了第一次的交易状态（毕竟这对 Bob 有利），我们可以从图 5-7 中看到，Alice 可以立即获得 C1b 中的 1 BTC。而 Bob 的 4 BTC 需要等待生成 1000 个区块的时间。在此期间，由于 Alice 已经知道 Bob2 的密钥，她就可以修改 RD1b 的输出为自己，形成新的交易 BR1b，这时就发生了违约。

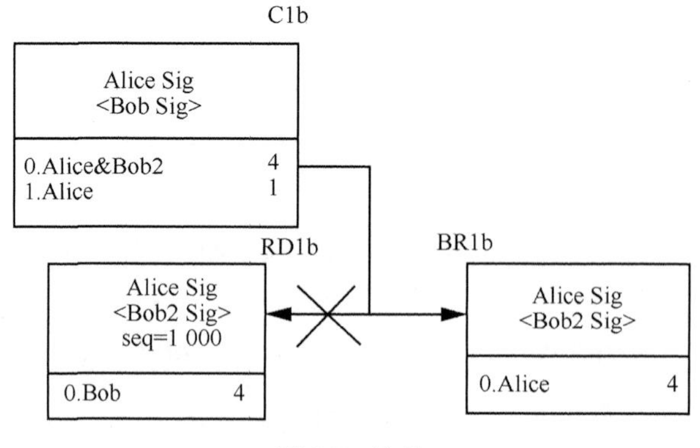

图 5-7　违约

违约的一方会失去自己所有的比特币，这就是闪电网络对于破坏合约者的惩罚。因此，引入 sequence 的目的就是延长后续交易（RD1b）的进块时间，给出一个实施惩罚窗口期，当发现对方破坏合约时，可以有 1000 个块确认的时间实施惩罚交易（本例中是广播 BR1b 代替 RD1b）。当然，若错过 1000 个块的时间窗口，就无法再实施惩罚（RD1b 会写入块中）。

5.1.3 支付网络的构建

支付通道解决了两个用户在链下直接交易的问题，然而这还不足以体现闪电网络的便利。试想，如果交易双方需要临时进行一笔交易，而他们之间并没有建立支付通道，那他们要从 Funding Transaction 开始吗？

答案是否定的，如果 Alice 要支付给 Charley 1 BTC，同时他们分别与 Bob 建有支付通道，那么 Alice 就能够借助 Bob 的渠道，通过散列时间锁定合约（HTLC）和 Charley 进行交易。简单来说，就是 Alice 把 1 BTC 交给 Bob，Bob 再交给 Charley。

这种方式很容易理解，但在没有第三方机构的保证下，如何解决信任问题？正像比特币用基于密码的方式代替以往的基于信任，闪电网络亦是如此。在 HTLC 中，Alice 在交给 Bob1 BTC 时，不是直接交付，而是发送到一个多重签名地址，这个地址可以通过 Charley 预先设置的密码散列（Hash(Z)）来解锁，或者一定时间后（如设置 10 天为超时）Alice 自己也可以拿回这笔钱。这个超时解锁的设定，可以使用 CLTV（Check Lock Time Verify）锁来实现。图 5-8 是 Alice 构造的 HTLC。

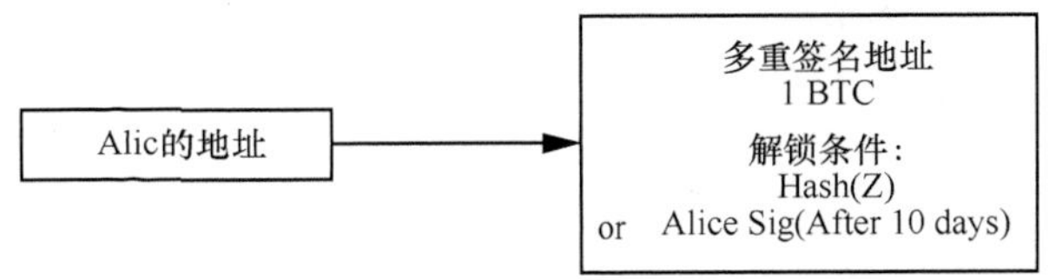

图 5-8　Alice 构造的 HTLC

Bob 和 Charley 之间也需要建立类似的 HTLC，解锁方式是使用与上文中相同密码的散列值或者 Bob 在交易超时后，用自己的签名拿回。需要注意的是，这个超时时间需要设定得比 Alice 与 Bob 间的 HTLC 短（如 8 天），这是为了确保 Charley 拿到币后，Bob 也可以及时从 Alice 那里取得（否则 Alice 可能提前拿回她的资金，Bob 什么也得不到）。

因此，整个支付流程如图 5-9 所示。

Charley 先生成密码 Z，将 Hash(Z)提供给 Alice。Alice 建立包含 Hash(Z)加密的 HTLC 支付通道，支付 1 BTC，Bob 也设立类似的通道。在规定的超时时间内（如 8 天），Charley 可以提供密码 Z 来获取 Bob 的 1 BTC，解锁同时，Bob 也得知了密码 Z，从而解锁 Alice 的 HTLC，支付完成。如果超时，Bob 和 Alice 也可各自拿回自己 HTLC 中的比特币。由于 HTLC 是建立在双向支付通道 RSMC 上，所以实际 Alice 与 Bob 或者 Bob 与 Charley 之间的资金流转也是通过通道，各自更新自己的持有交易在链下实现的，并不给区块链本身增加负担。

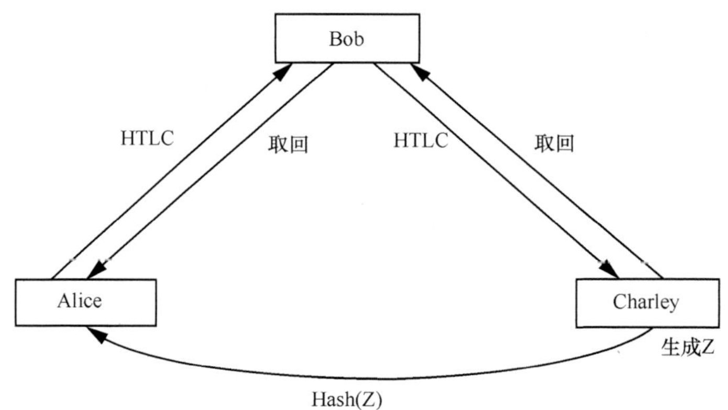

图 5-9 整个支付流程

如果说 RSMC 实现和保障了双方交易的链下化，那么 HTLC 就是对此系统进行了扩展。每个节点都像路由一样，为其他交易者构建了通路，逐渐形成支付通道连成的网——闪电网络。

5.1.4 雷电网络

基于闪电网络的思路，以太坊社区也提出了自己的链下微支付通道解决方案：雷电网络（Raiden Network）。相比比特币而言，以太坊的智能合约由于对报文格式没有特别的字段限制，因此实现起来相对轻松。当我们将以太坊作为一个侧链导入其他“加密货币”之后，也能够很容易依托以太坊智能合约为各类“加密货币”开发微支付通道。

5.2　以太坊与智能合约

5.2.1　什么是以太坊

自 2008 年比特币出现以来，“数字货币”的存在已经渐渐为一部分人所接受。人们也积极展开了基于比特币的商业应用的思考与开发。但随着应用的扩展，人们发现比特币的设计只适合“虚拟货币”场景，由于存在非图灵完备性、缺少保存状态的账户概念等问题，在很多区块链应用场景下并不适用。人们需要一个新的基于区块链的具有图灵完备性、高效共识机制、支持更多应用场景的智能合约开发平台。以太坊（Ethereum）在这种情况下应运而生。

Vitalik Buterin 在 2013 年末的“白皮书”中首次提出了以太坊的概念。这个概念最终由 Dr. Gavin Wood 完善并在 2014 年 4 月发表了技术性的黄皮书。从此，以太坊的发展就由一群开发者组成的社区管理。

在设计之初，以太坊就打算将软件阶段性地发布，其发展路线分为以下几个阶段。

- Olympic（测试）：2015 年 5 月发布的测试版本，使用的代币不与真实的以太币兼容。测试网与核心线上网络平行运行，这里开发者可以测试它们的代码。
- Frontier（前沿）：2015 年 7 月 30 日发布，初始的上线版本将控矿与交易所交易运行起来，建立一个让人们可以在里面测试 DApp 的应用。
- Homestead（家园）：2016 年 3 月 14 日发布，改变了一些协议，使之更稳定。
- Metropolis（大都会）：2017 年 10 月，以太坊进入了它的第三个阶段：大都会，从命令行到图形界面。
- Serenity（宁静）：将在未来发布，从 PoW 转变到 PoS（Casper）。

那么以太坊究竟是什么？首先，它是运行在一个计算机网络中的软件，它确保数据以及称为智能合约的小程序可以在没有中心协调者的情况下被所有网络中的计算机复制和处理。以太坊的愿景是创建一个无法停止、抗屏蔽（审查）和自我维持的去中心化世界计算机。它延伸了比特币的区块链概念：在全球范围的多个计算机上验证、存储和复制交易数据（因此术语叫“分布式账本”）。以太坊在这个概念上更进一步，使在全球范围的多个计算机上运行代码成为现实。

比特币是分布式存储数据的，而以太坊则是分布式存储数据并且计算。这些小型的计算机运行程序叫作智能合约，合约由参与者在他们自己的机器上通过一种称为“以太坊虚拟机”的操作系统运行。

以太坊的目的是对脚本、竞争币和链上元协议（on-Chain Meta-Protocol）等概念进行整合和提高，使开发者能够创建任意的基于共识的、可扩展的、标准化的、图灵完备的、易于开发和协同的应用——DApp。一个DApp是由智能合约和客户端代码构成的，智能合约就像加密的包含价值的箱子。只有当特定条件被满足时它才被打开，它封装了一些逻辑、规则、处理步骤或者双方间的协议。

从架构角度而言，DApp非常类似于传统的Web应用。主要区别是：在传统Web应用中，客户端有JavaScript代码，由用户在自己的浏览器中执行；服务器端的代码由主机运行。但在一个DApp中，它的智能逻辑运行在区块链上，客户端代码运行在特殊浏览器Mist里面。因此，以太坊同时也是个平台和编程语言，包括“数字货币”以太币（Ether），以及用来构建和发布分布式应用的以太脚本（Ether Script）。

以太坊有全球通用的区块链，可以管理金融和非金融类型应用的状态。以太坊的新颖在于其神奇的计算机网络，它促成了一种新型的软件应用，真正的去中心化应用。将信任逻辑嵌入小程序中，运行在区块链上。而与比特币相比，以太坊建立了一种新的密码学技术基础框架，在其上开发应用更加容易，并对轻客户端友好，同时允许应用共享一个可行的经济环境和可靠的区块链安全。

以太坊的另一个重要特性是提供一个完整的编程语言环境，有时也被叫作以太脚本。编程语言是人类用来控制计算机工作的。因此，用任何编程语言写好的指令对计算机来说都是准确无误、没有歧义的。也就是说，计算机如何执行一段代码是没有二义性的。在同样的条件下，一段代码总是按照既定的步骤执行。这种特性正是人类现行法律与合约所缺失的。因此，有了以太脚本后，我们就可以订制没有二义性的合约了。

从最底层角度来看，以太坊是一个多层的、基于密码学的开源技术协议。它的不同功能模块通过设计进行全面的整合，作为一个整体，它是一个创建和部署去中心化应用的综合平台。虽然，以太坊看起来像由多个互相联系的开源项目构成的混合体，但它的进化一直被明确目标所引导，所以各个组件可以协同地组装在一起。

同时，以太坊也是区块链与智能合约的完美结合，是智能合约的完整解决方案，被设计成了一个通用的去中心化平台，拥有一套完整的、可以扩展其功能的工具，在 P2P 网络、加密、HttpClient 等技术的支持下实现了一个类似于比特币的区块链。它通过工作量证明机制实现共识，由矿工通过对新的网络协议的制定实现对区块链的同步等操作。不同于比特币的是，在以太坊可以任意编写智能合约，通过智能合约实现强大的功能，实现去中心化应用的开发。在以太坊上部署的智能合约运行在以太坊特有的虚拟机上，通过以太坊虚拟机和 RPC 接口与底层区块链进行交互。而在部署有智能合约的以太坊上，可以开发去中心化的应用（DApp）或形成去中心化自治组织（DAO）。图 5-10 是以太坊总体架构。

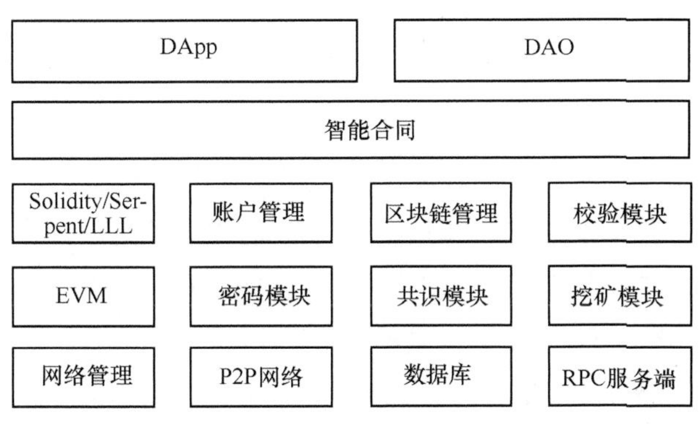

图 5-10　以太坊总体架构

5.2.2　以太坊技术

我们先来介绍以太坊的核心概念。

1. *以太坊虚拟机*

以太坊虚拟机（EVM）是以太坊中智能合约的运行环境。它是以太坊项目中的另一个主要创新。有人说 EVM 是位于区块链之上，实际上它是由许多互相连接的计算机组成的。任何人都可以上传程序，并让这些程序自动执行，同时保证现在和所有以前的每个程序的状态总是公共可见的。这些程序运行在区块链上，严格地按照 EVM 定义的方式继续执行。所以任何人都可以为所有权、交易格式和状态转换函数创建商业逻辑。

2. 智能合约

智能合约是20世纪90年代由尼克萨博提出的理念，几乎与互联网同龄。由于缺少可信的执行环境，智能合约并没有被应用到实际产业中，自比特币诞生后，人们认识到比特币的底层技术区块链天生可以为智能合约提供可信的执行环境，以太坊首先看到了区块链和智能合约的契合，发布了“白皮书”《以太坊：下一代智能合约和去中心化应用平台》，并一直致力于将以太坊打造成最佳智能合约平台，所以比特币引领区块链，以太坊复活智能合约。

简单来说，智能合约是运行在以太坊的程序代码，可以处理信息，接收、存储和发送价值。同时，智能合约程序不只是一个可以自动执行的计算机程序，它自己就是一个系统参与者。它对接收到的信息进行回应，可以接收和存储价值，也可以向外发送信息和价值。这个程序就像一个可以被信任的人，可以临时保管资产，总是按照事先的规则执行操作。

3. 账户

在比特币中，有一个概念叫作地址，比特币存储在这里，就像是一串比特币的银行账户数字。这在以太坊中一般被称作账户，账户有两种类型。

（1）一种只存储 ETH 的账户，这些账户和比特币地址类似有时被称作外部账户（Externally Owned Account，EOA）。该类账户被公钥–私钥对控制，可以用私钥为交易签名向这些账户支付 ETH。

（2）另一种是合约账户，合约账户不仅存储 ETH，同时也有可以运行的代码（智能合约），这些智能合约可以通过一个交易发送 ETH 到账户中。一旦智能合约被上传，它就在那里等待被激活。

这两类账户共用一个地址空间。外部账户的地址是由公钥决定的，合约账户的地址是在创建合约时由合约创建者的地址和该地址发出过的交易数量计算得到。两类账户的唯一区别是：外部账户没有代码，人们可以通过创建和签名一笔交易从一个外部账户发送消息。每当合约账户收到一条消息，合约内部的代码就会被激活，允许它对内部存储进行读取、写入、发送其他消息和创建合约。

账户的字段包含 4 个部分：①随机数（Nonce），它实际上是一个从 0 开始的数字，用于确定每笔交易只能被处理一次的计数器，每当产生一次 transaction 时，这个字段加 1；②账户目前的以太币余额（Ether Balance），单位是 wei；③账户的合约代码（Contract Code），这个是放 EVM 代码的字段，若外部账户没有代码，则这个字段为空；④账户的存储（Storage），这是一个 32 byte to 32 byte 的 key-value 键值对，用来存放自己的信息，默认为空。所有账户的存储信息称为 worldstate，这也是比特币中没有的概念。

4. 消息

以太坊的消息在某种程度上类似于比特币的交易，但两者之间存在 3 点重要的不同：①以太坊的消息可以由外部实体或者合约创建，然而比特币的交易只能从外部创建；②以太坊消息可以选择包含数据；③如果以太坊消息的接收者是合约账户，可以选择进行回应，这意味着以太坊消息也包含函数概念。

5. 交易

以太坊中“交易”是指存储从外部账户发出的消息的签名数据包。交易包含消息的接收者、用于确认发送者的签名、以太币账户余额、要发送的数据和被称为 STARTGAS 和 GASPRICE 的两个数值。为了防止代码出现指数型爆炸和无限循环，每笔交易需要对执行代码所引发的计算步骤做出限制。STARTAGAS 就是通过需要支付的燃料对计算步骤进行限制，GASPRICE 是每个计算步骤需要支付矿工的燃料的价格。

6. Gas

以太坊上的每笔交易都会被收取一定数量的燃料（Gas），设置 Gas 的目的是限制交易执行所需的工作量，同时为交易的执行支付费用。当 EVM 执行交易时，Gas 将按照特定规则被逐渐消耗。Gas 价格由交易创建者设置，发送账户需要预付的交易费用为 Gas 价格与数量的乘积。如果执行结束还有 Gas 剩余，这些 Gas 将被返还给发送账户。无论执行到什么位置，一旦 Gas 被消耗尽就会触发一个 out-of-gas 异常。同时，当前调用帧所做的所有状态修改都将被回滚。

就像 1 美元可以分成 100 美分，1 BTC 可以被分成 100 000 000 聪（中本聪的“聪”）一样，以太坊也有它自己的转换单位。最小的单位是 wei ，每个 ETH 有 1 000 000 000 000 000 000 wei。还有一些中间单位：Finney、Szabo、Shannon、Babbage、Ada（其中几个的换算如表 5-1 所示）。这些全部以对“加密货币”或网络相关领域做出杰出贡献者的名字命名。

表 5-1　以太币的单位

Unit	Number per ETH
Ether（ETH）	1
Finney	1 000
Szabo	1 000 000
Gwei	1 000 000 000
Mwei	1 000 000 000 000
Kwei	1 000 000 000 000 000
wei	1 000 000 000 000 000 000

7. 主存和栈

除前文中提到的 worldstate 是一个记录账户信息的永久性内存外，还有第二个内存区被称为主存。合约执行每次消息调用时都有一块新的被清除过的主存。主存可以按字节寻址，但读写的最小单位为 32 位。操作主存的开销随主存的增长而变大。

EVM 不是基于寄存器，而是基于栈的虚拟机。因此所有的计算都在一个称为栈的区域内执行。栈最大有 1024 个元素，每个元素都有 256 位。对栈的访问只限于其顶端，允许复制最顶端的 16 个元素中的 1 个到栈顶，或者是交换栈顶元素和下面 16 个元素中的 1 个。所有其他操作只能去最顶的 1 个或几个元素，并把结果压在栈顶。当然可以把栈中的元素放到存储或者主存中。但是无法只访问栈中指定深度的那个元素，在那之前必须把指定深度之上的所有元素都从栈中移除才行。

8. 指令集

EVM 的指令集被刻意保持在最小规模，以尽可能避免导致共识问题的错误。所有的指定都是针对这 256 位基本的数据单位进行的操作，具备常用的算术、位、逻辑和比较操作，也可以进行条件和无条件跳转。此外，合约可以访问当前区块的相关属性，如它的编号和时间戳。

9. 消息调用

合约可以通过消息调用的方式来调用其他合约，或者发送以太币到非合约账户。消息调用和交易非常类似，它们都有一个源、一个目标、数据负载、以太币、Gas 和返回数据。事实上，每个交易都可以被认为是一个顶层消息调用，这个消息调用依次产生更多的消息调用。

一个合约可以决定剩余 Gas 的分配，如内部消息调用时使用多少 Gas，或者期望保留多少 Gas。如果在内部消息调用时发生了 out-of-gas 异常或者其他异常，合约将会得到通知，一个错误码被压入栈中。这种情况只是内部消息调用的 Gas 耗尽。在 Solidity 中，这种情况下发起调用的合约默认会触发一个人工异常，这个异常会打印出调用栈。

被调用的合约（发起调用的合约一样）会拥有崭新的主存，并能够访问调用的负载。调用负载被存储在一个单独的被称为 calldata 的区域。调用执行结束后，返回数据将被存放在调用方预先分配好的一块内存中，调用层数被限制为 1024。因此对于更加复杂的操作，我们应该使用循环而不是递归。

10. 代码调用和库

以太坊中存在一种特殊类型的消息调用，称为 callcode。它跟消息调用几乎一样，只是加载来自目标地址的代码将在发起调用的合约上下文中进行。这意味着一个合约可以在运行时从另外一个地址动态加载代码。存储、当前地址和余额都指向发起调用的合约，只有代码是从被调用地址获取的，这使 Solidity 可以实现“库”。可复用的库代码可以应用在一个合约的存储上，用来实现复杂的数据结构，从而使智能合约更加强大。

11. 以太坊的其他部分：Swarm 和 Whisper

计算机需要有计算、存储数据以及沟通交流的功能。如果以太坊想要实现它势不可挡、抗屏蔽（审查）、自我维持、去中心化的“世界”计算机的愿景，它需要以一种稳健、有效的方式做到上述 3 件事。

Swarm 是点对点文件共享，它与 BitTorrent 相似，但用以太币报酬作为激励。文件被分解成块、分配并被参与的志愿者存储。那些提供存储服务的节点，从需要存储和检索数据服务的节点得到以太币作为补偿。这是不依赖于中心服务器的文件存储。

Whisper 是一种信息检索协议，它允许节点间直接以一种安全的形式互发信息，并对第三方组织窥探者隐藏发送者和接收者的信息。这是不依赖于中心服务器的通信管理。

5.2.3　以太坊与比特币的区别

1. 出块

以太坊的区块打包时间更短。与比特币区块的 10 min 相比，以太坊区块时间在

14 s 左右。这意味着，当在比特币和以太坊中发起一笔交易，以太坊中的交易被记录入区块链中的速度快于比特币中交易被记录入区块链中。可以认为比特币写入数据库的时间平均为 10 min，而以太坊写入数据库的时间平均为 14 s。

以太坊有更小的区块。在比特币中，目前最大区块的大小被限定为 1 MB，而以太坊区块大小由在上面运行的智能合约的复杂性决定，这叫作 Gas 限制，每个区块的最大值会根据情况稍微有所不同。目前，以太坊中最大区块大小约为 1500000 Gas。从一个账户到另一个账户的 ETH 基础交易或支付（并非智能合约）大约消耗 21000Gas。故每个区块中大概可以放进 70（1500000/21000）笔交易。在比特币中，目前每个区块可以包含 1500~2000 笔交易。目前大多数以太坊区块大小在 2 KB 以下。

以太坊虚拟机上可以运行智能合约。相比比特币原始的脚本语言，在以太坊中用来部署代码以及运行智能合约的语言更高级，因此开发者更熟悉。智能合约代码在以太坊虚拟机上运行，以太坊虚拟机分布在网络中所有参与者的计算机上运行。类似于微软 Excel 宏命令（Excel 上运行的代码块），智能合约可以认为是在以太坊虚拟机上运行的代码块。

以太币是如何被发行或创造的？以太币与比特币之间最大的不同是，比特币的产量每 4 年减半，而以太币每年的产量则是固定的（可能持续到 Serenity 阶段），每块奖励 5 个以太币。目前以太币的发行方式是初始的 7200 万加 1872 万每年（1872=1314+叔块奖励）。

以太币比比特币更复杂。概要地说，以太币的数量存在形式如下。

矿前（Pre-mine）+区块奖励（Block Rewards）+叔块奖励（Uncle Rewards）+叔块引用奖励（Uncle Referencing Rewards）

叔块奖励：事实上，数量可能比上述数字稍多一些。有些区块被挖得稍晚一些，因此不能称为主区块链的组成部分。比特币称这类区块为“孤块”，并且完全舍弃它们。但是，以太币称它们为“uncles”，并且在之后的区块中，可以引用它们。如果 uncles 在之后的区块链中作为叔块被引用，每个叔块会为挖矿者产出大约 4.375 个以太币（$\frac{7}{8}$的 5 个以太币奖励），称之为叔块奖励。目前每天大约有 500 个叔块被创建，为以太币的日产量链额外加入 2000 个以太币（以这种速度，每年产量为 70 万个以太币）。

叔块引用奖励：矿工每引用一个叔块，就得到大约 0.15 个以太币（最多引用 2 个叔块）这种定义的有效区块，奖励矿工的模式称为“幽灵协议”（Greedy Heaviest-Observed Sub-Tree ）。

那么，矿工挖矿时会得到什么？

在比特币中，矿工将得到：

- 12.5 个新比特币（目前实际情况请参考“a gentle introduction to bitcoin mining”）；
- 打包在区块中的交易所产生的交易费。

在以太坊中，矿工将得到：

- 新的区块奖励的 5 个以太币（或者 4.375 个新的叔块奖励以太币）；
- 引用 2 个最近叔块的一点点奖励（$\frac{1}{32}$ 的区块奖励，即每个叔块 $\frac{1}{32}\times 5=0.15625$ 个新以太币）；
- 在区块中运行合约的 Gas。

目前，每个区块平均的 Gas 限量是 1500000，区块网络中每个 Gas 的平均价格是 0.000000022 个以太币，也就是说，一个矿工可能从一个“满的”区块中得到的 Gas 奖励是 0.033 个以太币。注意，合约中的 Gas 是用现存的以太币支付的，而非新创造的以太币。

以太坊没有 Coinbase 交易，因为它和比特币的计算余额方式不同。以太坊是有账户系统的，而比特币全部是基于 UTXO 的。在矿工挖出矿而给予其奖励时，比特币需要为其产生 UTXO，设置 Coinbase 就起到这个作用；而在以太坊下，给矿工的账户下直接加上数字即可。因此，以太坊中所有的 transaction 都只是用户或者智能合约的，不会存在挖矿的 transaction。

另外，以太坊受到重放攻击的可能性更大，即一个完整的 transaction 被多次运行调用。这在比特币系统下是没有的，因为比特币的交易是通过 UTXO，花费后就会产生新的变化。但以太坊的资金转移是从一个账户中减去，加到另一个账户中，交易完全有被执行多次的可能。为了防止重放攻击，以太坊在账户中设置了 Nonce 字段，每产生新的交易，账户的 Nonce 会加 1，所有的节点都维护一个 worldstate，因此，通过比较这个字段，即可得知交易是否被重复执行。

2. 整体费用的计算

每个智能合约在建立之初都要支付一笔费用，这个整体费用（Total_fee）包括 3 个部分。

- Startgas×Gasprice 这部分是合约的执行花费。其中，Startgas 限制了 Gas 的最大数目，Gas 是智能合约所需花费的单位，如一个位移运算需 1 Gas，一个相加运算需 3 Gas。开始时，Startgas 可以定得大些，具体花费以实际运行步数为准。Gasprice 是 1 Gas 和以太币（wei）的兑换价格，这是由合约发出者主动定义的，这个价格可便宜可贵（具体定高定低是发起者和矿工的一个博弈，当然，若太低也没有矿工愿意接收）。
- Value 是转给对方账户的以太币数量。
- Transactionfee 交易费用。具体按字节大小收取，每字节收取 5 Gas。因此 Transaction fee = 5×字节数×Gasprice，这个 Gasprice 与第一部分定义的相同。

3. ***以太坊的状态转换***

以太坊的状态转换是指在一个交易（Tx）发生时，以太坊从一个正确状态（S）转变到下一个正确状态（S′）的转换过程。对于交易而言，为了防止代码的指数型爆炸和无限循环，每笔交易需要对执行代码所引发的计算步骤做出限制（Startgas）。

以太坊的状态转换函数为 APPLY(S,TX)→S′，可以定义如下。

（1）检查交易的格式是否正确、签名是否有效，以及随机数是否与发送者账户的随机数匹配。如否，返回错误。

（2）计算交易费用 fee=Startgas×Gasprice，并从签名中确定发送者的地址。从发送者的账户中减去交易费用和增加发送者的随机数。如果账户余额不足，返回错误。

（3）设定初值 Gas=Startgas，并根据交易中的字节数减去一定量的燃料值。

（4）从发送者的账户转移价值到接收者的账户。如果接收账户不存在，创建此账户。如果接收账户是个合约，运行合约的代码，直到代码运行结束或者燃料用完。

（5）如果因为发送者账户没有足够的费用或者代码执行耗尽燃料导致价值转移失败，恢复原来的状态，但是还需要支付交易费用，交易费用加至矿工账户。

（6）若代码执行成功，将所有剩余的燃料归还给发送者，消耗掉的燃料作为交易费用发送给矿工。

假设一个合约的代码如下。

```
If !contract.storage[msg.data[0]];
Contract.storage[msg.data[0]] = msg.data[1]
```

需要注意的是，现实中合约代码是用底层以太坊虚拟机（EVM）代码写成的。上面的合约是用我们的高级语言 Serpent 写成的，它可以被编译成 EVM 代码。假设合约存储器开始时是空的，一个值为 10 ETH、Gas 为 2000、Gas 价格为 0.001 以太币且两个数据字段值为[2,'CHARLIE']的交易发送后，状态转换函数的处理过程如下。

（1）检查交易是否有效，格式是否正确。

（2）检查交易发送者是否至少有 2000×0.001=2 个以太币。如果有，从发送者账户中减去 2 个以太币。

（3）初始设定 Gas=2000，假设交易长为 170 byte，每字节的费用是 5，减去 850，还剩 1150。

（4）从发送者账户减去 10 个以太币，为合约账户增加 10 个以太币。

（5）运行代码。在这个合约中，运行代码很简单：它检查合约存储器索引为 2 处是否已使用，注意到它未被使用，然后将其值置为 CHARLIE。假设这消耗了 187 单位的燃料，则剩余的燃料为 1150−187=963。

（6）发送者的账户增加 963×0.001=0.963 个以太币，返回最终状态。

如果没有合约接收交易，那么所有的交易费用等于 GASPRICE×交易的字节长度，交易的数据就与交易费用无关了。另外需要注意的是，合约发起的消息可以对它们产生的计算分配燃料限额，如果子计算的燃料用完了，它只恢复到消息发出时的状态。因此，就像交易一样，合约也可以通过对它产生的子计算设置严格的限制，保护它们的计算资源。

5.2.4　以太坊客户端

以太坊客户端是用户进行创建账户、转账等区块链操作的工具，为了增进以太坊对多种语言的支持，同时使更多的人能够参与以太坊的开发及使用，目前产生了多种基于不同编程语言的以太坊客户端，根据使用的编程语言进行分类，并在 Github 上分出了几种不同的项目。虽然以太坊客户端种类众多，但是它们有两个共同特点：①同一语言的客户端在不同操作系统平台（Windows、Linux、OS X 等）上的使用是完全相同的；②不同的客户端在同一操作系统平台上共用一样的应用配置，同时其命令行使用的参数也是一致的。接下来，分类介绍几种应用广泛的客户端项目。

1. Ethereum Wallet（Mist）

开发语言：JavaScript。

界面：可视化界面。

功能特点：Ethereum Wallet 能够为用户提供可视化操作的客户端，易于使用，降低了用户的使用门槛，从而使 DApp 和智能合约能够被大量用户使用。它的作用等同于浏览器之于互联网或者 iTunes 之于数字化内容下载。Mist 由特殊的安全层、密钥管理、去中心化账户管理和与区块链相关的组件组成。这一切使 Mist 成为普通用户运行或者管理区块链去中心化应用不可或缺的工具，普通用户不需要理解技术方面的内容。

2. go-ethereum（Geth）

开发语言：Go。

界面：命令行界面。

功能特点：go-ethereum 客户端基于 Go 语言，是目前用户最多、使用最广泛的客户端。通过 Geth 客户端与以太坊网络进行连接和交互可以实现账户管理、合约部署、挖矿等众多有趣且实用的功能。

3. cpp-ethereum(aleth)

开发语言：C++。

界面：命令行界面。

功能特点：aleth 客户端支持多平台，除了常见的三大系统外，还支持安卓、iOS、树莓派、Odroid 等。

4. Pyethapp（pyethereum+ pydevp2p）

开发语言：Python。

界面：命令行界面。

功能特点：Pyethapp 利用两个以太坊核心组件来实现客户端：①pyethereum-核心库，以区块链、以太坊虚拟机、挖掘为特色；②pydevp2p-p2p 网络库，具有多路复用和加密连接的节点发现和多个服务传输功能。功能上能实现的操作与 Geth 相似。

5. Paritytech（Parity-Ethereum）

开发语言：Rust。

界面：命令行界面。

功能特点：Parity-Ethereum 的目标是成为最快、最轻、最安全的以太坊客户端，因此采用先进的 Rust 编程语言开发，这是一种面向对象的功能语言，强调效率，以最终实现高性能的目标。Parity-Ethereum 根据 GPLv3 许可开发，可用于所有的以太坊需求。

除这几种语言的客户端之外，还有基于 JavaScript、Java、Haskell、Ruby 等语言开发的客户端，功能相似，只是为了让更多人员能够参与以太坊区块链的开发和维护中，这也体现了以太坊开源社区的包容性。

以上几种客户端是开发人员在公有链上进行智能合约部署时所用，然而，大部分时候开发人员需要一个虚拟的测试网络对编写的合约进行调试。Ganache 可以帮助开发人员完成合约在测试网络的开发与部署。

Ganache 的旧版本称为 TestRPC，能够创建一个虚拟的以太坊区块链，并生成一些开发人员在开发过程中会用到的虚拟账户地址并赋予一定的虚拟币。Ganache 使用 JavaScript 编写，通过 npm 将其作为节点包分发，因此在使用之前需搭建 npm 环境。Ganache 为虚拟账户提供图形化的界面，而 Ganache-cli 是 Ganache 的命令行版本，对于开发人员来说足以满足需求。

5.2.5　以太坊智能合约

1. 智能合约

以太坊是内置有图灵完备编程语言的区块链，通过建立抽象的基础层，使任何人都能够创建合约和去中心化应用，并在其中设立他们自己定义的所有权规则、交易方式和状态转换函数。利用智能合约建立一个代币的主题框架只需要两行代码就可以实现，注入货币核心与系统等其他协议只需要不到 20 行代码就可以实现。智能合约就像在以太坊平台上创建的包含价值且只有满足某些条件才能打开的箱子，并且因为图灵完备性、价值意识（Value-awareness）、区块链意识（Blockchain-awareness）和记录多状态所增加的功能而比比特币脚本所能提供的智能合约强大得多。

2. 以太坊智能合约开发

以太坊因加入了智能合约的概念而称之为一个可以运行去中心化应用的虚拟机，智能合约的编写是这些应用开发的关键。以太坊的开发实际上主要是对交易逻辑的规定和智能合约的编写。以太坊是一个开源的大平台，因此支持多种语言的智能合约，下面介绍几种较为流行的开发语言，它们的文档和源码都可以在 Github 上找到。

（1）Solidity

Solidity 是官方推荐的智能合约编程语言，是一种面向合约的高级语言，语法类似 JavaScript，语言深受 C++、Python、JavaScript 的影响，因而拥有支持继承、库、复杂的用户定义类型等特性，以编译的方式生成以太坊虚拟机代码。在 Solidity 中，一个合约由一组代码（合约的函数）和数据（合约的状态）组成，合约位于以太坊区块链上的一个特殊地址。用 Solidity 写好智能合约之后，需要用 solc 编译，它是一个来自 C++客户端实现的组件，也可以直接使用基于浏览器的编译器，如 Solidity real-time compiler 或者 Cosmo。

（2）Serpent

Serpent 也是专门用来编写以太坊合约的高级编程语言，类似于 Python，但在一些参数和函数方面有较大差异。Serpent 在兼顾底层语言效率与良好编程风格的同时尽可能地追求简洁，还加入了一些针对合约编程的特性。Serpent 编译器由 C++实现，因此可以被轻松打包进任何客户端。

除这两种热门的智能合约编程语言外，还有受 Go 启发的 Mutan 和受 Lisp 启发的 LLL，它们都是面向以太坊合约编程而从底层开发的语言。当然，Solidity 是当前以太坊的首选语言，因为 Solidity 充分利用了现有数百万程序员已掌握 JavaScript 这一现状，降低了学习门槛，易于被掌握和使用。

以太坊智能合约是 DApp 开发的基础，有了强大的合约编程语言，再通过编译、部署才能真正地应用到区块链上，这其中还可能涉及编译器和 Web3.js 库的使用，比较烦琐。以太坊开发人员为了简化智能合约的开发流程，开发了几种 DApp 开发框架，实现了某些琐碎工作的标准化和自动化。

（1）Truffle/Embark

Truffle/Embark 是以太坊的开发环境和测试框架，它的主要目标是让以太坊开发者的工作变得更简单，它也是以太坊社区中一种应用广泛的开发框架。它能够通过 Mocha 测试框架和 Chai 断言机制实现自动化合约测试，可自定义部署和迁移框架，支持与合约进行交互式通信以及真正部署等。因此对于新手来说，可以使用 Solidity+Truffle+Ganache 在私有链虚拟环境中进行智能合约的编写和测试，之后通过 Geth 等客户端将合约部署到真正的以太坊主链上。

（2）Meteor

Meteor 是以太坊官方编写的一个用于开发 Web 和移动应用程序的全栈

JavaScript 平台。Meteor 中包含用于构建客户端连接-响应式的应用程序的一组关键工具、构建工具以及一些从 Node.js 和 Java 社区引入的库。虽然它是一个用于 Web 开发的全栈平台，但它完全由 JavaScript 编写，具有 SPA（Single Page App）所需的所有工具（模板引擎、模型、动态编译等），支持实时重新加载、CSS 注入的开发环境，因此能够完全适应 DApp 的开发条件，被以太坊官方推荐使用。

（3）Dapple

Dapple 是一款 Solidity 开发者多功能工具，旨在管理日益复杂的以太坊智能合约系统。其核心功能主要包括 3 个方面：包管理、合同构建、部署脚本。功能类似于 Truffle，但使用量远远不如 Truffle。

3. 代码执行

以太坊合约的代码是使用低级的基于堆栈的字节码的语言写成的，被称为“以太坊虚拟机代码”或者“EVM 代码”。代码由一系列字节构成，每一个字节代表一种操作。一般而言，代码执行时无限循环，程序计数器每增加 1（初始值为 0）就执行一次操作，直到代码执行完毕或者遇到错误、STOP 或者 RETURN 指令。

以太坊中也有矿工这种身份，智能合约代码的运行就是由打包当前交易的矿工来做的。矿工执行合约，更新相应的账户状态（如 Balance、Nonce 等），同时也收取相应的费用。为验证区块的有效性，以太坊中所有节点均会执行智能合约代码，不过验证执行不会重复收取费用。

智能合约的操作可以访问 3 种存储数据的空间。

（1）堆栈。一种后进先出的数据存储，入栈、出栈的基本单位为 32 byte。

（2）内存。可无限扩展的字节队列。

（3）合约的长期存储。一个密钥/数值的存储，其中，密钥和数值都是 32 byte 大小。与计算结果，即重置的堆栈和内存不同，存储内存将长期保持。

代码可以像访问区块头数据一样访问数值、发送和接收到消息中的数据，代码还可以返回数据的字节队列作为输出。EVM 代码的正式执行模型非常简单，当以太坊虚拟机运行时，它完整的计算状态可以由元组（block_state，transaction，message，code，memory，stack，pc，gas）来定义，这里，block_state 是包含所有账户余额和存储的全局状态。每轮执行时，通过调出代码的第 pc（程序计数器）个字节，当前指令被找到，每个指令如何影响元组都有定义。例如，ADD 将两个元素出栈并将它们的和入栈，将 gas 减 1 并将 pc 加 1；stack 将顶部的两个元素出栈，并将第 2 个元素插入由第 1 个元素定义的合约存储位置，同样减少最多 200 Gas 值，并将 pc 加 1。虽然有许多方法通过即时编译优化以太坊，但以太坊基础性的实施可以用几百行代码实现。

5.2.6 以太坊发展路线

2013 年底，以太坊发明人 Vitalik Buterin 发布以太坊初版“白皮书”，召集了一批认可以太坊理念的开发者启动项目。2014 年，以太坊社区、代码数量、商业结构以及法律策略等方面逐渐完善，开发人员逐步开始以太坊的开发工作，如网络、共识、安全等底层技术，以及以太坊客户端等。以太坊是一个全新概念的项目，因此在正式版本发布之前，需要很多创新和探索工作，为此，开发团队在一年中先后发布了 9 个版本的测试网络来完善他们的初步构想。

2015 年 7 月 30 日，以太坊的正式版本诞生，在短短几年中，国内外的多个开发团队开发了基于多种语言的以太坊协议。这些以太坊协议是统一的，是各开发团队在创新和摸索中协作和商讨的产物，只为使以太坊能够在不同系统、不同环境中正常运行和迅速整合，提升兼容性和可植入性，适应未来的网络环境以及现实需求。

相比于比特币，以太坊是一个更加复杂的项目，因为它加入了许多新概念，它不仅是一个进行“数字货币”交易的平台，更重要的是，它是一个开放式的平台，能够实现去中心化应用的开发和运行。针对以太坊如此庞大的项目，开发团队需要考虑底层技术、网络安全、合约部署等众多方面的问题，在部署后可能还会有新的问题蜂拥而至，而不经意间的疏漏可能会造成不可挽回的损失。因此，以太坊的发展不是一蹴而就的，需要循序渐进地引入不同的特性来使系统变得更加稳定和强大，需要经历不同的升级改进阶段，以太坊的发展路线分为 4 个阶段：前沿（Frontier）、家园（Homestead）、大都会（Metropolis）、宁静（Serenity）。目前以太坊处于第三个阶段——大都会。

1. **前沿**

前沿是第一个以太坊版本，于 2015 年 7 月 30 日发布，允许开发者进行实验、挖矿以太币，并开始构建 DApp 和相关工具。由于是初代版本，前沿采用了类似比特币的模型，仅仅提供了挖矿功能和简单的合约功能，可以说是一个空白版的以太坊网络。它的主要用途是将挖矿和交易所交易运行起来，从而社区可以运行挖矿设

备，并在其中建立一个以太坊虚拟机环境，开发人员可以在里面上传和执行基于合约的 DApp。发布前沿的主要目的是给开发人员提供一个真实的实验环境，因此只有命令行界面，没有图形化界面的帮助，但是可以进行真正的以太币（ETH）和比特币（BTC）交易。当以太坊核心开发人员和审计人员认为前沿版本的以太坊已经十分稳定了，以太坊将从前沿迁移到家园。

2. **家园**

以太坊第一阶段发布后，全球的挖矿设备开始运行起来，节点逐渐增多并保持活跃，以太坊网络就这样运行起来，没有间断，同时在解决网络问题和共识故障的过程中也体现出其稳定性和强大的潜力。就这样，以太坊在主网络第 1150000 个区块高度从前沿迁移到家园阶段。

迁移是利用前面提到的硬分叉原理对以太坊底层协议的改进升级，创建新的规则，提升整个系统的性能，协议在某个设定的区块上被激活，所有的以太坊客户端都需要升级，否则将仍停留在遵循旧规则的老链上。

以太坊区块链于 2016 年 3 月 14 日达到 1150000 区块高度，同时家园正式发布，为以太坊平台的第二个版本，它根据以太坊改进提议（Ethereal improvement Proposal，EIP）对几个底层协议和一个网络协议做出了改动。

3. **大都会**

大都会是以太坊区块链的第三个阶段，在这期间又分为两次硬分叉：首先是拜占庭阶段，也是目前以太坊区块链正处于的阶段，于 2017 年 10 月 16 日在第 4370000 区块高度完成；然后是君士坦丁堡阶段，分叉时间未定，预计在 2019 年初。

大都会加入了许多新的特性，如利用简明非交互零知识证明（Zero-Knowledge Succinct Non-Interactive Argument of Knowledge，zk-SNARK）匿名交易、PoS 早期实施、难度炸弹、智能合约灵活性和稳定性的提升以及抽象账户。

zk-SNARK 基于零知识证明（Zero Knowledge Proof，ZKP）理论，这里介绍以太坊在下一阶段引入 zk-SNARK 的计划。

目前开发人员有将 3 种 Zcash（目前应用 zk-SNARK 最成功的“数字货币”）与以太坊整合的想法。

（1）Baby Zoe（Zcash on Ethereum）。这个想法设计在以太坊网络中增加 zk-SNARK 预编译器，并在以太坊上部署一个小型的 Zcash 智能合约，需要以太坊创建兼容 zk-SNARK 的 DApp。

（2）将以太坊的可计算功能集成到 Zcash 区块链上。将以太坊强大的可计算功能集成到基于 zk-SNARK 的区块链（Zcash），并且能够实现在集成后的区块链网络中创建 DApp。

（3）万众瞩目的 Alchemy 计划。这个想法是连接两个区块链网络并实现互操作性，如跨链的转移。Zcash 计划采用类似 BTC Relay 的方法，BTC Relay 即在以太坊区块链上，由以太坊脚本写成的比特币轻客户端项目。Zcash 会基于相同概念来复制，也就是在以太坊上创建 Zcash 轻客户端。

如果这几种想法中任何一种能成功，那么将会是世界上第一个以零知识证明为原生生态，来辅助创建 DApp 的去中心化“数字货币”系统，是理想以太坊生态的关键部分之一。

当前比特币和以太坊都在使用 PoW 共识机制，需要节点消耗算力来不断进行散列计算，通过碰撞得到期望的随机数来获取收益，这也是比特币和以太币的价值所在。但从现实的意义来讲，这会消耗大量的硬件资源和电力资源；从某些层次上来讲，不太符合当今社会的发展理念。对比来看，在 PoS 共识机制系统中，用持有“数字货币”数量多和币龄长的节点来代替矿工，作为验证节点签名下一区块，当节点验证的区块被打包入链，节点将获得与权益成正比的区块奖励。这样的机制降低了系统的资源成本，使 51%攻击更加困难，加快出块和整个过程。

为了实施 PoS，以太坊将采用基于保证金的 Casper 共识算法，因为共识机制更替需要一段时间过渡，所以起初它将是 PoW 和 PoS 共存的系统，区块链中绝大多数交易仍采用 PoW 算法，每 100 个区块中有一个区块采用 PoS 算法挖出，这样做的目的是在真实的以太坊环境中创建一个测试环境，作为完全部署前的测试。关于 Casper 的内容后面会有详细介绍。

PoW 机制的弊端逐渐显露，目前大约有 71.2%的算力受五大矿池控制，如果这五大矿池联合起来做恶意的事，就发动了 51%攻击，那么如何激励节点从 PoW 到 PoS？开发团队引入了“难度炸弹”机制，简单来说就是将散列运算的难度系数呈指数级增加以至于让挖矿变得几乎不可能，同时在拜占庭阶段将每个区块的奖励由之前的 5 个 ETH 减少为 3 个 ETH，这样就逐渐完成共识机制的过渡。所有这些措施都是为了在以太坊最后一个阶段“宁静”到来之前所有的节点能部署好 PoS 机制并且解决过渡过程中的问题。

智能合约是以太坊的最大亮点，也是区块链 2.0 的重要定义，因此智能合约的灵

活性和稳定性是以太坊正常运行的必要条件。拜占庭扩展了智能合约的功能，加强了“Revert”操作符，允许合约恢复到之前的状态而不需要花费掉所有 Gas，同时也正在引入“Returndata” 指令使合约能恢复到任意可变大小 Gas 的状态。除此之外，拜占庭还增加了“STATICCALL”操作符，允许对其他合约进行非状态改变调用等。

目前的以太坊中有外部账户和合约账户这两种账户，分别由私钥控制和创建者编写的代码控制。而拜占庭的以太坊正在尝试将两种账户抽象，即合并两个账户，本质是允许用户根据在智能合约中创建它们的外部账户，将用户的特殊标识加入交易中，这也就将账户信息的安全性提升到了量子级别，同时账户也完全变成可定制化，就像智能合约一样。然而，这样做是有代价的，包括开发时间、转换成本、在区块链上存储额外代码的成本、打破现有的不变量和其他问题，仍需要在真实以太坊环境中不断摸索升级。

以太坊目前仍存在一些不足的问题，交易的不断增长、目前的块生成过程以及并行不足等方面制约着以太坊的可扩展性，为此以太坊开发团队打算从两个方向上提高以太坊的可扩展性：一是建立分层结构，类似比特币的闪电网络架构，将不必要的交易从最底层的主链分离到附属结构上；二是引入“分片”的概念，从改变主链上的协议角度来解决问题。

目前区块链之所以慢是因为每个节点都需要处理整个系统中的每一笔交易，系统的处理效率会由于某一些低效节点而降低，类似于“木桶效应”。分片的目标是使每一笔交易只让一小部分节点发现和处理，所有节点可以同时并行处理更多的交易。当然这可能有背于去中心化的思想，这就需要可扩展性、去中心化、安全性之间的权衡，因为这是区块链领域中的三难困境。

大都会的第二阶段君士坦丁堡预计在 2019 年初发布。它主要的特性是平滑处理掉所有由于拜占庭所引发的问题，并引入 PoW 和 PoS 的混合链模式。拜占庭给以太坊带来很多改变，zkSNARK 的引入也是一项勇敢的改变。当然，君士坦丁堡和它的 PoS 将成为区块链领域中备受关注的事情。

4. 宁静

宁静阶段发布日期尚未确定。在宁静阶段，以太坊将彻底从 PoW 转换到 PoS。这是一次实质性的转换，似乎是一个长期过程，但并不是那么遥远，因为一系列的开发工作始终在进行中。PoW 是对计算能力的严重浪费，从 PoW 的约束中解脱出来，网络将更加快速、出块更快、更加有效、对新用户来说更加易用、更能抵制挖矿的中心化等，这将是类似于将智能合约概念加入区块链一样的巨大进步。

作为以太坊发展路线中的最终目标，宁静将完成开发团队对以太坊的全部构想，将以太坊打造成为一个完美的智能合约驱动的去中心化平台，让我们拭目以待。

5.2.7 DAO

去中心化自治组织（Decentralized Autonomous Organization，DAO）是指一个拥有一定数量成员或股东的虚拟实体，通过某些合约或约定能够实现合理的经济激励，包括风险和激励，利用 DAO 无须依赖第三方信任机构即可以在成员之间彼此协调，实现共同目标。通过风险或奖励分配实现合理的激励是 DAO 的根本目标，一些参与者希望高风险高回报，同时有一些参与者追求低风险、低收益也没关系。每个参与者可以自己决定风险大小，自己决定收益多少，保证自己的利益最大化，与此同时也悄悄地实现了 DAO 合理激励的目标。

5.2.8 以太坊最新项目

下面介绍以太坊最新的 3 个重要项目：Casper（PoS 共识机制）、分片（Sharding）、子母链（Plasma）。

随着时间的推进，以太坊区块链逐渐被交易容量的问题困扰，开发团队一直在尝试从以太坊架构中的第二层寻求解决方案，如共识协议和安全模型。以太坊当前的规模巨大，轻微的失误都可能引起不可挽回的损失，这对开发团队来说是一个名副其实的挑战。但开发团队迎难而上，已经开发出 3 个有效的解决方案，而且已经接近全面部署的阶段。

1. Casper

Casper 是最著名并且被广泛期待的以太坊项目，Casper 提出了一种更现代的权益证明（PoS）模型，用来替代以太坊传统的工作量证明（PoW）算法，它可以大大加快网络中的交易处理时间。Casper 共识算法就是以太坊上运行的 PoS 算法，它不仅具有 PoS 的特性，而且 Casper 能够做到激励诚实的验证者、惩罚恶意的验证者。具体地，验证者将他们拥有的一定比例的以太币作为保证金，然后开始验证区块，如果该区块被加到链上，那么验证者会得到一个跟保证金成比例的奖励，但如果验证者尝试验证恶意的区块，那么该节点所有的权益都将被扣除，会给不遵守规则的

节点强烈的打击。理论上，验证者不可能做有损自己权益的事情，因此能够保证验证者认真负责地签名区块并加入链，这也减少了对交易和整体利用率的审查。

从节点的角度来讲，第一步是“加入系统”，节点为了加入系统中，需要在权益中存有一定量的存款，因此需要发送存款交易，交易中需要提供一个用作签名的公钥和一个接收奖励的收款地址。注意，签名公钥和收款地址并不完全一致，签名公钥用于节点为交易签名，而取款地址用于节点接收验证成功后的奖励。第二步是“等待加入”，可能需要一天的时间等待协议将节点加入验证者池，但部分协议目前尚未完全确定。第三步是“参与验证”，节点成功加入系统后就成为验证者，验证者在网络中有两个关键功能：一是 Casper 过程，参与并敲定主链，这意味着其可以确保主链上的区块，一旦完成，主链就被敲定；二是与分片技术融合，验证分片上的区块，系统中不会所有人都做区块的验证，这些区块可能被分配到 100 甚至更多的分片中，交易也是分开的，有不同的验证者来验证不同的区块和交易。

需要指出的是，Casper 不是一个单独的项目，而是若干个相关项目的集合，如 FFG 和 CBC。Casper FFG 是一种混合 PoW / PoS 的共识机制，这是首先实施也是目前实施的 Casper 版本。FFG 设计的目的是降低从 PoW 过渡到 PoS 共识机制的难度，它是在正常的 PoW 协议之上叠加一个 PoS 协议。因此，虽然区块仍将通过 PoW 开采，但每 50 个区块将成为 PoS 检查点，并最终由 PoS 机制出块。另一个 Casper 项目被称为 Casper CBC，因为它使用了构建纠错（Correct by Construction，CBC）协议，协议在开始时约定了一部分，其余部分需要采用实证的方式进一步获取，以证明其满足所需的特性。在未来 Casper CBC 中，以太坊共识机制将全面转为 PoS，并在此基础上，加入保证金制度、上线分片技术。

2. **分片**

当前区块链处理速度慢的原因是每个节点都要处理系统中的所有交易，这样可以保证系统的安全性，但系统的处理能力就限制于一个节点的处理能力，不能处理比单个节点更多的事务。显然，这种方式获得的安全保证是牺牲了系统的可扩展性，因此内存不足、交易拥堵的问题随之而来。分片就是为了进一步提升区块链处理交易的速度，解决区块链交易扩容问题。

分片指的是，先将节点分组，再将完整的交易数据分片，将分片的交易随机分配到节点组内进行验证，最终结果打包成“块”，再组成“链”。举个形象的例子，好比一个团队写一本书，先制定出要写的内容（即一段时间内的交易信息），整理分出章节目录（分片），随机将不同的章节目录作为任务交给不同的人完成（分配），最终大家都写完后，组合成书（打包成链）。以太坊分片则借鉴了现代 NoSQL 数据库中可扩展架构的一些思想，将整个网络状态分解为若干分区，每个分区中包含自己独立的状态和交易历史记录。在这个分片的系统中，特定节点只处理特定分片中的交易，因此所有分片中完成的总交易吞吐量将远远超过目前单一主链完成的交易量。

以太坊在目前的测试阶段采用二次方分片，设置为 100 个分片，通过网络双层设计增加交易量。具体来讲，将以太坊网络上的节点分成 100 组，主链上发布的校验器管理合约（VMC）进行分片系统维护。每个分片是独立的账户，当有交易产生时，需要选择一个分片处理，即同一个交易只由一个分片处理，如果网络内有 M 件事务待处理，现在每个节点只需要处理 $M/100$ 件即可，之后这些包的子区块的数据组成一个主链上的区块，相当于主链区块容量扩大了 100 倍，既实现了扩容又提高了交易处理效率。

以太坊分片系统中，在数个节点组成的分片中有若干被称为校对器（Collator）的节点，它的任务是创建校对块（Collation），校对块是包含关于分片状态和交易信息的特定结构，每个校对块都有一个校验头（Collation Header），其中包含校对块所对应的分片状态和信息，以及校对器对校对块的签名。然后，一种被称为“超级节点”的节点将所有分片中的校对块放在区块链将要添加的区块中。它们的任务是处理所有校对块中的交易，并通过整理它们的校对头信息来维护所有分片的状态，同时对校对头和校对块进行信息比对，而且校对块被 $\frac{2}{3}$ 校对器签名才能被证明为有效。这个系统看起来很酷，但实际上存在一些安全性的问题。分片的概念原理如图 5-11 所示。

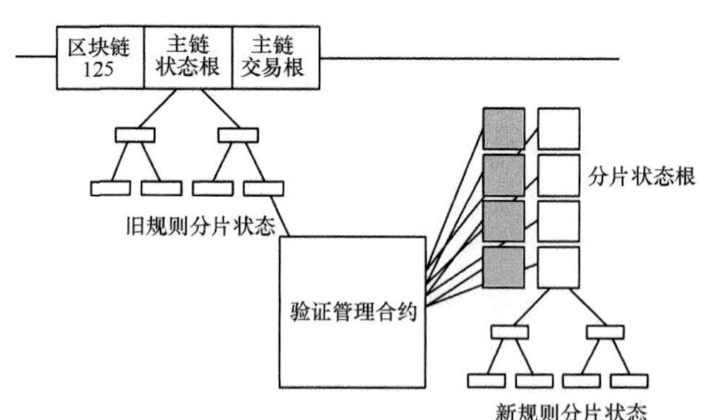

图 5-11 分片原理

在单一区块链中，存在一个三角形问题：去中心化、可扩展性、安全性。不能做到 3 个特性都完美，要追求两个特性必须舍弃另一个特性，之前的比特币和以太坊网络就是牺牲扩展性换取安全的，现在的分片技术则是为了效率舍弃了部分安全性。分片很容易暴露出“1% Attack”问题，即攻击者通过控制一个分片上的大多数（大于 $\frac{2}{3}$ ）校对器来创建一个可以提交无效校对块的分片，进而将恶意区块添加到区块链中。对于这个问题，对校对器进行一定频率的随机采样，将校对器从一个节点池中分配给分片，这样校对器在分片前不知道自己被分到哪个分片，每个分片也不知道能够分到哪些校对器，并且还需再次随机选取实际验证交易的校对器，给攻击者控制校对器增加很大难度。PoS 概念的引入为随机采样提供了一个可信任的节点池，可以从 PoS 的验证者集中随机采样校对器，但采样需要足够普遍（Common）以确保这种采样是完全强制性（Compulsory）的，并且不能被恶意操控。

理论上，参与验证的节点是无限多的，分组也无限多，所以，以太坊处理交易速度是相当快的，容量也可以大幅度提升。以太坊开发团队正在测试将 Casper 共识机制与分片技术融合，共同完成以太坊的设计目标，从目前的进度来看，两者的产物 Casper CBC 有望在 2019 年年底前上线。

3. **子母链**（Plasma）

Plasma 是即将发布的另一个项目，它可能对以太坊网络的未来产生非常大的影响。Plasma 是实现区块链交易扩容的另一种方式，可以使状态更新效率大幅度提升（能达到每秒 10 亿级）。

Plasma 的主要思想是通过子链向根链（即以太坊）报告的方式来增加交易吞吐量，如图 5-12 所示。它本质上是存在于区块链上的区块链，由一系列智能合约组成。例如，用户的以太坊账户资产存储在 Plasma 子链上，但他的交易信息会存储在以太坊根链上。大量的交易信息可以提交到 Plasma 链上，只有非常少的数据会被存放到主链上。当这种情况出现时，任何人都可以指出错误，出错区块将会被踢出，其创建者也会受到惩罚。主链虽是全局计算的强制检查者，但也只计算和惩罚那些存在欺诈的行为，因为 Plasma 中的子链没有向主链公开自身链的全部内容，只是子链区块的头散列最终会打包到主链。

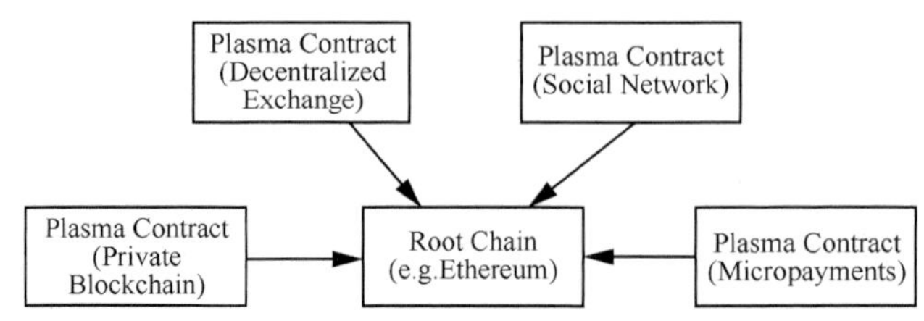

图 5-12　Plasma 子链与以太坊根链

Plasma的设计借鉴了闪电网络的一些想法，但它进一步扩展了闪电网络的概念，允许创建挂接到“主”以太坊区块链的“子”区块链。Plasma 由 5 个核心部分设计构成：① 一个激励层，用于持续地以优化的价格执行合约，以一种树状态形式来组织子链，尽可能地提高成本效率和网络交易清算效率；② 一个 MapReduce 框架，构建一个状态转换的欺诈证明，在嵌套的子链中，兼容树结构同时重组状态转换为可扩展的；③ 一个共识机制，依赖于主链，尝试复制 Nakamoto 共识（中本聪共识机制）激励；④ 一个 UTXO 提交结构，保证在主链下确定的状态转换，同时尽可能降低退出费用；⑤ 允许在数据不可用或者存在其他 Byzantine 行为时可以退出，这也是 Plasma 运行中的关键设计点。

在 Plasma 模型中，复杂的交易可以在子区块链中执行，可以与成千上万的用户一起运行整个应用程序，而与以太坊主链只有很少的交互。因为在 Plasma 子链上的操作不需要在整个以太坊区块链中进行复制，所以对交易的处理效率更高，同时收取费用也有所降低，这样就从一定程度上解决了交易扩容和交易处理效率问题。目前，Plasma 仍在安全性和稳定性方面进行测试，将给以太网网络带来巨大改变。

虽然以太坊创始人对 Plasma 方案很自信，称以太坊最新扩容方案 Plasma“基本准备好了”，但为了吸取“The DAO”事件的经验教训，新模式的正式发布仍然需要经过很多测试，前路漫漫。

5.3　超级账本

5.3.1　简介

以比特币为代表的加密“数字货币”获得了巨大成功，活跃用户数量和交易量逐

年增长。人们也渐渐意识到区块链技术的潜在价值，它不仅可以用作比特币的底层技术，还能够应用到更多的业务场景中。因而出现了很多利用比特币公有链的新型应用，如资产登记、公正等。但比特币的公有链无法克服自身固有的一些问题。例如，交易效率很低，整个网络吞吐量大约只有每秒 7 笔，而且每笔交易需要 60 分钟以上才能确认。另外，交易的确定性（Finality）问题也无法保证，从理论上讲，每个区块都是没有最终确定的。这些问题使比特币的公有链不能满足大多数商业应用的要求。

为了克服上述不足，设计适合商用的区块链平台成为迫在眉睫的事情。在各界强烈的呼声中，Linux 基金会于 2015 年 12 月启动了名为“超级账本（HyperLedger）”的开源项目，官方信息网站为 hyperledger.org。超级账本旨在推动各方协作，共同打造基于区块链的企业级分布式账本底层技术，用于构件支撑业务的行业应用和平台。超级账本将提供多种区块链技术框架和代码，包含开放的协议和标准、不同的共识算法和存储模型，以及身份认证、访问控制和智能合约等服务。模块化、性能和可靠性是很重要的设计目标，用于支持各种各样的商业应用场景。

该项目的出现，实际上宣布区块链技术已经不单是开源技术了，而且是正式被主流机构和市场认可的技术；同时，HyperLedger 首次提出和实现的完备权限管理、创新的一致性算法和可插拔的框架，对于区块链相关技术和产业的发展将产生深远的影响。

超级账本项目由会员公司组成。目前，超过 100 家全球知名企业和机构（大部分均为各自行业的领导者）宣布加入 HyperLedger 项目。只要是 Linux 基金会的会员公司，缴纳一定的年费，即可成为超级账本项目的会员。按照所缴年费数额的多少，分为首要会员（Premier Member）和普通会员（General Member）。还有一种无须缴费但无投票权的附属会员（Associate Member）。成为超级账本项目会员后，可以参加日常会议，享有会员特权并且需要履行会员义务。

项目社区由技术委员会（Technical Steering Committee，TSC）指导，首任主席由来自 IBM 开源技术部 CTO 的 Chris Ferris 担任，管理组主席则由来自 Digital Asset Holdings 的 CEO Blythe Masters 担任。另外，自 2016 年 5 月起，Apache 基金会创始人 Brian Behlendorf 担任超级账本项目的首位执行董事。2016 年 12 月，中国技术工作组正式成立，负责本土社区组织和技术引导工作。超级账本项目还设有理事会，负责日常事务管理，包括审核预算、监督项目和市场活动、表决重要事项等职责。每个首要会员可以委派一名理事会成员，普通会员中每年可推选不超过两名理事会成员。技术指导委员会主席以及一名用户顾问团成员也是理事会成员。官方网站提供了十分详细的组织信息。

超级账本项目的目标是为商业区块链应用提供底层支持，因此，在知识产权上采用了商业友好的使用许可。所有添加到项目中的代码都要使用 ApacheV2.0 的许可协议，项目对外提供的代码同样依照 ApacheV2.0 的许可协议，这是非常宽泛的许可协议，可以满足绝大部分商业应用的需求。项目的文档遵循知识共享 4.0 国际许可协议，适合商业和非商业用途。

超级账本中包括很多不同的项目，每个项目是社区在某方面协同努力的工作内容，既可以是创建的各类文档，也可以是开发特定功能的代码。超级账本采用了开源项目常见的孵化流程：一方面鼓励社区提出更多新的建议；另一方面给社区提供项目进展情况的指引，以便了解项目是否已经成熟可用，或处于试验或开发阶段。

超级账本项目根据发展程度可处于 5 种状态，分别是：提案（Proposal）、孵化（Incubation）、成熟（Active）、弃用（Deprecated）和终止（End of Life）。项目在开展的过程中，可能会在数个状态之间转换多次。目前，只有 Fabric 项目处于 Active 阶段。

超级账本的初始成员公司中，不少已经开发了自己的区块链项目。如 Fabric 和 Sawtooth Lack。

5.3.2 Fabric 项目

Fabric 项目的目标是实现一个通用的权限区块链（Permissioned Chain）的底层基础框架。为了适用于不同的场合，采用模块化架构，提供可切换和可扩展的组件，包括共识算法、加密安全、数字资产、记录仓库、智能合约和身份鉴权等服务。Fabric 克服了比特币等公有链项目的缺陷，如吞吐量低、无隐私性、无最终确定性以及共识算法效率低等，使用户能够方便地开发商业应用。

在超级账本联盟成立之前，IBM 公司就已经开源了一个叫作“开放区块链（OpenBlockchain，OBC）”项目。在联盟成立之后，IBM 把 OBC 项目约 44000 行代码贡献给了 Linux 基金会，这部分代码成为 Fabric 代码的主要组成部分。在 2016 年 3 月的一次“黑客松”编程活动中，Blockstream 和数字资产两个成员公司把各自的区块链功能代码融合到 OBC 中，最终建立了 Fabric 的雏形，也就是 Fabric 项目进入孵化阶段的基础代码。

超级账本有个重要的设计原则是按照“用例驱动”的方式实现的，所有功能都应有对应的用例需求。鉴于超级账本是个通用性框架，无法预先确定将来所有的应用场景，因此，定义出部分典型的用例，可使超级账本先满足这部分代表性的区块链应用需求，然后用可替换模块来满足其他需求。目前，Fabric 项目主要针对下面几种用例：金融资产管存、公司行为、供应链、主数据管理以及分享经济。需要指出的是，这些用例并非一成不变，随着项目的推进，可能会有所调整和增减。

5.3.3　Fabric 框架从 0.6 到 1.0

Fabric 的 0.6 系列是其第一个备受关注的稳定版本，虽然现在这个版本已逐渐被 1.0 所代替，但我们还是简单介绍一下当初 0.6 版本的设计理念，也让大家清楚地体会到 1.0 架构做了哪些保留和改进。0.6 的逻辑架构如图 5-13 所示，底层由 3 种服务构成：会员制服务、区块链服务和链码服务。在这些服务的基础上为上层应用提供编程接口（API）、软件开发工具（SDK）以及命令行工具（CLI）。

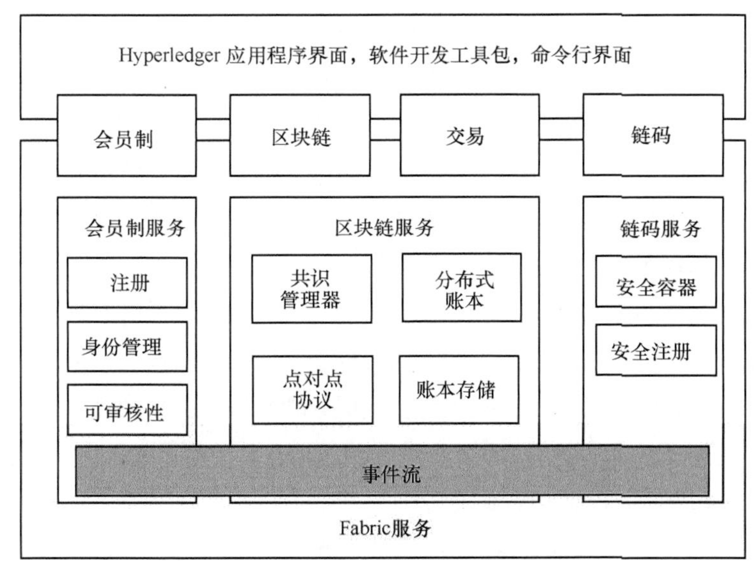

图 5-13　Fabric 项目架构

1. 会员制服务

Fabric 是权限区块链（Permissioned Chain），与比特币、以太坊这类匿名的无权限区块链网络最大的区别是具有身份识别能力。在 Fabric 账本各类事件和交易中，参与者和对象都具有明确的身份信息。身份服务（Identity Service）管理着系统中各种实体、参与者和对象的身份信息，包括参与的组织、验证者和交易者，账本中的资产和智能合约，系统组件（网络、服务器）以及运行环境等。验证者在 Fabric 网络建立时可以确定参加交易的权限级别。Fabric 中许多功能需要用策略（Policy）方式驱动，如说访问控制、授权、加入和退出网络的策略，身份的注册、验证、隐私和保密的策略，共识策略等。

2. **区块链服务**

Fabric 的区块链服务提供构建分布式账本最基础的能力，实现数据传输、共识达成等底层功能，并且提供发布/订阅的时间管理框架，分布式账本内部的各种事件可通知到外部监听的应用。Fabric 的区块链服务主要包含 4 个组件：P2P 协议组件、分布式账本组件、共识管理器组件和账本存储组件。

P2P 协议组件主要提供区块链节点之间直接双向通信的能力，包括流式数据传输、流控制、多路复用等方面。P2P 的通信机制利用现有互联网的基础设施（防火墙、代理、路由器等），把数据封装成消息，采用点对点或组播方式在节点间传送。

分布式账本组件管理着 Fabric 的区块链数据。区块链网络每个节点可以看作一个状态机，分布式账本组件维护着区块链数据（即状态机的状态），维持各个状态机之间相同的状态。分布式账本组件的性能直接影响整个网络的吞吐量，因此在许多方面需要较高的处理效率，如计算区块数据的散列值，减少每个节点需要存储的最小数据量，补足节点之间差异的数据集等。

共识管理器组件在各种共识算法上定义了抽象的接口，提供给其他 Fabric 组件使用。由于不同的应用场景使用不同的共识算法，Fabric 的模块化架构能够支持可切换的共识模块，通过统一的抽象接口，共识管理器接收各种交易数据，然后根据共识算法决定如何组织和执行交易，在交易执行成功后，再更改区块链账本的数据。Fabric 提供了 PBFT 共识算法的参考实现。

在区块链上保存大文件等数据是非常低效的操作，因此，通常大文件要存放在链外存储中。账本存储组件提供了链外数据的持久化能力，每个链外文档的散列值可保存在链上，从而保证链外数据的完整性。

3. **链码服务**

Fabric 的链上代码（Chaincode）主要是为实现各种智能合约（Smart Contract），

其实质是在验证节点（Validating Node）上运行的分布式交易程序，用以自动执行特定的业务规则，最终更新账本的状态。智能合约分为公开、保密和访问控制几种类型。公开合约可供任何一个成员调用，保密合约只能由验证成员（Validating Member）发起，访问控制型合约允许某些批准过的成员调用。智能合约服务为合约代码提供安全的运行环境以及合约的生命周期管理。在具体实现中，可以采用虚拟机或容器等技术，构造安全隔离的运行环境。

Fabric 项目的目标是提供构建分布式账本的基本能力，如账本数据结构、智能合约执行环境、模块化框架、网络通信等。用户可以在 Fabric 基础上调用应用编程接口，实现丰富的应用逻辑，灵活易用的 API 将大大促进围绕 Fabric 的生态系统的发展。Fabric 的主要接口采用 REST API，基本与 Fabric 服务相对应，API 分为身份、策略、区块链、交易（对应区块链服务）和智能合约等。为了方便应用开发，Fabric 还提供命令行接口（CLI），可覆盖部分 API 的功能，方便测试智能合约代码以及查询交易状态。

Fabric 的网络由身份服务节点、验证节点、非验证节点和若干应用节点组成，如图 5-14 所示。

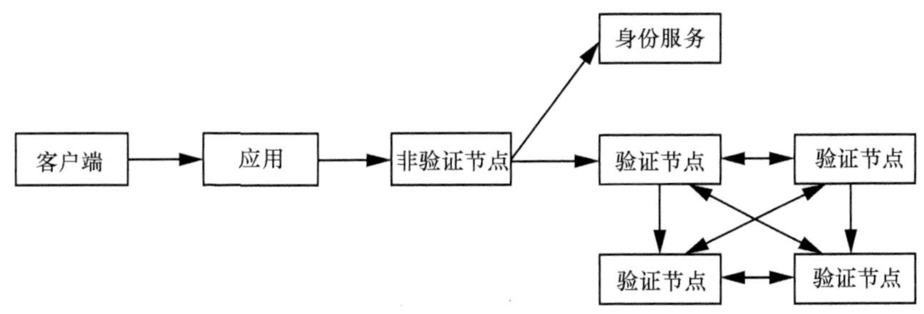

图 5-14　Fabric 的网络节点及拓扑结构

身份服务节点：负责发放和管理用户及组织身份，具体来说就是在注册、交易、传输过程中使用的各类数字证书，以及区块链相关的密钥。

验证节点：创建和检验交易，并且维护智能合约的状态。在执行交易时，一般需要和其他多数的验证节点达成共识（取决于共识算法），然后才能更新本地的账本数据。每个验证节点在本地都保存一份账本的副本。

非验证节点：主要是接收客户端的请求，组装交易，并发往验证节点处理，从这个角度看，非验证节点就像交易预处理器，并不负责交易的实际执行。为了加速客户端的查询响应速度，非验证节点在本地也保留一份账本数据的复制。

应用节点：主要提供用户端（如浏览器或移动设备）的后台服务，在收到请求后，把交易请求直接发往（或经由非验证节点转发）验证节点处理。

Fabric 的部署方式按照实际需要可能有多种形式。由于 Fabric 是联盟链，组成网络的节点分别属于不同的联盟成员，只要这些节点可通过网络互相连接，每个成员能够选择自己节点的部署方式：既可把节点部署在自有的数据中心，也可把节点部署到公有云中。如果在云端部署节点，需要更强的加密手段来防止公网潜在的恶意攻击。由于 Fabric 节点部署的多样性，规划时应把通信延迟、网络故障、节点失效、网络恢复等因素综合考虑在内，以符合应用的要求。

Fabric 上的交易分为两种：部署智能合约和执行智能合约。智能合约可以看作部署在账本上的应用代码。Fabric 客户端可以通过 API 提交应用代码给任意一个验证节点，如图 5-15（a）所示。该验证节点在确认是有效的应用代码后，将该应用同步到其他验证节点中。通过这种分发机制，应用代码最终会在各个验证节点保存一份，如图 5-15（b）所示。

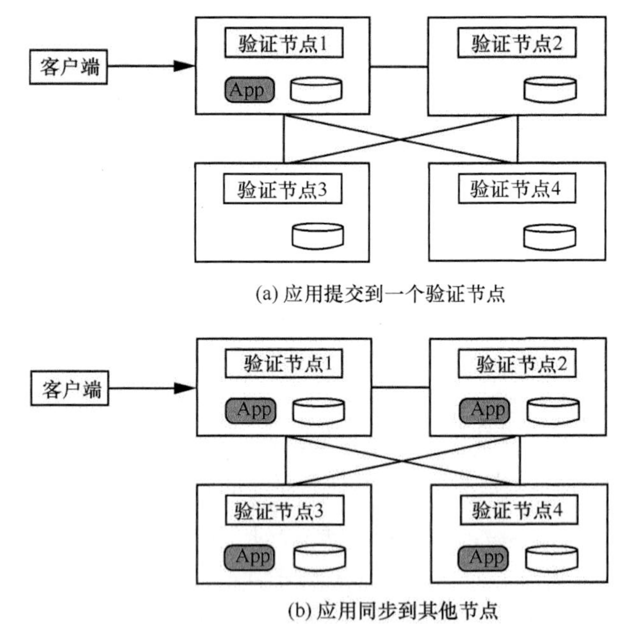

图 5-15　应用代码的发布过程

应用代码的执行示意如图 5-16 所示，步骤如下。

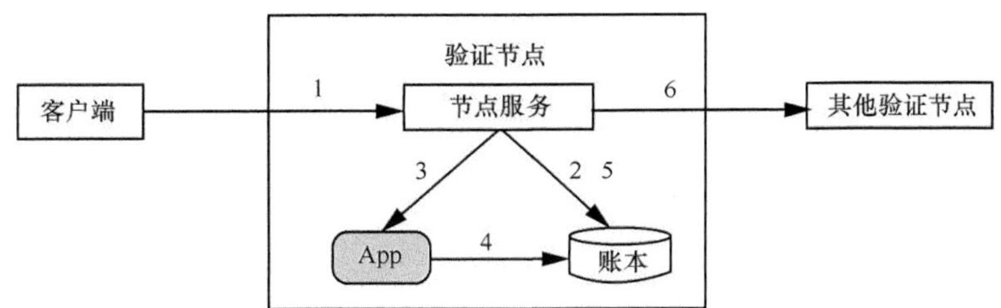

图 5-16　应用代码执行步骤

（1）客户端发送执行请求给任意一个验证节点。

（2）验证节点收到请求后，向本地账本发送启动交易的指令。

（3）验证节点创建隔离的运行环境，启动应用（智能合约）的代码。

（4）应用执行过程中，更新本地账本的状态。

（5）应用完成后，验证节点向本地账本确认交易。

（6）验证节点向其他验证节点广播交易。

HyperLedger Fabric 0.6 版本的运行架构如图 5-17 所示。

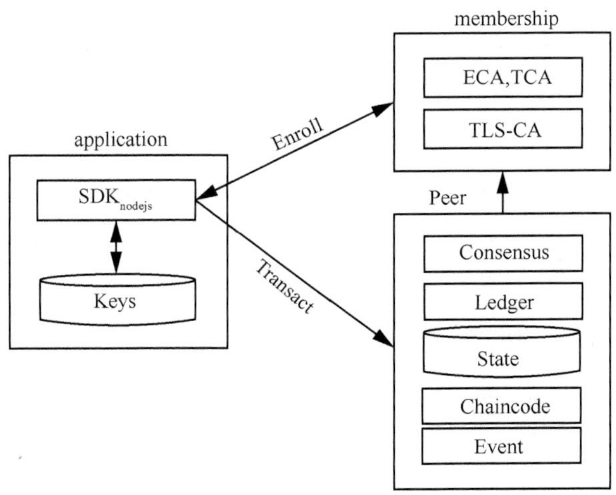

图 5-17　HyperLedger Fabric 0.6 运行架构

从图 5-17 中可以看到，HyperLedger Fabric 0.6 版本的架构是应用–成员管理–Peer 的三角形关系，主要业务功能全部集中在 Peer 节点，这种架构相对比较简单，而且由于 Peer 节点承担了太多功能，带来了扩展性、可维护性、安全性、业务隔离等方面的诸多问题，所以 HyperLedger Fabric 0.6 版本在推出后，并没有大规模被行业使

用，只是在一些零星的案例中进行业务验证。

最新发布的 HyperLedger Fabric 1.0 架构做了许多方面的改进，解决了以上所述的诸多问题，如图 5-18 所示。

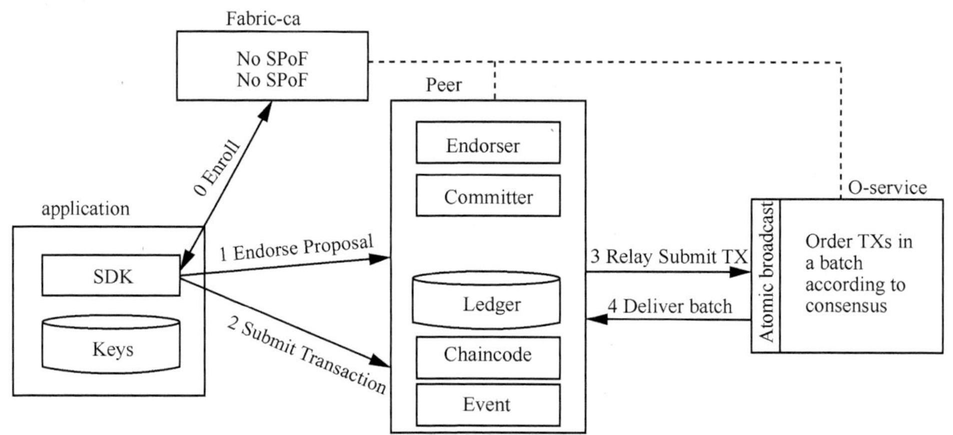

图 5-18　HyperLedger Fabric 1.0 运行架构

在 HyperLedger Fabric 1.0 架构中，节点类型分为 3 种：Client、Peer 以及 Orderer。Client 是客户端，即用户使用的 SDK。Orderer 节点主要提供共识（Consensus）服务。HyperLedger Fabric 1.0 删除了以往的验证节点（Validating Peer）和非验证节点（NVP），新的 Peer 被分为两种角色：Endorser 和 Committer。这两个角色不是绝对独立的，而只是功能上的区分。一个节点既可以拥有 Endorser 模块，也可以充当 Committer。一般来说，一个 Peer 不一定是个 Endorser，但肯定是个 Committer。其中，Orderer 和 Peer 上都维护着一套完整的账本。

为了解决以往的区块链无法支持交易私有性、合同保密性等问题，Fabric1.0 引入了通道（Channel）的设计，各种节点通过 Channel 相互连接。通道之间是相互独立不可见的，它们各自拥有一条自己的 Chain 以及 Worldstate，不同 Channel 之间消息不互通。但一个节点（Peer）可以根据通道的要求加入多个 Channel。因此，这类节点可以拥有多个链上的数据。

除了每个 Channel 自己拥有的区块链外，Fabric 还维护着一个系统区块链（System Blockchain），这条链上的区块是 Configuration Block，专门用来记录系统的配置信息、成员加入情况等。这条链是在 Inordering Service 中维护。

由于系统区块链的存在，链码（Chaincode）也分为两种，用户层面的（User

Chaincode）和系统层的（System Chaincode）。其中，系统层链码包含有以下内容。

- ESCC（Endorser System Chaincode）：用于提供 Endorsement 过程。
- VSCC（Validator System Chaincode）：用于 Committer 节点验证并提交收到的区块。
- CSCC（Committer System Chaincode）：选择验证确认区块的方式。
- LFSCC（Life-Cycle System Chaincode）：用于部署用户链码（UCC）。

综上，HyperLedger Fabric 1.0 版本架构目标如下。

（1）Chaincode 信任的灵活性：支持多个 Ordering 服务节点，增强共识的容错能力和对抗 Orderer 作恶的能力。

（2）扩展性：将 Endorsement 和 Ordering 进行分离，实现多通道（实际是分区）结构，增强系统的扩展性；同时也将 Chaincode 执行、Ledger、State 维护等非常消耗系统性能的任务与共识任务分离，保证关键任务（Ordering）的可靠执行。

（3）保密性：新架构对 Chaincode 在数据更新、状态维护等方面提供了新的保密性要求，提高系统业务、安全方面的能力。

（4）共识服务的模块化：支持可插拔的共识结构，支持多种共识服务的接入和服务实现。

接下来看在 HyperLedger Fabric 1.0 架构下的交易流程，如图 5-19 所示。

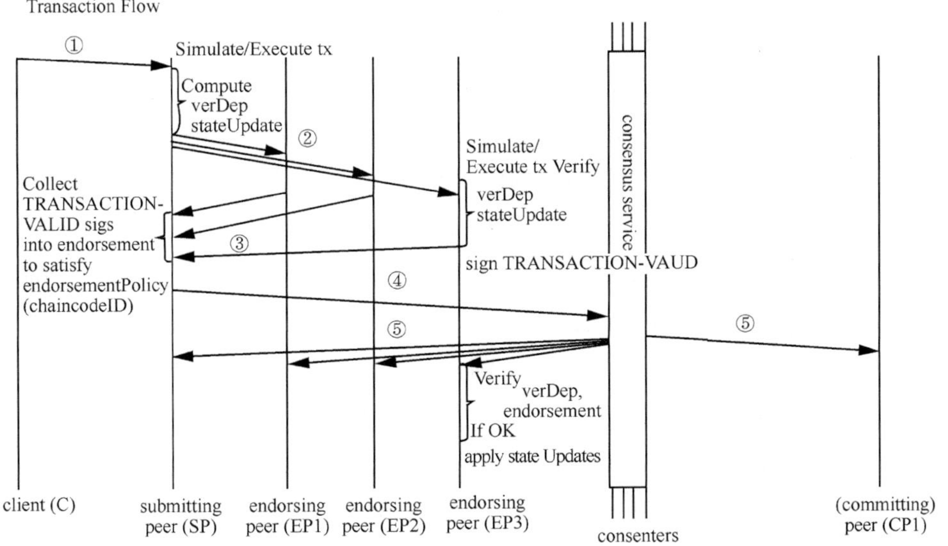

图 5-19　HyperLedger Fabric 1.0 交易流程

（1）Client（SDK）创建 Tran Proposal 并发送给直连的所有 Endorser。

目前还没有 Submitting Peer 的实现，这只是一个构想。现在 Client 需直连多个 Endorser 递交合约，在第 3 步 Endorser 把执行结果返回给客户端时，客户端也需要自己收集各个 Endorser 的消息。在 SP 实现后，客户端就可以只连接一个节点，并让这个节点完成以往收发消息的工作。之后的步骤也是在没有 SP 节点的基础上描述的。

（2）Endorser 模拟执行接收到的 UCC。智能合约只在 Endorser 节点上存放并运行，可以提前设置智能合约需要几个节点运行并达成共识。

（3）Endorser 节点将执行结果签名，并返回给客户端。

（4）客户端收集完所有的 Endorsement 后，将这些信息以 Transaction 的形式发送给 Orderers（即图中的 Consenters，这两个是同一模块，现在大多数的叫法还是 Orderers）。

（5）Orderer 对接收到的结果执行共识过程，并生成 block，通过消息通道批量地把 block 发送给所有 Committer（此时，之前所有的 Endorser 节点也会作为 Committer 来使用）。

（6）Committer 调用 VSCC 验证检查收到的区块，如果验证通过，则将该区块写入链并修改相关的 Worldstate。

因为整个过程是先模拟执行，然后将结果发送给 Orderer、Committer。有可能在合约 A 执行结束到 Committer 最后接收这段时间内，已有其他区块被收录并改变了有关的 Worldstate。这样，合约 A 最初的执行环境已经被改变，现在的结果不能作数。因此，VSCC 设有相关的检测（Concurrency Control Version Check），如果这个问题被检查出来，那么 Committer 报错并拒绝将此结果写入链中。

我们认为，对一个区块链来说，共识节点 Orderer 的设置不是必要的，共识功能完全可以由 Peer 完成。超级账本的设计之所以要专门设置共识节点，是因为 Fabric 的产品出发点是提供一个平台，用户根据需求在此平台上建立各种各样的多个链，因此 Fabric 将此功能独立出来，专门负责为所有链提供共识服务，同时也可以分担其他节点的压力。如果是设计自己使用的链，可以不设置单独节点专门提供共识服务。

最后介绍 HyperLedger Fabric 1.0 对于存储以及数据结构的设计，如图 5-20 所示。

Fabric1.0 的整个区块结构分为系统存储的 Block 结构和数据库维护的 State 状态。Fabric 1.0 弃用了 RocksDB，而改用 LevelDB 作为主要的数据库。同时，Fabric 1.0 舍弃了以往区块链存储的树形结构，全部使用基于文件的存储方式。使用 LevelDB 是因为这个数据库支持索引查询，可应对基于文件存储模式下的高效检索。默认情况下，在 Fabric 1.0 中交易是以 key/value 的形式存储在数据库中。LevelDB 同时还支持高效的 non-key 查询以及历史查询，多样的方式丰富了在区块链中数据的查询能力。除 LevelDB 外，Fabric1.0 还允许插入外部的数据库以加强查询功能，目前支持使用 CouchDB（beta 版）查询 JSON 格式的链码数据。

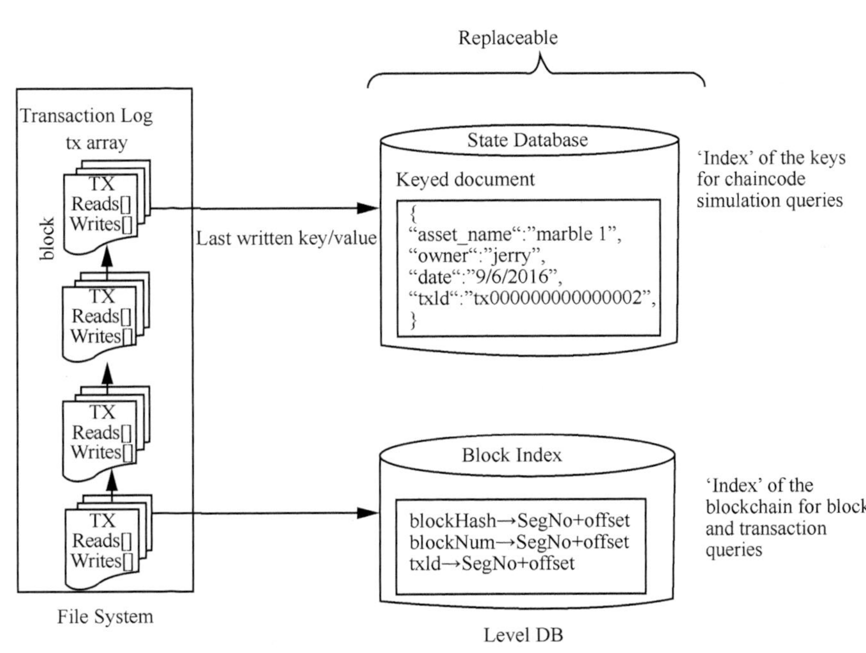

图 5-20　HyperLedger Fabric 1.0 存储以及数据结构的设计

通过以上内容，可以看到，Fabric 1.0 的改进可以说大刀阔斧，之前基于 Fabric 0.6 版本的开发无法直接移植到 Fabric 1.0 之上。相比起来，Fabric 1.0 版本更显成熟，并且各个模块也日趋完善。期待在 IBM 的推动下，Fabric 项目乃至区块链技术，可以被更广泛的人群所熟知，并应用于越来越多的领域。

第6章 区块链技术标准化情况

区块链技术带来的去中心化思想热潮引发了学术、产业界的高度关注，ITU、IETF、ISO 等国际组织确立区块链研究方向以探索技术标准化方向以及与应用的融合点，国内权威机构发布区块链标准规范、发展状况白皮书以指导区块链技术发展和应用。本章先后介绍和解读国外区块链标准研究状况和国内权威机构发布的区块链标准以及区块链发展报告，总结区块链技术目前在国内外的发展状况。

6.1 国外区块链标准研究现状

ITU（International Telecommunication Union，国际电信联盟）

ITU 于 2016 年至 2017 年初，SG16（Study Group16，第 16 工作组）、SG17 和 SG20 分别启动了分布式账本的总体需求、安全以及在物联网中的应用研究。成立三个焦点组（Focus Group）——分布式账本焦点组（FG DLT）、数据处理与管理焦点组（FG DPM）、法定"数字货币"焦点组（FG DFC），分别针对区块链与分布式账本技术应用与服务研究，基于区块链建立可信任的物联网和智慧城市数据管理框架，基于"数字货币"的区块链应用展开标准化工作。

IETF（The Internet Engineering Task Force，互联网工程任务组）

在 2017 年 6 月的 IETF99 会议上成立去中心化互联网基础设施提议研究小组（Decentralized Internet Infrastructure Proposed Research Group），计划研究区块链架构和相应的标准。2018 年，IETF 在区块链上更多关注区块链互联互通的标准的落地发展。

ISO（International Organization for Standardization，国际标准化组织）

ISO TC307（区块链和分布式账本技术委员会）成立 5 个研究组，分别负责参考架构、用例、安全、身份、智能合约 5 个方向的研究工作，制定全球区块链标准和相关支持协议。

JPEG（The Joint Photographic Experts Group，联合图像专家组）

2018 年 2 月第 78 届 JPEG 会议期间，JPEG 委员会组织了关于区块链和分布式账本技术及其对 JPEG 标准影响的特别会议。考虑到区块链和分布式账本等技术对未来多媒体的潜在影响，委员会决定成立一个特设小组在多媒体环境下探索与区块链技术相关的用例和标准化需求，以支持专注于图像和多媒体应用的标准化工作。

IEEE（Institute of Electrical and Electronics Engineers，电气和电子工程师协会）

成立区块链工作组 P2418（Standard for the Framework of Blockchain Use in Internet of Things（IoT）），重点针对区块链在 IoT 场景标准的研究，考虑未来区块链在 IoT 场景下接口对接标准的确立。

W3C（ World Wide Web Consortium，万维网联盟）

W3C 启动 3 个社群组织（CG）。其一是 Blockchain CG：研究和评价与区块链相关的新技术以及应用案例（如跨银行通信），基于 ISO20022 创建区块链的消息格式，并孵化 Flex Ledger 项目，重点关注区块链间的数据交互性。其二是 Blockchain Digital Assets CG：讨论在区块链上创建数字资产的 Web 规范。其三是 Interledger Payments CG：连接世界范围的多个支付网络（Ledger）。

6.2　国内研究现状

6.2.1　中国区块链技术和应用发展白皮书（2016）

2016 年 10 月 18 日，在工业和信息化部信息化和软件服务业司以及国家标准化管理委员会指导下，由中国区块链技术和产业发展论坛编写的《中国区块链技术和应用发展白皮书（2016）》正式亮相，区块链技术迎来了第一个官方指导文件。

《中国区块链技术和应用发展白皮书（2016）》中提出了区块链标准化路线图及区块链技术发展路线图。

1. **区块链标准体系**

《中国区块链技术和应用发展白皮书（2016）》从过程和方法、可信和互操作、信息安全这 3 个方面考虑，提出如图 6-1 所示的区块链标准体系框架，将标准分为基础、过程

和方法、可信和互操作、业务和应用、信息安全等5个大类。

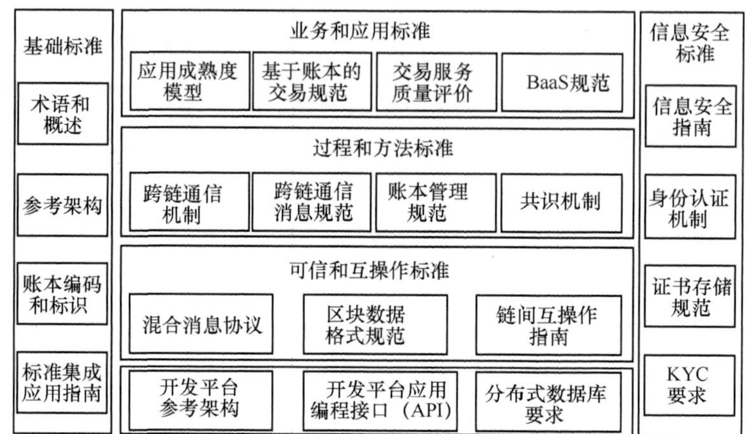

图 6-1 区块链标准体系框架

其中，每一标准都有具体的重点方向，如下。

① 基础标准的重点方向：区块链术语和概述、区块链参考构架、账本编码和标识、标准集成应用指南。

② 业务和应用标准的重点方向：应用成熟度模型、交易服务质量评价、基于账本的交易规范，如图 6-2 所示。

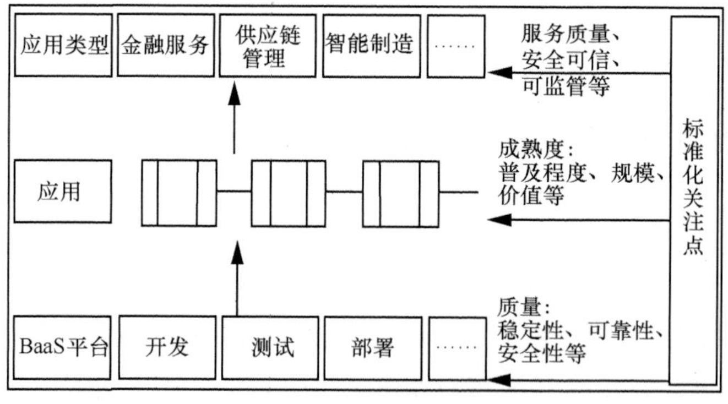

图 6-2 业务标准化分析

③ 过程和方法标准的重点方向：跨链通信机制、跨链通信消息规范、账本管理规范、共识机制，如图 6-3 所示。

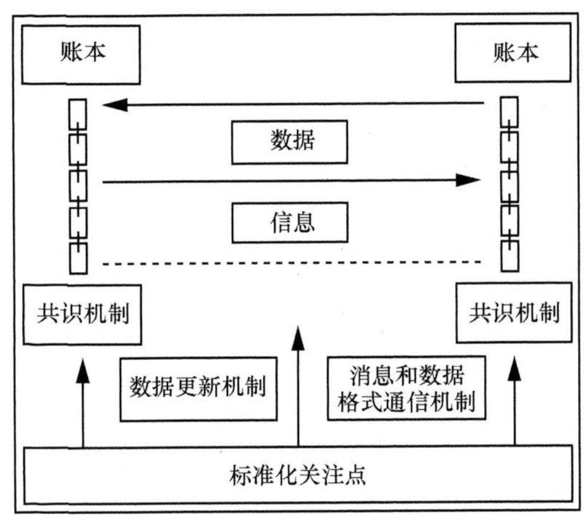

图 6-3　过程和方法标准化分析

④ 可信和互操作标准的重点方向：混合消息协议、区块数据格式规范、链间互操作指南、开发平台参考架构、开发平台应用编程接口（API）、分布式数据库要求，如图 6-4 所示。

⑤ 信息安全标准的重点方向：信息安全指南、身份认证机制、证书存储规范、客户识别要求。

2. 区块链标准化实施方案和工作进度计划

区块链标准化实施方案主要以标准体系建设为核心，由 4 个环节组成，即标准体系预研、标准研制、标准试点推广、标准体系改进。这 4 个环节促进标准体系不断完善和改进。区块链标准化的工作进度计划如表 6-1 所示。

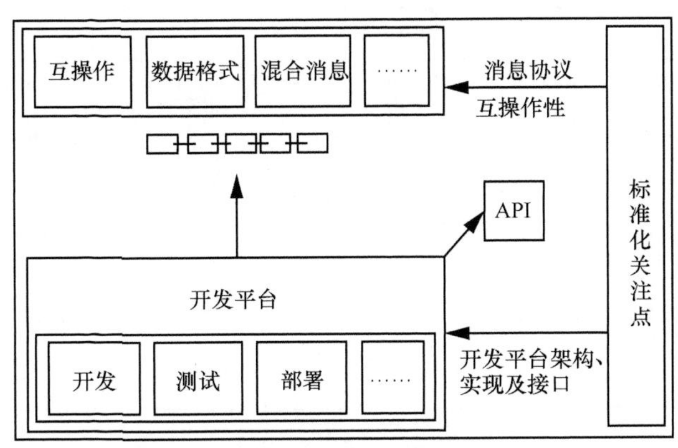

图 6-4　可信和互操作标准化分析

表 6-1　区块链标准化工作进度计划

阶段	主要工作任务
标准体系预研	（1）研究分析区块链发展现状及趋势； （2）研究分析区块链标准化需求； （3）明确区块链标准化工作思路； （4）确定标准化工作内容及工作机制
标准研制	（1）按照“急用先行、成熟先上”的原则开展标准研制工作； （2）优先开展术语和概述、参考架构等基础标准研制，针对过程和方法、可信和互操作、信息安全等领域，按照“成熟先上”的原则启动标准研制工作； （3）主导或参与国际标准化工作
标准试点推广	（1）对于已形成征求意见稿的标准草案，区块链技术和产业发展论坛成员单位按照自愿原则，开展标准验证工作； （2）对通过验证的标准，选择具备条件的省市和行业开展标准应用推广试点工作； （3）结合国务院要求，及时探索贯彻标准的机制和模式
标准体系改进	结合下列情况对标准体系进行改进： （1）工业和信息化部、国家标准化管理委员会等政府主管部门的相关政策要求； （2）标准研究制定及标准验证和试点的情况； （3）区块链技术和产业要求； （4）深入开展区块链标准化工作的要求

3. 区块链技术架构

区块链技术架构主要包含 3 部分，分别为核心应用组件、核心技术组件以及配套设施，如图 6-5 所示。

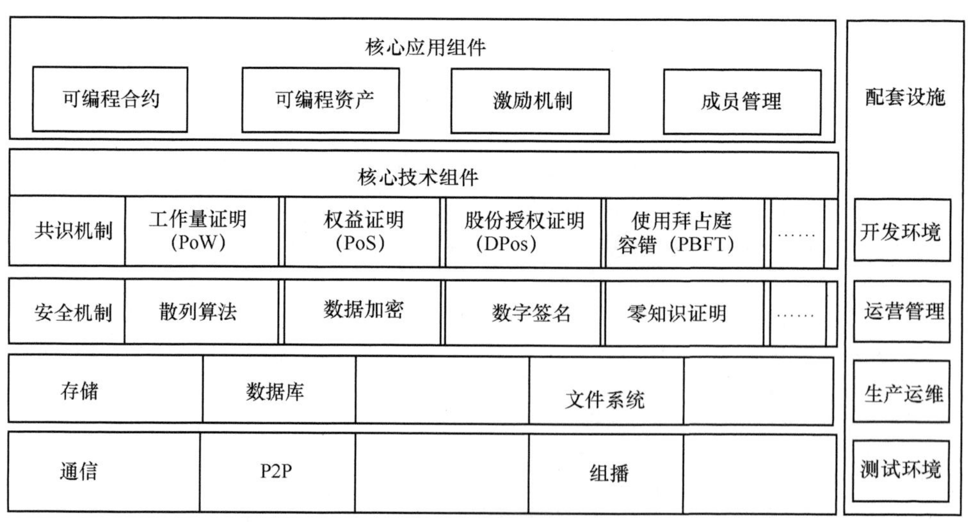

图 6-5　区块链技术架构

核心技术组件包括区块链系统所依赖的基础组件、协议和算法，进一步细分为通信、存储、安全机制、共识机制等 4 层结构。核心应用组件在核心技术组件之上，提供了针对区块链特有应用场景的功能，允许使用编程的方式发行数字资产，也可以通过配套的脚本语言编写智能合约，灵活操作链上资产。通过激励机制维系区块链系统安全稳定运行。对于联盟链和私有链，还需要有配套的成员管理功能。区块链作为典型的分布式系统，在研发阶段，需要具备与之配套的开发测试工具和环境；在生产阶段，需要建立相应的运维体系和运营管理功能。

6.2.2　信息技术区块链和分布式账本技术参考架构

2017 年 5 月，由工业和信息化部主导的“首届中国区块链开发大赛”暨“区块链技术和应用峰会”在杭州国际博览中心举行。由中国电子技术标准化研究院、蚂蚁金服、众安科技、万向区块链、中国平安等 13 家多个活跃在区块链领域的企事业单位共同起草的中国区块链技术和产业发展论坛团体标准《信息技术区块链和分布式账本技术参考架构》正式发布。

区块链和分布式账本技术参考架构涉及用户视图、功能视图、实现视图和部署视图，如表 6-2 所示。其中，用户视图实体如图 6-6 所示，功能层如图 6-7 所示。

表 6-2　区块链参考架构视图

BDLT-RA 视图	视图描述	范围
用户视图	系统环境、参与方、角色、子角色和区块链活动	范围内
功能视图	支撑区块链活动的所需功能	范围内
实现视图	实现服务、基础设施部件内的区块链服务所需的功能	范围外
部署视图	基于已有或新增的基础设施，对区块链服务功能的技术实现	范围外

注：虽然本标准包含对用户视图和功能视图的详细描述，但并不包含对实现视图和部署视图的描述，因为实现视图和部署视图与技术以及供应者特定的区块链实现和部署方式相关。

6.2.3　数据中心联盟《可信区块链》

数据中心联盟是由工业和信息化部通信发展司指导，工业和信息化部电信研究

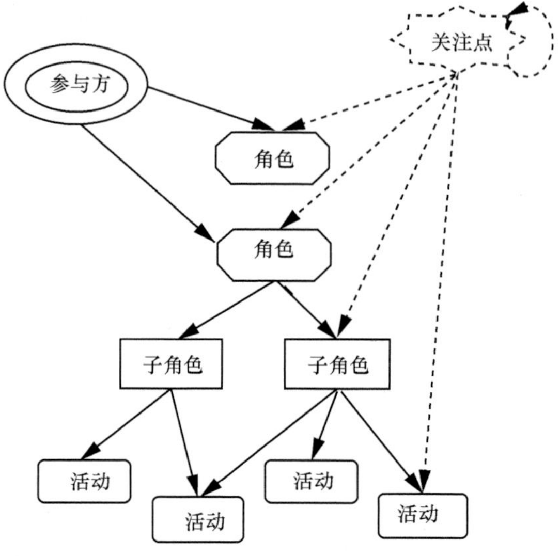

图 6-6 用户视图实体

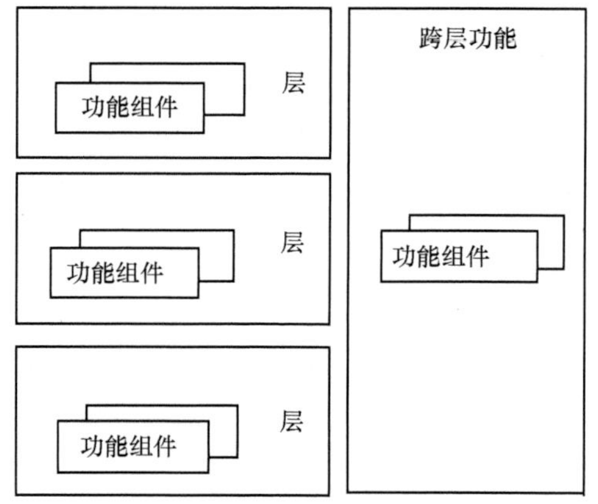

图 6-7 功能层

院（现为中国信息通信研究院）联合国内三家基础电信运营商、十余家主要互联网企业、国内主要硬件制造企业以及若干科研单位和组织等共同发起组建的，联盟于 2014 年 1 月 16 日在北京正式成立。2016 年 12 月，数据中心联盟发起可信区块链工作组，联合 30 余家成员单位开展《可信区块链》系列标准制定，从用户和应用的视角出发，提出了可信区块链的规范和指标，并组织了首轮评测活动。《可信区块链》系列标准包括两部分：第 1 部分为《可信区块链：第 1 部分区块链技术参考框架》，第 2 部分为《可信区块链：第 2 部分总体要求和评价指标》。

1. 可信区块链：第 1 部分区块链技术参考框架

《可信区块链：第 1 部分区块链技术参考框架》提出了区块链的定义，规定了区块链现在的参考模型，如图 6-8 所示，标准将参考模型分为平台层和应用层。平台层主要是区块链技术和特性发挥作用的地方。平台层通过多方共同维护、数据块的链式结构存储以及密码技术保证传输和访问安全等技术手段达到数据一致存储、无法篡改以及无法抵赖的能力。应用层是开展业务的层面。应用层是基于区块链平台层的基本能力开发出来的应用或应用集合，可以通过 API、SQL 等方式和平台层进行交互。

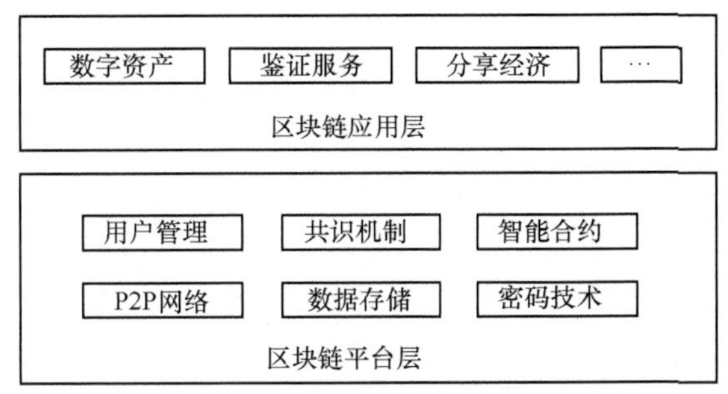

图 6-8　区块链参考模型

此外，标准规定：① 数据结构要求，包括区块创建、区块存储以及数据校验；② 分布式组网要求，包括 P2P 网络、分布式存储以及分布式计算；③ 多方维护要求及部署模式，主要体现在共识机制和部署模式上。

2. 可信区块链：第 2 部分总体要求和评价指标

《可信区块链：第 2 部分总体要求和评价指标》主要包括对可信区块链可信的总体要求，及对区块链产品的评价指标。可信区块链的可信主要是指以下方面的可信：第一，企业信息真实性披露，即区块链产品提供商的企业基本信息和业务基本信息是否真实有效；第二，区块链的产品技术要求，即所提供的区块链产品需满足《可信区块链：第 1 部分区块链技术参考框架》中基本的技术特性，不能将传统的数据库和分布式文件直接等价于可信区块链；第三，区块链产品评价指标，即区块链产品提供商是否就用户关心的关键问题做出了承诺或告知，承诺或告知的描述是否规范，是否能达到承诺的指标或要求。

目前，对区块链产品的评价指标有 14 项，分别为数据处理基本功能、身份认证、查询历史数据、节点管理、故障恢复能力、应用层稳定性、共识机制有效性、数据可审计性、妥善的私钥管理措施、密码技术合规性、吞吐率要求、核心技术自主可控、数据私密性及最小硬件要求。下面以密码技术合规性及身份认证为例，详述对区块链产品的评价指标。

（1）密码技术合规性

本指标要求区块链商品提供商披露其区块链产品采用的密码技术，且承诺该密码技术的加密强度、加密方式等符合国家密码管理局的相关规定要求。

（2）身份认证

本指标定义为区块链产品应具有对用户身份进行认证的功能。其规范性描述应包括以下信息，具体的身份认证功能在其说明文档中提供：① 是否支持用户注册、注销的功能；② 是否支持用户登录、用户在登录态有效期内才能进行区块链上数据操作的功能；③ 是否支持存储用户注册、登录和密钥信息的功能，并说明存储的具体方式；④ 是否支持用户授权（权限管理的功能）；⑤ 是否支持复用、兼容原有用户注册、登录的功能（如银行 Ukey、微信、微博等登录）。

6.2.4 区块链数据格式规范

2018 年 1 月，在由工业和信息化部信息化和软件服务业司指导、工业和信息化部中国电子技术标准化研究院主办的中国区块链技术和产业发展论坛第二届开发大会上，《区块链数据格式规范》标准正式发布，该标准的发布有助于为区块链系统的数据结构设计提供参考，为区块链行业应用提供统一的数据标准，对我国区块链标准建设具有重要意义。

该标准规定了区块链技术相关的数据对象结构，包括区块、事务、实体、合约、账户、配置 6 个主要数据对象。图 6-9 给出了数据视图相关的实体间关系。

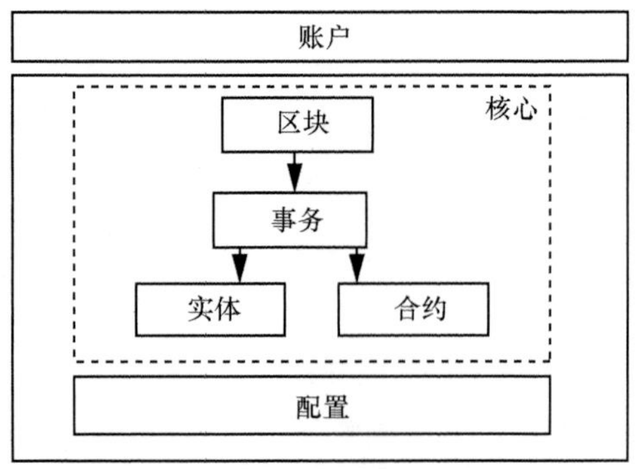

图 6-9　数据视图相关的实体间关系

同时，该标准以数据对象的类别为依据，将区块链数据分为以下 6 类：账户数据、区块数据、事物数据、实体数据、合约数据以及配置数据，并通过数据标识符、中文名称、英文名称、数据类型、数据长度、数据说明、数据备注等 7 个属性来描述区块链数据元的属性，属性说明如表 6-3 所示。最后给出了对各种区块链数据元属性的说明和要求。

表 6-3　各种区块链数据元属性的说明和要求

属性名称	属性说明
数据标识符	各数据元的唯一标识，编号是以阶层式分类的，分别将数据分类和数据元依顺序进行流水号编码记录。 前段码为数据分类号码，后段码为数据元的流水号，详见附录
中文名称	数据元的中文名称，在一定语境下名称应保持唯一
英文名称	数据元的英文名称，在一定语境下名称应保持唯一
数据类型	描述数据元的特征和基本要素，本标准中使用的数据类型主要包括字符串类型、整数类型、数组类型
数据长度	描述该数据元的长度，在本标准中用定长或不定长表示，并给出了推荐字节长度
数据说明	详细描述该数据元的内容和表达的含义
数据备注	描述该数据元是否必要，在本标准中分为必选和可选

6.2.5　2018 中国区块链产业白皮书

2018 年 5 月 20 日，2018 中国区块链产业高峰论坛在北京召开。论坛上，工业和信息化部信息中心发布《2018 中国区块链产业白皮书》。《2018 中国区块链产业白皮书》系统地分析了我国区块链产业发展现状，对我国当前区块链产业的生态构成进行了解析，总结我国区块链产业发展特点，特别是对区块链技术在金融领域和实体经济的落地应用进行了深入研究，通过列举大量区块链应用和产业实践展现了区块链技术较快落地的典型领域、典型模式和典型案例，最后对我国区块链产业的重要发展趋势进行了展望，对一些行业热点问题也给出了描述。

《2018 中国区块链产业白皮书》指出，目前我国区块链产业链条已经初步形成。截止到 2018 年 3 月底，我国以区块链业务为主营业务的区块链公司达 456 家，从上游的硬件制造、平台服务、安全服务，到下游的产业技术应用服务，到保障产业发展的行业投融资、媒体、人才服务，各领域的公司基本完备。

6.2.6 区块链“白皮书”（2018 年）

为推动区块链技术与实体经济深度融合，形成发展共识，中国信息通信研究院和可信区块链推进计划共同组织编写了《区块链“白皮书”（2018 年）》。“白皮书”深入解读了区块链内涵概念，提出了区块链技术体系架构，分析了区块链关键技术发展路线，剖析了当前区块链在政策、产业、技术和标准方面的最新形势和发展机遇，探讨了区块链发展面临的挑战，并提出了相应政策建议。

《区块链“白皮书”（2018 年）》显示，目前全球共有 1242 家公司活跃在区块链产业生态中，美国、中国、英国区块链企业数量分列前三位，从事“加密货币”相关技术与服务的公司数量最多，其次是区块链技术和软件平台研发公司。我国区块链企业数量排名前五的城市依次为北京、上海、深圳、杭州、广州，其中，北京有 175 家区块链企业。在专利申请方面，我国在区块链领域的专利申请数量已居全球首位。截至 2018 年 7 月，全球区块链相关专利申请达到 3731 件，中国累积区块链专利申请达到 2002 件。

第7章 区块链技术的应用探索

区块链技术作为强大的去中心化工具被应用于诸多实际场景，低成本的信任建立模式能够融入经济社会商业关系建立的过程中，点对点的网络架构能够给共享经济带来更多的发展空间。区块链的开放性理念给人类带来了许多前所未有的灵感，本章介绍目前区块链技术在数字资产、物联网、娱乐、社交等领域的具体应用状况。

区块链技术从诞生之日起，一直受到广泛的追捧。“第四次工业革命”“颠覆世界的技术”……区块链技术被冠上了种种称号，人们也对其先进的理念寄予厚望。据不完全统计，全球现已有 20 多个国家正在投资区块链技术，在过去 3 年中，区块链的风险投资超过 14 亿美元，产生了 2500+的区块链相关专利。

面对如此火热的态势，我们应该冷静下来思考，区块链这项技术真的那么强大吗？哈佛商学院的一篇关于区块链的评论文章中提到“区块链真正对企业和政府带来变革还需要很多年。因为区块链并不是一种‘颠覆性’技术，颠覆性技术能够以低成本的解决方案冲击传统的商业模式，同时可以快速取代传统企业。”至少从目前的实际情况来看，已有的区块链项目印证了这一点。

除了这项技术本身比较新、实践缺乏借鉴外，区块链本身“去中心化”的思想与现在的社会也存在着种种矛盾。现在的各行各业都是基于中心化管理的，人类社会的运行已经适应了这种模式，如果突然变成去中心化的模式，势必会出现各种各样的问题。当人们发现区块链技术很难推进，而其本身也不是万能的时候，这项技术将会迎来一个必要的沉淀低谷。

区块链技术虽然不具颠覆性，但若说改变世界，相信它还是可以做到的。好在目前大家也都努力地探索，让这项技术更自然地与已有的模式相结合。联盟链就是一个很好的例子，既然不能做到去中心，那就实现多中心。这样，不仅分散了以往单中心的权威，避免造成寡头局面，而且实现了资源信息共享，保证了数据的一致性，降低了各种成本。这种双赢的局面也是大家愿意看到的。可能有人会觉得，联盟链、私有链已经改变了区块链的初衷，不是一个完全去中心的模式。但我们认为，罗马不是一天建成的，区块链技术也需要有个慢慢渗透、慢慢被大家接受的过程，当其渐渐成为主流趋势时，更理想的模式会到来。所以说，多种链的出现是区块链技术在改变世界途中必经的重要阶段。

正如前文所述，区块链并不是万能的。所以大家在开发相关应用之前，应该先思考一下区块链的特点到底是什么，能解决什么问题，在哪些方面有优势，是否符合自己的需求……在我们看来，区块链首先是一个去中心化的分布式数据库。区块链的节点间互联互通，共同维护一个账本，这样不仅缓解了以往单个节点处理所有数据的压力，而且做到了多备份，减少许多通信中不必要的延迟。其次，区块链有一定的透明性，链上节点都可以平等地看到同样信息，这样有助于数据共享，减少了不必要的成本。而且区块链的透明性、可追溯性、难以篡改性都保证了区块链是一个可靠的数据库，足够在信任缺失的场景下，建立可信的账本。

从目前主流的区块链项目来看，主要有 4 类。

第一类：币类。币类项目是最早的区块链项目，主要包括比特币和莱特币等项目。此外，还有一类资产具有匿名的特点，主要功能包括实现支付的同时可以保护支付双方的隐私，比较知名的有达世币、门罗币及采用零知识证明的零币等。目前全球的数字资产种类超过 1000 种，币类区块链项目数量增长不快。

第二类：平台类。平台类项目是指建立技术平台，用于满足各种区块链应用开发。简单地说，平台类应用让开发者可以在区块链上直接发行数字资产，编写智能合约等。智能合约就是在区块链数据库上运行的计算机程序，其源代码设定条件下自动执行。举个例子，在区块链上开发一个基于房屋租金协议的智能合约，当业主收到租金时会触发自动执行，并将公寓的安全密钥给租户。平台类区块链项目的主要功能是建立底层的技术平台，让开发者在底层技术平台上做应用开发，可以降低在区块链上开发应用的门槛，如之前介绍的以太坊、超级账本。

第三类：应用类。应用类项目就是基于区块链开发平台（如以太坊）开发的能够解决实体经济各个领域诸多问题的区块链项目。例如，基于区块链的预测平台 Augur、基于区块链的算力交易平台 Golem、基于区块链的奢侈品溯源平台 VeChain、基于区块链提供资产兑换及转移服务的 OmiseGo。利用区块链技术，这些项目可以更好地解决信任问题、跨国界流通等问题，同时，利用区块链上的智能合约可以更

好地实现自动执行，大大提高社会经济活动的效率。应用类区块链项目范围比较广泛，涵盖金融、社交、游戏、产权保护等诸多领域。

第四类：资产代币化。资产代币目前只有不超过 10 个品种，比较典型的代表是对标美元的 USDT，对标黄金的 Digix DAO，DigixDAO 每个代币代表 1 g 由伦敦金银市场协会认证的黄金。资产代币化具有方便交易，便于保管等优势。首先，资产代币化更方便交易。因为区块链资产可以拆分，具有更好的流动性。其次，实物资产代币化更利于保管。黄金等在实物交易中，很容易形成磨损造成损失，但是实物资产代币化后并不需要进行实物转移，更利于实物资产的保管。

接下来，给大家分享一些数字货币之外的典型的区块链的实际探索。

7.1　区块链与数字资产

随着信息技术的发展，除了将货币数字化外，我们的其他很多资产，如积分、礼品卡、通话时长、能源信贷、股票、证券、房产等，以后都可能将数字化。一方面，数字化的资产解决了纸质文档的安全、保管、防伪造等问题；另一方面，将资产数字化，我们可以借助线上操作去管理、变更，这样就省去了许多线下处理时不必要的流程。

区块链让很多人感受到了这种技术的安全性和广阔的发展前景，把我们向数字资产化的时代又推进了一步。经济学人把区块链称为创造信任的机器，在区块链的系统中，参与者无须了解任何人的背景资料，也不需要任何第三方机构担保保证，区块链记录信息的产生需要全网络见证。数据保护在共享数据库中难以被删除、篡改和修订。在这个场景中，我们在互联网进行的每一个协议过程任务和付款，都将被识、验证和存储，因此可以放心地把资产放在区块链上管理。

数字资产管理方面的应用，可以说是区块链技术在当前探索阶段的一个重头戏。目前，国内已有多家在此方面做得不错的企业，如布比、小蚁、信和云等。虽然业务类似，但他们的实现方式以及技术细节不尽相同，大家感兴趣的可以查阅相关项目的资料。

7.2　区块链与物联网

1991 年，Weiser 倡导重新思考计算机的概念，将计算机整合到自然人文环境，使其无处不在。他在当时写下了“计算机与电灯开关、恒温器、音响和微波炉”，这些都可以通过“无处不在的网络连接在一起”。自那以后，物联网（Internet of Things，IoT）这个概念开始火热起来。

其实，将区块链技术应用到物联网领域的想法已经存在一段时间了。事实上，区块链技术至少在 IoT 的 3 个方面能够成为其合适的解决方案：大数据管理、安全和透明性，还有对基于相互连接的智能设备之间服务交换的微交易带来的便利。

在数据管理方面，由于 IoT 在本质上是与大数据相连的。随着安装的 IoT 单元不断增加，物联网中收集到的消费习惯和行为模式数据成倍增加。这一庞大的数据如何处理成为一个必须解决的问题。在此情况下，人们开始尝试结合区块链技术形成一个物联网的“物账本”。这样不仅能够为记录所有 IoT 单元的数据提供合适的解决方案，同时还能保证一旦数据被记录，之后不可以再更改。

物联网中，设备间通信的安全性一直是个重要问题。一些黑客曾演示通过伪造消息的方式，入侵智能设备从而获取其控制权。若成功入侵一台洗衣机，就可以使其不停空转甚至引发火灾。结合区块链技术后，智能设备之间的消息能够通过有效可靠的方式传达。并且运用共识算法使单点在执行操作前，先经过其余节点的共同验证决策，大大减小了被恶意控制的可能。

利用区块链的智能合约，可以通过接口和物理世界的钥匙、酒店门卡、车钥匙、公共储物柜钥匙作程序的对接，达到区块链上一手交钱、物理世界一手交货的原子交易的效果。

7.3　区块链与大数据

如今，世界进入大数据时代，但这并不是单纯意义上“很大的数据”，而是一种数据解决方案，海量化和快增长的大数据发展趋势对底层硬件架构和文件系统提出了很大挑战。谷歌的 GFS 和 Hadoop 的 HDFS 奠定了大数据存储技术的基础，目前存储技术还有 HBase 和 Kudu 等。而区块链本质上也是一种分布式的数据库系统，区块链技术作为一种链式存取技术，通过网络中多个参与计算的节点来共同维护。

底层计算方面，大数据的挖掘和分析是通过执行大量复杂的算法得到数据中的价值，因此需要高性能的计算能力，其中，节点管理、任务调度、容错和可靠性都是大数据的关键技术。大数据分布式计算技术是 Hadoop 的 MapReduce 编程模型，通过添加服务器节点可先行扩展系统的总体处理能力，在成本和可扩展性上都有巨大优势。而区块链在底层的计算使用的是共识机制，即在分布式的节点之间如何达成共识，虽然很容易在网络中添加节点，但是添加节点不一定能够提高整个网络的算力，如果加入网络的节点性能较差，反而会负面影响整个网络达成共识的进程。

在重温大数据和区块链的主要特点后，我们从 CAP 定理的角度继续分析。CAP 定理是指一个分布式系统不可能完全实现一致性、可用性、分区容忍性，必须在 3 个特性之间进行取舍。具体到大数据来说，它牺牲一致性来换取可用性和分区容忍性，而区块链优先考虑了一致性。通过 CAP 定理，可以看出区块链与大数据的诸多特性差异明显，结合两者各自的特性及适用的场景，一定会设计出多样化的系统。“区块链+大数据”模式从刚刚起步到成熟应用大致分为 5 个发展阶段，这其中的每一步所需要的不仅是商业推进，更需要技术的成熟和社会的发展。

第一步：将区块链作为一项用于大数据采集和共享的分布式存储技术。其实是将区块链作为一种底层技术支持的基础设施，并提供一套标准应用程序接口（API）和开发者工具（SDK），为上层各场景的实际应用提供服务。打破信息孤岛、数据公开透明、构建一个开放的数据共享生态，是未来大数据的发展方向之一。而区块链难以篡改、全历史记录的特点使它能够在强调透明性、安全性的应用场景中表现突出，打破相关利益者的信息孤岛，形成关键信息篡改、可溯源、公开透明、安全可靠的大数据体系。例如，某些会对环境造成污染的企业，为了降低成本，对排放检测设备或者监测数据做手脚，如果能够将设备与设备记录的数据统一上链，则这些数据会被难以篡改地、真实可信地记录在全网节点。

第二步：将区块链作为大数据分析平台干净规范的数据来源。区块链的可追溯性使数据从采集、整理、交易、流通及计算分析的每一步记录都被留存，使数据获得前所未有的质量保证，尤其是一些必须要求正确性的重要数据，把难以篡改的区块链作为数据源就很有必要。例如，已经落地的互联网金融监管新措施要求监管同一单位或个人在所有互联网金融平台上的融资上线，如果能够利用统一的区块链，把同一主题在所有互联网金融平台的资金信息作为重要数据记录，并和其他数据一起分析，监管部门能够高效监管，也为相关机构提供参考数据。

第三步：将数据作为一种资产在区块链网络中交易。区块链是从比特币开始为人所知的，在区块链 3.0 中，可以将任何资产数字化后进行注册、确权、交易，智能资产的所有权被持有私钥的人所掌握，能够通过转移私钥给另一方等方式来完成出售资产行为。如果将收集到的数据作为一种资产，那么区块链将可以作为数据交易的智能可信平台，促进数据的实质性流通和产业化应用。在区块链存储基础上，通过区块链上部署智能合约的方式实现与数据共享相关的业务处理逻辑，如购买、出租、转让等。智能合约在上线后自动运行，实现对数据共享的全自动交易和后续的账务服务。

第四步：将区块链作为万物互联的基础设施支持大数据全生命周期。区块链作为一种底层技术，结合上层应用后可以包含全社会各类资产，给不同交易主体和不同类别资源的跨界交易带来了可能。在这个跨界交易网络中，只要用户信用良好，资源有价值，就可以进行资源分享交易。区块链在过程中可以保证资金和信息的安全，并通过智能化的互信和交易功能完成此前无法完成的交易和合作。在未来，区块链会是如今互联网一样地位的基础设施，大家能在区块链上自主进行商业活动和社会互动，同时也是各类数据的源头。区块链能够从技术层面提供不易篡改的数据，同时也通过不同来源、不同角度、不同特征的海量数据，大数据分析可以基于全网分布式存储的结构化数据（存储在数据库上的数据）和非结构化数据（区块链上的数据），并通过新的存储技术（图像化处理）增大容量。到时，区块链可以为共同的价值互联网提供高质量、强信任的数据，而区块链本身则让大数据分析的补充数据源提升为大数据生命周期的主要数据源。

第五步：智能合约与大数据促进社会共治。未来大数据将有更多的预测任务，而区块链能够通过智能合约，将大数据得出的结果通过 DAO 自动执行大量任务，帮助预测落实到现实中。在未来的社会中，地方政府作为资源提供方，在精准扶贫、社会服务、公益医疗等方面，可以通过大数据作为公共产品需求者的精准分析工具，通过智能合约和区块链提供自动流程。在这个过程中，开展的各项活动内容都被记录下来，个人和团体的需求和改进状况也都被记录下来，能够做到公开透明、可监督可审计，减少很多人工干预和冗长的流程。这种区块链和大数据用于社会治理的构想刚刚起步，却让人感到难以压制的兴奋，我们期待区块链与大数据的融合能够真正开启全新的时代。

7.4 区块链与云服务

近几年，云计算领域热门话题连连，大事件不断，加上区块链技术持续火爆，区块链云服务平台（Blockchain as a Service，BaaS）进入大众视野。

BaaS 概念主要是由微软、IBM 最早提出，通俗意义上解释：BaaS 是一种新型的云服务，一种结合区块链技术的云服务。这些企业从自己的云服务网络中开辟出一个空间，用来运行某个区块链节点，旨在为移动和 Web 应用提供后端云服务，包括云端数据/文件存储、账户管理、消息推送、社交媒体整合等。

BaaS 一定程度上是 PaaS 的延伸，但两者也有区别。对比来讲，BaaS 简化了应用开发流程，而 PaaS 简化了应用部署流程。PaaS 是一个执行代码以及管理应用运行环境的开发平台，用户通过 SVN 或者 Git 之类的代码版本管理工具与平台交互，对于开发者来说，PaaS 就像是一个容器，输入是代码和配置文件，输出是一个可访问应用的 URL。而 BaaS 平台进一步将用户需求进行了抽象，如用户管理，开发者希望创建用户数据库表（模型）后，客户端可以通过 Restful 接口直接操作对应的模型，所有的操作都可以被抽象为 CRUD。之前，开发者需要创建表、写接口，而在 BaaS 平台中，开发者只需要定义模型，平台就会自动生成对应的接口，这让开发者更加专注具体的客户端代码。

目前，国内外发布 BaaS 的公司和产品如表 7-1 所示。

表 7-1　国内外发布 BaaS 的公司和产品

公司	BaaS 产品
微软	Azure
IBM	IBM Blockchain Platform
亚马逊	AWS
华为	BCS
腾讯	TBaaS
百度	度小满
阿里巴巴	阿里云 BaaS
纸贵科技	Zig-BaaS
58 集团	58BaaS
平安壹账通	壹账链
金山云	KBaaS
宜信	翼启云服 Blockworm BaaS

除以上区块链云计算产品外，还有很多云计算厂商也在加快步伐布局区块链技术。例如，全球云计算 SaaS 应用巨头 Salesforce 在 2018 年 9 月公布区块链和“加密货币”解决方案；甲骨文（Oracle）即将上线区块链云计算产品，是一个构建在 Hyperledger Fabric 开源项目上的云服务。

BaaS 节点的用途主要是：快速建立自己所需的开发环境，提供基于区块链的搜索查询、交易提交、数据分析等一系列操作服务，这些服务既可以是中心化的，也可以是非中心化的，用来帮助开发者更快地验证自己的概念和模型。BaaS 节点的服务性体现在：工具性更强，便于创建、部署、运行和监控区块链。

下面我们通过华为 Blockchain Service（BCS）、腾讯 Tencent Blockchain on Service（TBaaS）的架构和特点进一步了解 BaaS。

华为 BCS

华为云区块链服务在基于可信、开放、服务全球的华为云上运行，华为云产品和服务具有华为独有的新技术，以降低成本、弹性灵活、电信级安全、高效自助管理等优势惠及用户，BCS 可以和华为云技术产品和行业解决方案无缝对接，帮助企业在安全、高效、难以篡改等基础上轻松跨入云时代，快速部署新解决方案和应用。

为了解决区块链在企业级场景下的一些突出问题，包括系统性能、功能完备性、系统扩展性、易用性等，华为云区块链采用分层架构设计，将云区块链服务分成 4 层 2 列，如图 7-1 所示。

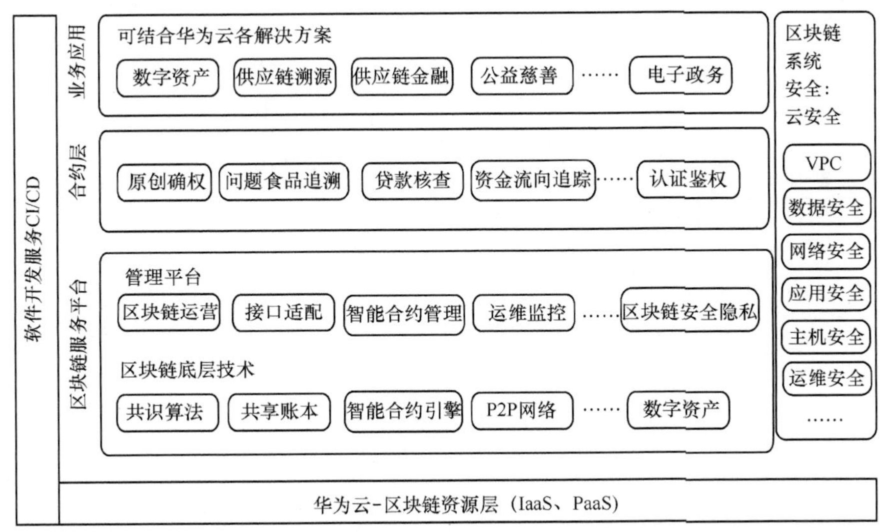

图 7-1　华为 BaaS 架构

腾讯 TBaaS

腾讯云区块链服务 TBaaS 采用联盟链的方式，以腾讯云为依托，在符合金融级别的合规性要求的同时，允许用户在弹性、开放的云平台上快速构建自己的 IT 基础设施和区块链服务。TBaaS 腾讯云区块链开放平台在支持 HyperLedger Fabric 区块链的同时，也支持 BCOS、TrustSQL、Corda、EEA 等不同区块链底层技术，并打通周边技术生态，为用户提供一整套进行区块链开发、测试、快速部署、弹性可控的企业级解决方案。

腾讯 TBaaS 在产品中加入了权威数字证书、硬件加速加解密、容器化资源管理、Devops 运维监控以及多项新型数据备份和恢复等安全机制，因此技术特性全面、技术架构完整。技术架构如图 7-2 所示。

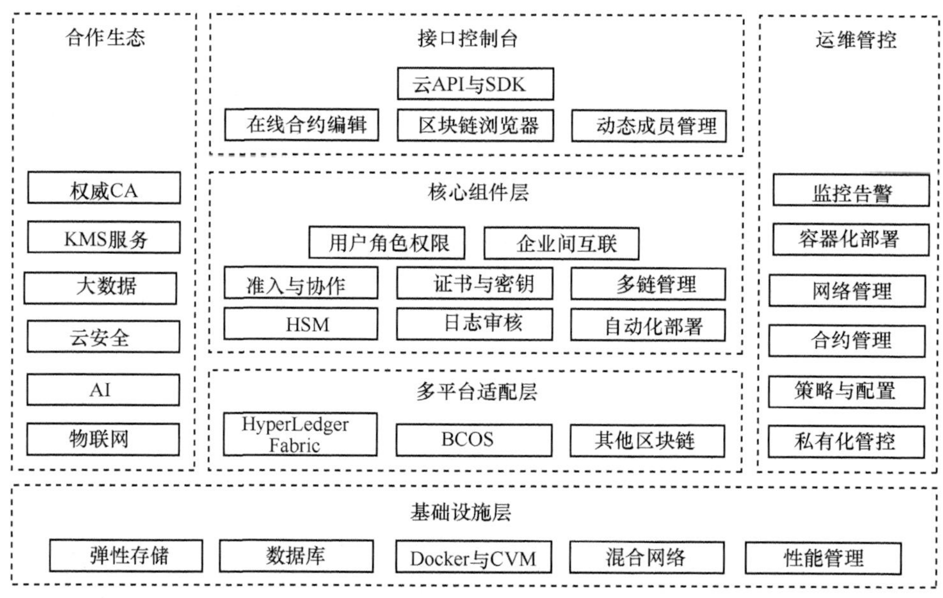

图 7-2　腾讯 TBaaS 架构

基于华为、腾讯以及其他明星 BaaS 产品的架构图，推测出区块链参考通用架构模式，如图 7-3 所示。

从图 7-3 中可以看出，主流 BaaS 产品架构一般分为 4 层，如下。

资源层。作为技术资源支持，将可信资源与技术，如平台自身的 PaaS 和 IaaS 资源、存储、容器等结合，为用户提供稳定可靠的底层资源支持。

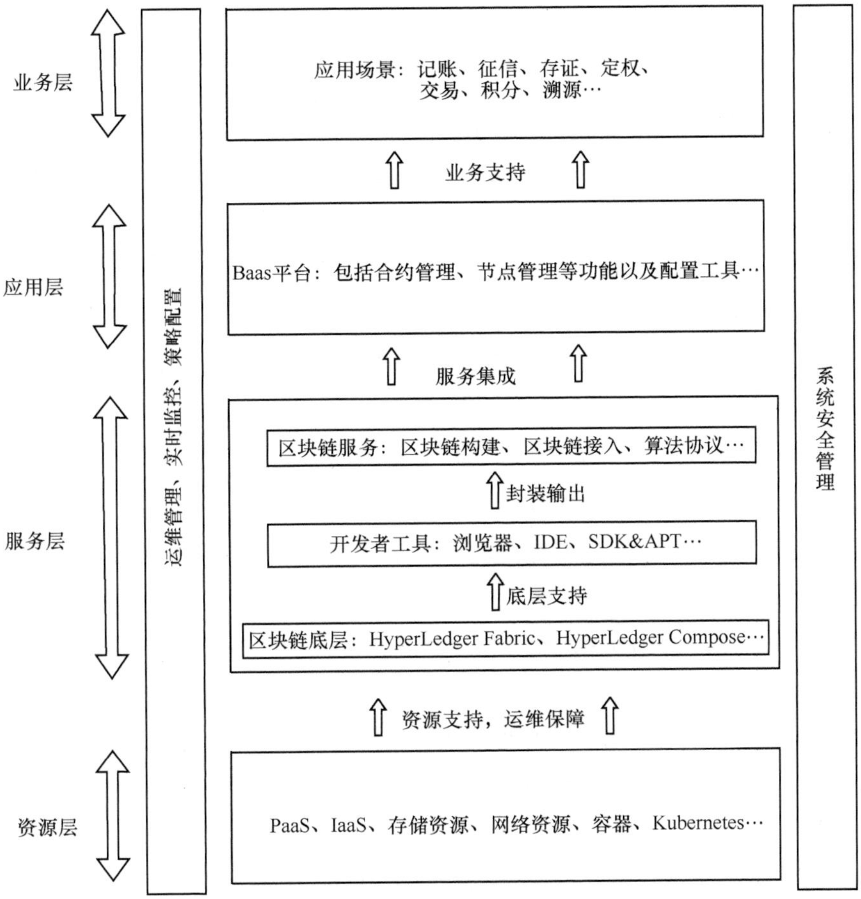

业务层

应用场景：记账、征信、存证、定权、交易、积分、溯源…

业务支持

应用层

Baas平台：包括合约管理、节点管理等功能以及配置工具…

服务集成

服务层

区块链服务：区块链构建、区块链接入、算法协议…

封装输出

开发者工具：浏览器、IDE、SDK&APT…

底层支持

区块链底层：HyperLedger Fabric、HyperLedger Compose…

资源支持，运维保障

资源层

PaaS、IaaS、存储资源、网络资源、容器、Kubernetes…

运维管理、实时监控、策略配置

系统安全管理

图 7-3 BaaS 通用架构

服务层。即模块化服务输出，在各类主流公链、联盟链等技术底层基础上，将开发所需工具分类整装成区块链浏览器、IDE 等可插拔的模块化服务并封装输出，以支持区块链构建、区块链接入、算法协议、行业应用等多种区块链服务。

应用层。进行集成服务的工作，将资源层与服务层的技术与服务集合成为系统化的区块链云服务平台、智能合约及配套开发工具，为用户提供便捷的区块链应用开发平台和工具。

业务层。结合场景应用，利用应用层集合而成的服务和工具为具体的应用场景提供服务接口，作为“应用商店”在记账、征信等领域实现区块链落地应用。

同时，在 4 层架构的两侧一般还有基于平台特色的安全和运维方面的基础技术支持，能够保障 BaaS 的整体安全性和完整性，为 BaaS 上的应用开发和系统维护保驾护航。

各个云计算厂商有自己的企业特色，在 BaaS 方面的特色也不同。但总体来说，现阶段的 BaaS 都是建立在已有的 PaaS 和 IaaS 基础之上，结合厂商自身的云平台优势做了区块链方面的扩展，因此有很多相同的特点，如下。

简单易用。作为企业级的区块链服务平台，一定要考虑到用户友好性，能够让非专业人员轻松上手项目是服务平台的基本要求。BaaS 能帮助企业实现自动化配置、部署区块链应用，并提供区块链全生命周期管理，让客户简单使用区块链系统，专注于上层应用的创新和开发。

云链结合。目前发布的大多数 BaaS 来自大的云计算厂商，是构建在厂商自身强大的云平台之上。已有的云服务平台提供各种区块链需要的无限可扩展的资源和丰富多样的云计算产品、定制化的各行业解决方案，能给企业带来更大的便利、价值和想象空间。

安全可靠。企业的商业数据是企业生存的命门，能否保证数据的安全性是企业关注的主要因素。BaaS 是区块链技术和云计算服务的结合，其安全性一方面来自区块链的共识算法、同态加密、零知识证明等安全机制；另一方面来自云平台完善的用户、密钥、权限管理，隔离处理，可靠的网络安全基础能力和运营安全基础。

成熟先进。目前的 BaaS 大都在 HyperLedger、Kubernetes 和 Docker 等开源组件的基础上搭建，汲取开源的优势，为用户提供成熟先进的区块链系统。

合作开放。各大厂商的 BaaS 专注于区块链底层技术和平台服务能力搭建，支持超级账本 HyperLedger Fabric 的同时，也逐渐支持其他优秀合作伙伴的区块链底层平台，未来将支持 R3 Corda、分布式身份、企业以太坊、IPFS、跨链交互等区块链技术与服务。

7.5 区块链与智能生活

区块链技术其实和能源互联网有非常强的内在一致性：第一，都强调去中心化，如能源互联网中电源的分布，以及消费者及生产者之间的新关系，其实都是去中心化在能源行业的着重体现；第二，都有自治性或者自律性，在能源互联网中特别强调系统和设备以及主体的生态化自治运行，和区块链的自治性是完美的结合；第三，

都重视市场化，区块链本身是一种金融科技，它和未来能源互联网的市场化和金融化是天作之合；第四，智能化、合约化，未来基于自律控制的智慧能源系统中大量的调度行为、交易行为以及交互行为和其他决策行为都是基于环境数据自动出发的。而其逻辑代码早在设计时就已经嵌入，这和区块链的智能合约完全是一脉相承。

2016 年 4 月，美国纽约布鲁克林试运行了一个将区块链和分布式发电结合的项目，实行用户之间的点对点交易，这是区块链在能源领域第一次正式应用。后来由于纽约不允许个人售电导致项目结束。2016 年 11 月，在阿姆斯特丹举行的 EMART 能源交易会上，23 家能源交易公司结盟开发使用能源区块链，其中，Yuso 和 Priogen Trading 公司使用由 PONTON 开发的 Enerchain 作为交易工具。Enerchain 软件让使用加密技术的交易机构以匿名方式发送订单，另一家交易机构可以查看该订单，整个过程没有第三方运营的中心化市场。2016 年 11 月，美国纽约的 LO3 公司与西门子数字电网（Siemens Digital Grid）以及区块链开发商 ConsenSys 合资成立的 TransActive Grid 公司正通过微网项目实现社区间居民的电力交易。居民用户接入智能仪表，即使家里没有发电设备，也可以与其他分布式家庭互联，买入电力。

针对医疗的数据安全和患者隐私保护，区块链匿名和去中心化的特性得到了很好的应用。这让医疗联盟之间进行远程数据共享、分布式保障与存储管理更加安全。PokitDok 是一家为医疗保健领域开发 API（应用程序界面）的公司，它在 2016 年 10 月首次推出名为 DokChain 的区块链——一个“跨越医疗行业，运行于财务和临床数据事务处理的分布式网络”。

2017 年 5 月，PokitDok 宣布与英特尔开展合作，共同开发 Dokchain 医疗区块链（如图 7-4 所示）解决方案，包括英特尔开源锯齿湖超级账本作为底层技术，并使用英特尔芯片处理区块链交易请求。在英特尔的开源区块链平台 Sawtooth 和 Intel 芯片及 SGX 技术的支持下，PokitDok 可以提高 DokChain 的可扩展性、隐私和安全性。正因为使用了 Intel 芯片处理区块链交易请求，DokChain 的安全等级达到了前所未有的高度，而这对于医疗保健领域是至关重要的。

围绕 Dokchain 展开大量的合作，扩大 PokitDok API 解决方案的适用范围，简化患者登记手续，自主处理健康保险管理，计算超出预算外的开支估计值，并简化各种医疗冗余流程，如医疗支付和报销等，这样，患者可以节省大量的时间和精力，得到更好的医疗体验，省钱且省时。

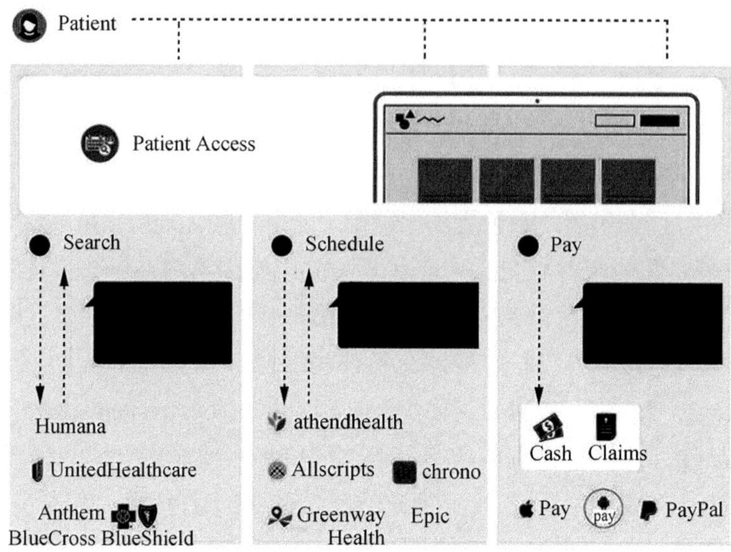

图 7-4 Dokchain 医疗区块链

7.6 区块链与娱乐

在音乐创作中，区块链可以帮助创作者规避抄袭的争议。Monegraph 是 Pryor Cashman 公司推出的一种使用区块链技术的数字艺术和媒体新平台。通过平台，各类创造者很容易为其数字工作的商业价值构建智能合同和授权许可，简化了许可、支付处理、媒体处理和分配处理流程，协助权利人获得作品相应的商业报酬。Monegraph 使艺术家从菜单中选择出售、授权、转售以及合成音乐的权利，并允许他们自己确定价格。对于买家，平台允许他们不通过经纪人就能直接获得这种权利，并且让他们放心了解到，头衔和艺术家的归属可以通过区块链技术得到证实。

在影视娱乐方面，基于区块链技术的智能合约，实现了理想中的影视科技化。SingularDTV 是基于以太坊区块链技术建立的去中心化影视娱乐平台，通过智能合约实现作品的版权管理、项目众筹和 P2P 发行，使艺术家和创作者对作品的制作、发行、播放进行全周期的权益管理，帮助艺术家实现对作品版权的控制，避免中间商层攫取利润甚至是暗箱操作，确保艺术家在第一时间收到应得收入，保证创作可持续。SingularDTV 作为一家布局全球的区块链影视娱乐科技公司，其总部在瑞士，并在美国、日本、韩国、德国等地设有分部，其创始团队有着丰富的国际影视娱乐及顶尖区块链技术开发经验，首两款应用 Tokit 及 SingularX 在 2017 年 11 月分别获得“区块链最佳行业应用大奖”及“中国区块链技术优秀应用奖”，而 SingularDTV 的首席技术官也是以太坊（Ethereum）及 ConsenSys 联合创始人之一。来自世界不同地区的创作人，如知名的电子音乐人 Gramatik、好莱坞纪录片导演 Alex Winter 等，也相继加入 SingularDTV 的区块链影视娱乐世界。SingularDTV 亚太区市场总监郑智国表示：“SingularDTV 未来有更多令人期待的应用发布如 EtherVision——区块链网络娱乐点播平台，艺术家和制作公司也可以在自己的频道上发布他们自己的作品，SingularDTV 的区块链技术、智能合约系统以及一系列的去中心化应用（DApp），打开了新时代的大门，让全世界踏入这个令人兴奋的区块链影视娱乐新领域。”

7.7　区块链与社交

进入互联网时代，互联网社交已经成为人们最基本和最高频的行为，社交行业体系也已经成熟，但是痛点也逐渐显现，主要体现在如下几个方面。

（1）目前基于互联网系统的社交网络防篡改性很差，中心化的运营可能会出现死机。例如，新浪微博几次因为突发的数据流量而导致服务器瘫痪，造成服务停滞和经济损失。

（2）平台可能对用户在社交平台行为进行统计分析，从中盈利，而用户并没有获得利益上的回报，这就存在不公平的问题。用户发布优质内容、转发点赞没有得到相对应的回报，而平台通过大数据分析用户的行为、偏好，又向用户推送广告、营销文章，这样不利于社交平台健康生态的发展。

（3）用户在社交平台发布的个人信息被过度商业化，发布文章作为用户原创的脑力劳动成果，应当附有相应级别的知识产权。用户的个人信息经常被多次贩卖，打扰到用户的日常生活。用户在社交平台发布的文章被免费转载，而原著作者无法得到相对应的回报，社交平台文章内容的质量会逐步下降。

去中心化和区块链热潮也席卷到了社交领域。“区块链+社交”模式在 2017 年开始迎来繁荣，随着区块链技术研究的逐渐深入，越来越多的机构参与到区块链社交平台的建立之中，如社交平台 Steemit、Nexus、Golos 等。

7.8 区块链与公益

在公益事业中，区块链将慈善公益项目相关的信息分布在网络各个节点上，这杜绝了某一个组织或个人操控一个慈善公益项目为自己谋求利益；并且区块链上所有的信息都是对全网络公开的，相关人都可以对每一笔交易进行查询和追溯。这样，我们就可以知道所捐助的每一笔款项的对应接收人是谁、是如何使用的、一共发放了几次、救助效果如何等，可以查询和追溯相关的责任人。

区块链智能合约的使用解决了传统慈善公益项目中复杂的流程和暗箱操作等问题。我们只需要把相关的条件和要求设定后智能合约就可以自动执行了。整个合约从收款到执行都可以自动操作，并将执行情况自动给出反馈。整个过程不需要人工干预，并受所有参与当事人的监督，通过智能合约这种全自动的模式确保了项目平稳落地。

蚂蚁金服的支付宝爱心捐赠平台上出现了这样一个实验性慈善募集项目：当捐献者为 10 名贫困听障儿童捐出资金后，他能在“爱心传递记录”中，看到自己的善款变成一个打包的包裹。从捐款人开始，经过每个“邮寄”节点都会被盖上“邮戳”，每个“邮戳”可以供捐献者公开查询，包括银行和物流信息，用户第一次能够目送自己的捐款如何从支付宝平台划拨到项目执行方账号，最终进入受助人指定账户。与此前互联网公益公开流程相比，细化了善款流动的每个环节，同时，这套体系留下的信息将永久有效。

7.9 区块链与监管科技

监管科技（Regtech）与金融科技一样，是近两年新兴的混合词。监管科技由监管（Regulation）和科技（Technology）组成，国际金融协会（Institute of International Finance，IIF）把其定义为有效解决监管和合规要求的新一代技术应用。

目前，全球的监管科技正处于一个快速发展的阶段。从 2017 年的统计来看，全球 153 家监管科技公司中，英国有 42 家，美国有 41 家，而我国没有一家。与其他国家相比，我国在监管科技领域的发展较晚，与全球发达国家存在明显差距。直至 2014 年，我国首次提出监管科技相关的工作。2017 年 5 月，中国人民银行宣布

成立金融科技委员会，并加强监管科技（Regtech）应用实践。2017 年 6 月，中国金融业信息技术“十三五”发展规划特别强调了金融科技、监管科技的研究与应用。随后，央行反洗钱中心、证监会利用大数据打击内幕交易开始行动起来。

区块链不再是“数字货币”的专属底层技术，而是逐渐渗透到政府、金融监管、物联网、征信、溯源防伪等领域，与监管科技和金融科技（Fintech）的结合越来越紧密。区块链在监管领域打开了新的路径，并对传统的监管思路和监管范式产生重大影响。借助区块链改进监管的尝试，在国内外监管部门、监管科技企业以及国际组织广泛开展，区块链在数据存储、数据传播、证券结算、第三方支付、保险、票据、产权、风控、KYC、反洗钱、反欺诈等方面有明显的效果，目前也处于实验试点中。随着新兴技术革命对金融行业的冲击，金融创新日新月异，金融监管不得不跟上创新的步伐，运用科技提升监管能力，让监管当局跟上技术和市场的创新，使监管科技的功能和作用日益凸显。在监管科技形成的智能监管生态中，区块链和分布式账本往往发挥底层构架的作用，“区块链+监管科技”的新型金融监管范式在未来监管领域拥有广阔的空间。

7.9.1　区块链给监管带来的创新点

第一，区块链保障监管数据安全透明。区块链的一大核心功能是记账，从远古时期人类文明起源时的结绳记账、刻石记账，到近代发展出的单向记账、复式记账，再到以区块链技术为基础的分布式记账方法，反映了记账模式的进化演变逻辑。区块链中采用的加密算法和散列算法提供了防欺诈、难以篡改、可回溯查看的优势，用区块链记账的金融机构数据和监管数据将更加安全透明。相比传统金融监管要求金融机构上报一系列文件材料，需要进行烦琐复杂的会计和审计、尽职调查、出具法律意见书等程序，耗费大量的人力、时间和财力成本，以区块链构建的监管科技平台可以实时存储企业数据和监管政策，企业定期把公司报告、财物报表等上链，也可以在区块链上进行信息披露和发布行业公告，信息一旦上链将难以修改，可以有效减少实践中出现的财务造假、获取内幕信息的问题，监管机构可以及时得到真实数据，也可以随时进行查看和复核分析。

第二，区块链打造新型信任机制和线上监管。区块链技术推动互联网进化的因素，不仅仅在于其提供了一种新型的底层架构和记账模式，更重要的是在普遍缺乏信任的互联网环境中建立了信任，将以往的信息互联网转变成为信任互联网。让在网络两端，甚至全球不同地区的网络主体，能在没有接触过的条件下建立信任，从而促进交易的达成。在传统金融监管存在的问题中，比较明显的是监管者和被监管者之间缺乏信任，监管机构往往“一放就松，一管就死”，有部分企业钻监管漏洞，进行监管套利的现象较为常见。基于区块链的监管平台的打造，有利于促进监管机构和被监管方在线上交流互动，及时沟通计划和动向，开展线上研讨、论证，增强金融监管生态中各方主体的信任。

第三，区块链合约促进监管政策智能化。以智能合约为代表的区块链 2.0，将智能合约置于分布式结构的上层，用编程式的合约规制经济关系，促进监管政策智能化。以智能合约为代表的区块链 2.0，将智能合约置于分布式结构的上层，用编程式的合约规制经济关系。智能合约具有良好的兼容性和延展性，可以根据实际情况进行调整和迭代。智能合约也可以应用到行政规制的金融监管领域，通过假设条件、事实和结果三段论的逻辑结构来构建监管政策。另外，由于智能合约降低了监管当局的政策法规成本，监管机构和监管科技企业能根据金融机构的动态和风险情况，灵活调整监管阈值，以编程化、数字化的法规、部门规章以及软法代替制定成文的监管政策和文件，在智能化过程中促进动态合规，让监管科技和监管政策能够智能化应变、协同化调整。

面对监管跟不上市场和技术发展的背景，运用区块链技术赋能监管机构，加快监管机构的步伐，让其看得懂、跟得上，更有效地达成合规监管的目标，是国内外部分监管机构和监管科技企业的选择和尝试。这里分别选取国内外有代表性的合规区块链监管科技实践，探索区块链在监管科技中的应用。

7.9.2 区块链在监管科技中的应用

其一，互联网金融监管与区块链。互联网金融是互联网和金融的交互融合，在跨界、融合、多维共存和多方向交互的过程中，互联网金融也存在许多交叉和并发的风险。同时，互联网金融业态复杂多样，大规模活性数据存在，运用区块链存证溯源，通过安全记录和加密方式验证数据，使数据可以在分布式数据库中跨网安全共享，增强流程透明化程度，避免不必要的信息数据中介，保障数据的安全性和真实性。

在监测 P2P 网贷平台非法集资的活动中，以区块链和大数据、智能算法等技术为基础开发的 “冒烟指数”发挥了重要作用。“冒烟指数”是监管机构和监管科技企业合作开发的风险预警指数，通过区块链的多节点，打通各个网站和软件应用的 API（应用程序接口）。通过连接在财经网站、社交舆论媒体、工商税务网站、P2P 网站、法院、贴吧等网络地址和线上 Cookies，在分布式数据库中存储，然后进行数据清洗、集成、变换、规约等过程，整理出结构化、关联化的数据，利用算法模型进行分析，得出“冒烟分数”。分数越高，存在非法集资的风险越大。当“冒烟分数”高于阈值时，意味着金融风险事件发生。北京市金融局、北京市互联网金融协会，协同公安部门一起，运用“冒烟指数”对 e 租宝等 P2P 网贷平台进行实时动态监测，成功预测了 e 租宝的风险并提前部署，及时转移、缓释风险，控制事件的进一步扩散。“冒烟指数”也成功地运用在之后的现金贷、校园贷监测，并被多个兄弟省市引入，应用于地方金融风险的监测预警。

其二，证券监管。证券市场和资本市场也是一个有着大规模活性非结构化数据和信息的市场。2016 年至 2017 年 10 月底，沪深交易所新增上市公司 605 家，可以看出，传统主要靠人力进行监管和现场监管的方式具有较大的局限性，同时市场不合规现象、违法违规交易和监管套利依然存在，这都给证券监管带来了巨大的挑战。

我国证监会也高度关注和积极探索区块链等金融科技和监管科技在金融监管和市场运行中的运用。积极布局区块链等新兴技术的创新和升级，引入区块链技术人才，积极参与国际区块链对话合作，进一步发挥证券交易所的一线监管作用，利用区块链技术加强交易所监管职能。

7.9.3　国外区块链监管技术

转观国外，美国、澳大利亚等国，其区块链监管技术已经发展很长时间并且做到了大规模普及，有很多值得我们借鉴的思路和方向。

美国纳斯达克——基于区块链的私人证券交易 LINQ。美国纳斯达克交易所早在 2015 年底进行试水，发挥交易所的一线监管功能。基于区块链对非上市公司在 IPO 前股票所有权进行监测和记录、存储。通过使用分布式账簿将企业股票发行、增资配股、分红等信息转化为数字化的形式记录上链，目的是提供证券发行和转让的全部历史记录，并提高可审计性。LINQ 是一个开源的区块链分布式数据库，可以为其他公司提供可供接入的接口，保证股票发行过程中权属清晰、公开透明、数据可查。LINQ 还为公司发行股票提供登记和公示，在预 IPO 阶段的发行和转让信息上链，全网节点确认并更新，并通过设计好的合约发布权属证书，提高证券市场的透明度。

德勤合规区块链——区块链软件一站式定制平台 Rubix。德勤公司率先看中了数字经济和区块链的先机，集中力量布局区块链，将区块链技术发展成为商业和政府部门监管合规问题的解决方案。Rubix 能够给企业提供定制化的、可扩展、兼容性高的合规区块链服务，不同的企业可以根据行业环境、商业模式、合规要求、风险程度、行为机构和组织架构等内生和外生变量，搭建符合自身需求的区块链配置的综合性解决方案。Rubix 基于全栈式区块链环境中进行的灵活开发和应用，以开源社区的方式，通过交互式的操作和多场景的应用，带动区块链原型的进化。其本身具有良好的弹性，初期搭建和后期迭代升级成本小，并且可以适应多维度、多场景的应用。这些特点对于监管科技而言，无疑是开创性的。Rubix 与监管科技中监管沙箱具有相似的理念。二者都具有强大的兼容性、可扩展性和交互互动等功能，都具有良好的弹性以适用于不同的场景，都可以为合规对象提供进行实验的时空环境和外部条件。

随着第四次工业革命和数字经济时代的到来，区块链正在以全新的方式改变数字经济的底层逻辑，也转变着金融监管的理念和范式，其作为一种新兴技术的生命周期，本身还处在成长期，有许多局限和不完善之处。随着技术的发展进化，区块链与监管科技、金融监管的契合度必然越来越高，也催生出许多新的应用场景。同时，作为一种新技术，区块链只有通过“技术创新+制度创新+理性反思”等不断的迭代，才可能防范其中风险，真正用好区块链技术，促进数字经济健康发展。

7.10 区块链与标识服务

域名系统（Domain Name System, DNS）自 1985 年出现以来，已成为互联网的重要基础设施。它不仅为任何接入互联网的设备、主机和资源提供了命名服务，还负责互联网资源名字及互联网资源地址间的解析服务。为支撑上述服务，DNS 管理着大量重要信息，包括用于标识域名所有权的相关信息，以及用于解析服务的别名信息、资源记录等。

目前域名信息采用集中化的管理模式，不同等级的域结合形成了树形结构，如图 7-5 所示。

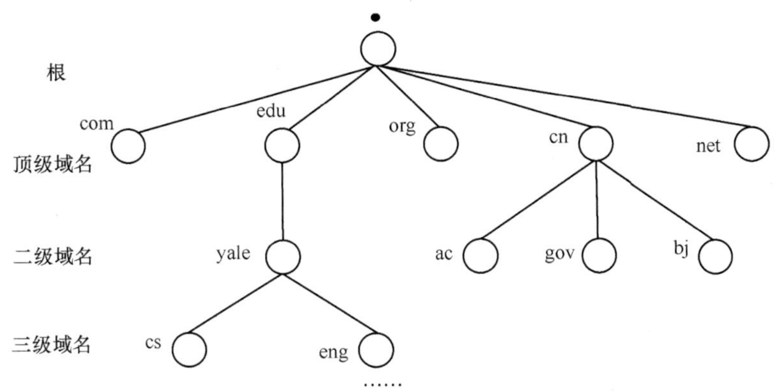

图 7-5　域名的树形结构

结构的最上层为根域，下面是顶级域、次级域等。域名信息是保证域名服务稳定的关键，因此域名系统的集中化管理主要体现在域名信息的增添与更新中。以.com 域名为例说明。

如图 7-6 所示，域名互联网名称与数字地址分配机构（The Internet Corporation for Assigned Names and Numbers，ICANN）在授权域名注册局（VerSign）代理.com 的域名业务后，VerSign 就有权在其所管辖的区域内，接受注册人的申请、分配和操作域名信息。通常，注册局通过注册商、代理商等机构作为代理，为域名注册人提供相关服务。由下级代理商收集来的信息，最后逐层上交给注册局审核，审核通过后，用户才可以进行后续操作。

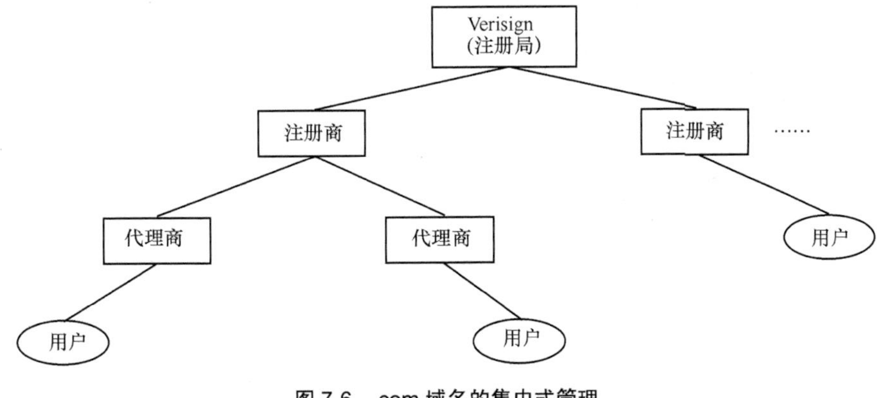

图 7-6　.com 域名的集中式管理

域名信息的更改亦是如此，用户通过代理更新自己.com 域名的映射信息后，最终会上传至 VerSign。由于此信息跟域名解析服务相关，在更新完中心数据库后，此记录还需使用任播（Anycast）技术同步给其他镜像节点。镜像服务器收到中心服务器的消息后，直接改变自己的相应记录，此时同步完成。

如此集中化的管理模式虽存在一定便利，但同时也隐含了某些弊端。由于全部数据都存在中央数据库，几乎没有第二个同等数据库可以对所有改变进行监督或佐证。在这种机制下，域名信息很可能因中心主服务器上某些问题而产生违背域名持有人意愿的改变，并且如果这个改变影响到解析服务，必然会造成不小的损失。

例如，2010 年 1 月 12 日上午 7 时左右，百度公司网站突然无法访问，通过各方面共同努力，4 h 后访问才逐步恢复正常。经查，造成本次事件的原因是 baidu.com 的注册信息被非法篡改，致使域名在全球的解析被错误指向，最终导致全球互联网用户无法正常访问相关网站。

除主动的人为因素外，服务器若采用集中化的管理模式，也可能因单方面受到 APT（Advanced Persistnet Threats）攻击而造成大范围的影响。据报道，2012 年 2 月，VeriSign 公司证实自己曾于 2010 年遭到黑客多次入侵，公司高管虽表示不相信这些袭击会对其 DNS 根服务器造成破坏，但是无法排除这种可能性。同时，公司的高管也表示，他们不能保证对袭击破坏而采取的补救措施是成功有效的。VeriSign 管理着两台 DNS 域名根服务器，并且当前的根区文件更新操作也是由这家公司负责的。每次同步时，由 VeriSign 组织管理的根将作为分发主体（Distribution Master，DM）定期向所有其他根服务器发送 DNS 通告消息（Notify）。根服务器也会响应确认消息，并回复起始授权记录请求，进行后续的数据同步流程。试想，若黑客成功侵入这台服务器，改变了某些顶级域名的 A 记录，则可对整个互联网造成巨大的影响和损失。

7.10.1 Namecoin

Zooko Wilcox-O'Hearn 提出任何命名系统都无法同时满足 3 个特性。

（1）安全：系统应包含记录着所有名字映射的机构，以防止信息伪造。

（2）有意义：用户可以任意命名，并且名字具有实义，便于记忆。

（3）去中心：无须一个中心权威来干预名字资产。

在现实设计中通常不得不在某个方面做出让步以实现另外两个需求。而域名币（Namecoin）的出现打破了这个僵局。借助区块链技术，Namecoin 实现了一个去中心的、安全易用的域名系统。

Namecoin 系统的初衷是做一种可以替代 DNS 的、在域名场景下的区块链应用。其基本思想是借用区块链的去中心化理念，将域名的信息用区块链结构维护。目前，Namecoin 仅支持一种顶级域名的注册，即其系统内部自己设计的.bit 域名。注册一个新域名或者更新域名信息需要使用 Namecoin 内置协议，根据操作的类型收取不同的费用，如创建一个新域名需要花费 0.01 域名币。域名能够直接在 Namecoin 系统中注册，或者通过域名注册服务提供商进行注册。

Namecoin 虽然继承了区块链的主要优点，但在应用层面上仍具有不可忽视的弊端。首先，它不能与现有的域名系统很好地兼容，用户需要借助插件或者特定软件才能解析访问 Namecoin 下的.bit 域名。其次，Namecoin 由于是个完全去中心化的系统，没有任何第三方权威，因此它实际上处于一种无管理的状态。当面临违法或不良网站时，Namecoin 也无法有效管控。

7.10.2　Blockstack

Namecoin 在实际运行中的用户量远不如 Bitcoin，而公有区块链的高安全性需要大量的活跃节点作为支撑。Namecoin 没有足够多的用户，很容易受到 51%攻击，事实上，调查显示 F2Pool 矿池长期掌握着 Namecoin 半数以上的算力，已有发动 51%攻击的可能。

为解决上述问题，区块堆（Blockstack）应运而生。针对 Namecoin 用户量少的特点，Blockstack 将自己的系统直接建立在 Bitcoin 上。通过将数据嵌入在比特币交易数据结构中的特殊字段，收到新区块时对其中的信息识别整合，Blockstack 成功地在 Bitcoin 的链上建立了属于自己的一条虚拟链。这样既能满足 Zooko 三角问题中的所有需求，又可以借助 Bitcoin 的安全性保证自己数据可靠。

Blockstack 的思路值得称赞，但其在设计上仍存在某些弊端。这套系统目前主要建立在 Bitcoin 链上，虽然也可以移植到别的链上，但不管在哪，它必须接受该条

链的所有特点，有的特性可能多余甚至会降低自身性能。在实际运行中，信息的传输还可能受到他人干扰，竞争者节点会有意屏蔽带有 Blockstack 信息的交易不打包，因此依附于他人链上的方式相对被动。而且 Blockstack 只靠一条链来维持，在当前数目的用户下还能保持稳定，但如果推广成为一个世界标准，可能无法保证良好的性能。

7.10.3 ENS 及其他

ENS（Ethereum Name Service）是在 2017 年实现于以太坊区块链上的一套域名体系，功能上类似于 DNS，任何用户都可以使用以太币通过竞标的形式注册一个以.eth 结尾的域名。ENS 实质上是实现于以太坊区块链上的智能合约，而非一套独立的系统，用户需要向合约地址发送交易才可使用该功能。从逻辑角度而言，ENS 功能上比 Blockstack 更丰富，但根本上两者都是建立在已有区块链系统基础上的应用，性能都受到底层结构的制约。同时，由于以太坊系统设计的初衷不是针对域名体系，其系统特点和域名管理理念仍有冲突之处。但是，ENS 不仅可以用来命名合同和账户；在许多其他资源中，ENS 可以用来为 Swarm 和 IPFS 站点分配名称，托管遗留 DNS 记录，以证明身份，甚至存储与智能合同交互所需的接口信息。人们已经在围绕 ENS 构建包存储库和其他应用程序。

组成结构方面，ENS 由两个主要部分组成：ENS 注册表（Registry）和 ENS 解析器（Resolver），如图 7-7 所示。注册表由维护着系统中所有名称的智能合约组成，其中包括所有域名和子域名的 3 个关键信息：域名的所有者、域名的解析器以及域名下所有记录的生存时间。域名的所有者（可能是外部账户或智能合约）有权更新解析器的记录，将域转移到另一个账户，也可创建子域。注册表的主要工作很简单，负责从名称到解析器的映射。解析器实质上是将名称转换为地址或其他标识符的合约，任何实现相关 ENS 标准的合约都可以成为解析器，具体地由任何符合标准的用户实现。这种将中心目录分离、分布式的、可升级的解析机制，为 ENS 提供了可扩展性和灵活性。ENS 还有第三个组件——注册商（Registrar），它是一个拥有域名的简单智能合约，能够根据一系列规则分配子域名，所调用的函数在 ENS 系统中是一样的。这意味着任何人都可以编写和部署他们拥有的域和子域。

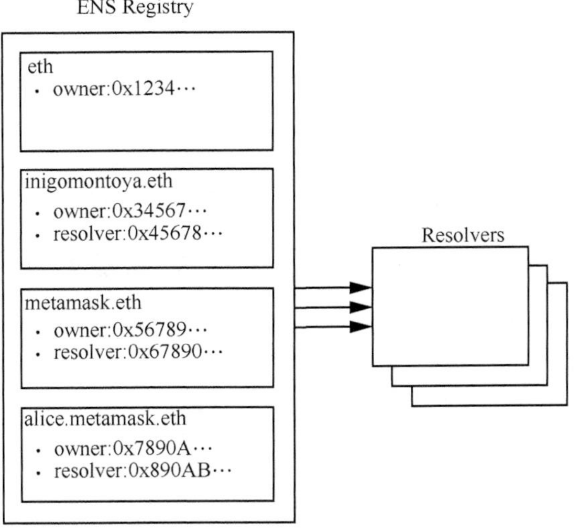

图 7-7　ENS 两个主要部分

ENS 解析名称需要两个步骤，如图 7-8 所示，结合图 7-5 来说明。假设用户要请求域名“foo.eth”的以太坊地址，首先，用户向注册表查询请求地址所在的解析器，将查询到的解析器地址返回给用户；然后，用户向解析器查询请求地址。当然，ENS 不仅可以查询以太坊地址，还可以查询 Swarm 散列、元数据等其他标识数据。

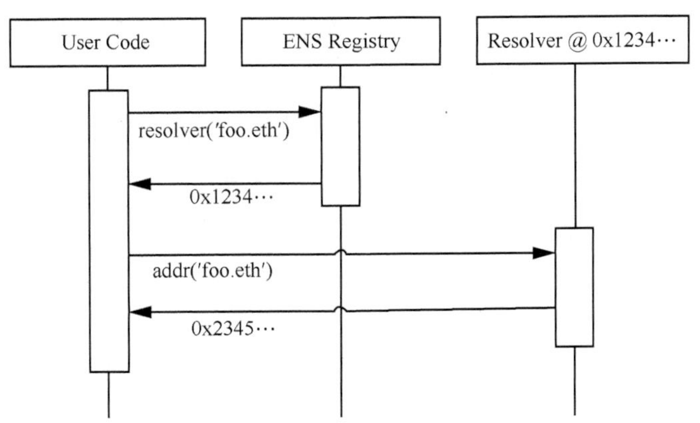

图 7-8　域名申请流程

同时，ENS 也支持反向解析，允许用户合约将规范名称和其他元数据与地址关联，这对以太坊钱包这样的 DApp 特别有用，用户通过名称和以太坊地址可以使用钱包。反向解析由一个特殊的注册商处理，ENS 中的任何用户都可以声明他们的地

址，然后注册商将该地址的管理权分配给他们选择的用户。因此，一个外部账户可以声明这个地址，然后在向特殊注册商发送简单请求后，开始负责管理解析这个地址。在智能合约中增加反向解析功能也同样简单，最简单的模式是在构造函数中将反向记录的所有权分配给部署该合约的账户。然后，用户在之后的各交易中设置规范名称的反向记录。

ENS 像当前互联网 DNS 一样，也是分层次的，顶级域名由被称为注册商的智能合约（根服务器）拥有，它们可以向个人和组织提供二级域名。在 ENS 主网部署中，开发人员试图避免与 DNS 域名发生歧义，因此顶级域名只有“.eth”。在测试网络上，也可以立即注册一个“.test”，用于测试基于 ENS 的应用程序，但会在 28 天后到期。任何拥有一个域的个人或组织可以递归地创建子域名，如 Metamask 轻钱包（一种在 Chrome 浏览器上使用的插件类型的以太网钱包）可以按照“用户名.metamask.eth”的格式为用户创建标识。

在 DNS 中，域名本身存在不同的文字价值，同样对于“.eth”顶级域名，为了区分域名的价值，采用维氏拍卖（Vickerey Auction）的域名拍卖机制。当第一个人想要竞标一个域名，拍卖流程就会被打开，并执行一段时间（72 h）。在这段时间内，任何人都可以对这个名字进行秘密投标。在拍卖结束时，所有竞价是同时揭标的，出价最高的人赢得竞价，并以第二高的价格获得域名，退回多余款项并结标。如果没有其他人参与一个人发起的竞价，则他有可能用一个很低的价格获得域名。投标的费用被存入一个契约账户，用户可以通过放弃域名从中取回他们的钱，将域名让给其他用户注册，因此一个域名的成本就是用户锁定一个域名的费用。ENS 是以太坊基金会开发的一个 DApp，不收取注册费用，竞标者需要将 ETH 抵押在域名中至少一年。不收取注册费用并不代表竞标者不需要其他费用，如开标、投标、揭标、结标的过程中可能会付一些费用，以及操作失误等造成的费用损失。

单个域名的竞标结束之后会锁定一个契约，契约记录了契约的持有人，以及有多少 ETH 被锁死在契约中，域名和契约是一一对应的，契约是确定域名归属的唯一凭证。契约持有人可以指定域名持有人；域名持有人拥有对该域名的操作权利，包括修改域名持有人、指定子域名持有人、指定域名解析、指定域名对应的地址等。域名持有人只代表拥有操作“.eth”域名的权利，并不代表真正拥有该“.eth”域名。举个例子，Alice（契约持有人，默认也是当前的域名持有人）把整套房子的钥匙交

给 Bob（新的域名持有人）。Bob 拿着钥匙可以进入这套房子的任意一个房间，并把其中一个房间的钥匙给 Candy（子域名持有人）。但是，Alice 随时可以收回 Bob 的钥匙或者给房子换把锁，Bob 随时会失去房子的管理权。

Nebulis 项目类似于 ENS，也是建立在以太坊公有链之上的，只是合约的具体实现方式不同。另外还有一些其他基于区块链的名字系统，如 Emercoin 和 EtherID，这些项目所关注域名系统的方面各有不同，如域名抢注问题（Name Squatting）、定价政策（Pricing Policies）等。这些措施重点是解决经济问题而非在技术层面提升，就系统架构而言，它们与 Namecoin 或者 Blockstack 并没有太大差别。

7.10.4 DNSLedger

首先，在 Namecoin 和 Blockstack 等项目中，采用了单链的形式，所有域名的信息放在一条链中。这些系统在目前只维护一个或几个顶级域名的条件下，性能还可以得到保证。但如果维护与当前 DNS 相同数量级的域名信息，只用一条链来存储和管理，系统无疑是没法承担的。从实际使用角度来看，Namecoin 区块浏览器 2018 年 4 月份数据显示，目前其域名操作平均 10 min 一次，频率远小于.com 域名。而从技术角度上分析，以建立在比特币上的 Blockstack 为例，比特币的出块间隔平均为 10min，区块大小为 1 MB，假设每笔交易都包含 Blockstack 的信息，每秒最多处理 7 笔域名变动信息，无法满足现实需求。其次，以往将所有域名信息混合存管于一处的做法，没有体现出不同域之间的定位或者功能区别。而当前 DNS 系统采用的树形结构很好地对各个域名进行了功能划分，便于用户有针对性地注册，并且各级域名都有对应组织进行维护，各司其职，分别管理且互不冲突。这是目前维护域名体系的最佳方式，因此 DNSLedger 沿用了这个设计，通过部署多条链来复现域名的层级结构。

如图 7-9 所示，在 DNSLedger 中至少包含两种链：Root 链和顶级域名链（TLD chains）。Root 链只有一条，作用类似现在的 13 个根服务器，存放所有顶级域名的信息。而顶级域名链的数量不唯一，根据实际需要可分类部署。TLD 链负责维护各自域名的相关信息，如.com 链只管理所有以.com 为结尾的域名。同时，DNSLedger 的底层链具有扩展性，节点数量可打破现有 13 个根的限制。

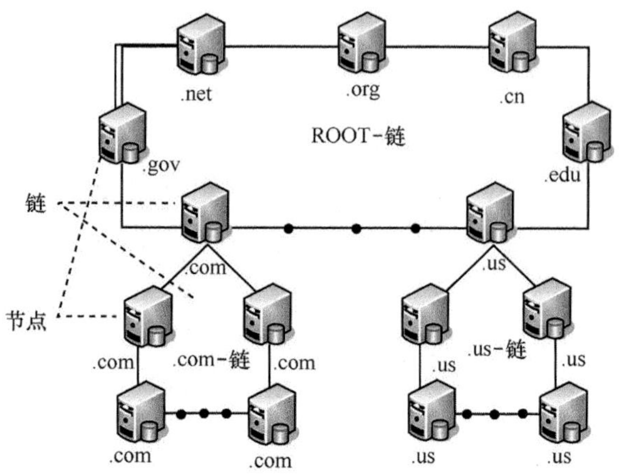

图 7-9　DNSLedger 底层架构

以往的基于区块链的域名设计使用的都是公有链。在公有链中，系统节点是全部用户，任何人都可以参与交易验证和区块打包。同一段时间内，参与打包的所有用户需要使用自己的资源来投入竞赛，获胜的人拥有记账权，将新区块加入链中。公有链的健康发展以及链上数据的双花防范很大程度上依赖于节点的数目和活跃度，为鼓励大家积极参与维护，公有链往往需要引入内部币以及相关激励措施。然而，基于区块链的域名系统中如果使用公有链，这些附加设定无疑增加了系统的复杂度，造成了不必要的消耗。此外，用户使用域名服务时，无须同时作为一个系统维护节点，存储全部域名数据。因此 DNSLedger 采用联盟链形式。

与公有链最大的不同在于，联盟链的节点由联盟（或者公司、企业）内部提供。在 DNSLedger 中，使用各自域的服务器作为该域名链上的节点。例如，.com 链由.com 服务提供商提供的服务器来充当节点。而 Root 链上的节点由多个顶级域名服务器来担当，每个顶级域名链都可以选出一两个节点在管理所在 TLD 链的同时，维护 Root 链的数据。由于区块链实质上是数据库，因此多条链数据存放在一台主机中并不冲突。

Root 链和顶级域名链是 DNSLedger 系统中必不可少的基本组成，但许多大型机构、企业或者联盟可能本身就拥有多个二级、三级域名。DNSLedger 允许用户通过修改客户端的配置文件，建立属于自己的次级域名链。这样既减轻了节点压力，又增强了系统的可扩展性，方便企业的内部管理。

1. **系统域名解析过程**

作为域名系统，解析功能必不可少。DNSLedger 在设计上虽然偏重于信息管理

方面，但同样能够担任解析工作，DNSLedger 中域名的解析过程示例请感兴趣的读者参考相关资料。

2. 存储

区块链的本质是数据库，因此，如何安全、合理地存储数据是系统设计需要考虑的重要问题之一。作为一个互联网基础设施的域名系统，数据的合理存储也是必不可少实现的模块。

如图 7-10 所示，DNSLedger 的数据存储自上而下分为 3 层。底层数据包含系统的全部数据，包括系统运行日志、已完成交易、共识检查点数据等，本层结构存放在节点的外存中，是系统的支撑类数据。最上层是节点工作时的缓存数据，包括多个用户的状态、未完成的交易、共识中负责签名的节点信息等，此部分数据的访问最为频繁，因此存储在内存中，便于交易验证和区块打包。中间层是区块链层，由于区块由节点根据缓存数据生成，经过签名和验证后最终存放在底层中，需要查看特定区块时，系统会从数据库提取相关信息并重新构建。因此，区块链层实质上是一个抽象的数据层，是呈现给外界的数据结构，而系统内没有专门的空间供其存放。

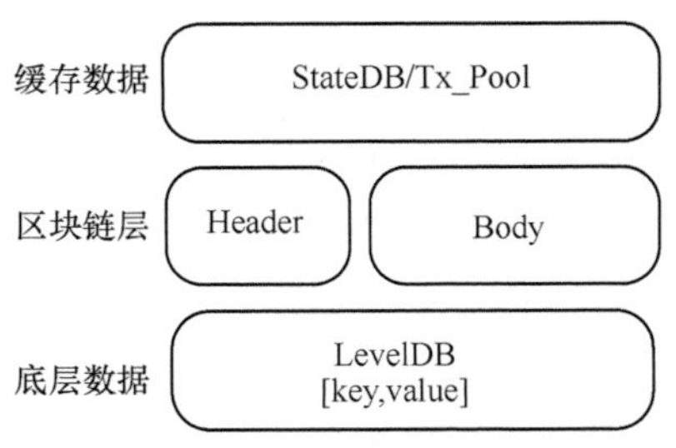

图 7-10　DNSLedger 存储的 3 层结构

3. 系统功能

DNS 的功能是域名信息的存储与解析，作为一个域名系统， DNSLedger 对域名信息的管理也结合区块链做了独特的创新。

DNSLedger 底层链主要有 Root 链和 TLD 链，这两种链除所处层级有差别外，在功能需求上也有所不同。Root 链主管所有顶级域名，由于顶级域名的信息变动频率不高，且几乎不会增删，因此目前只考虑其资源记录变动的情况。而 TLD 链负责管理各自顶级域名数据，是用户接触最多的层级。所以 TLD 链要实现的功能有域名注册、域名信息变更、域名信息转让等。

用户使用域名服务时，涉及的操作具体可细化为身份认证、代币获取、填写表单、发送交易等多个模块，根据交互对象不同，这些模块可划分为如图 7-11 所示两个阶段。

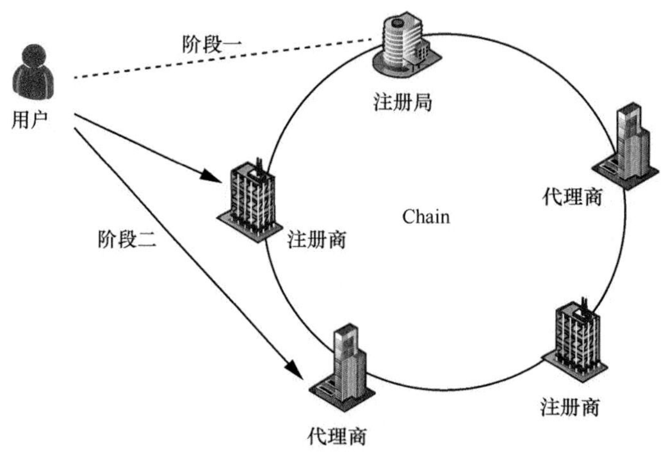

图 7-11　用户域名管理流程

第一阶段

本阶段的交互对象为注册局，用户在本阶段可申请三项服务：身份认证、账户创建、代币获取。身份认证是新用户在申请域名注册前首要经历的环节，认证流程与目前各域名注册局所用方式大体一致，不再赘述。

身份认证完成后，用户可以申请个人的 DNSLedger 私钥。私钥的生成方式有两种，随机或由用户提供助记词生成。生成完毕后申请人会得到一个记录有该私钥的文件，此文件只属于用户个人，注册局不会保留。每个私钥都对应一个账户，通过用户节点，文件拥有者可查看该账户的信息，如所属域名、余额等。每个账户只关联一个域名，同一个人可拥有多个账户，且账户申请无须任何费用。

账户创建之初不包含任何域名信息，且余额为零。用户可以向注册局获取货币完成后，注册局节点向所在 TLD 链中发出转账交易，并将交易号返回给用户作为收款回执，交易打包入链即用户购买成功。若一段时间后转账交易仍未完成，用户可通过收款回执向注册局申请代币补发。

第二阶段

本阶段的交互对象为用户节点，用户可执行的操作有填写域名变更信息以及发送交易。

涉及域名信息变更的用户需求主要有 3 种：域名注册、域名记录变更、域名所有权转移。

用户可以通过“Find”查询某域名是否已被注册，如没有即可选择租期进行购买“Purchase”。用户还可以通过管理界面更改资源记录、附加信息，以及对域名进行续租或转移所有权操作。

用户节点在收到用户提交的表单后，会在其对等节点列表中随机选取一个节点 A，然后将用户的申请以交易的形式发送给对等节点，函数名为 sendTransaction，所用参数如下。

- from：发送地址，一般为发送申请的账户地址。
- to：接收地址，即对等节点 A 的地址。
- value：交易费用，发送交易需要一定量的代币作为手续费。
- data：数据，记录域名操作的具体内容。
- num：递增值。

其中，num 是账户的一个属性，初始值为 0。节点在发送交易时，系统自动将账户当前的 num 值一并写入交易中。每发送一笔交易，本地账户 num 自增 1。其他节点也会缓存别人的账户信息，不同之处在于非本地账户 num 的增加是在其交易完成后执行。设立 num 这个字段的目的是将用户的交易做标号，一方面可保证不同交易依序执行，另一方面避免同一笔请求被执行多次，即重放攻击。

4. 代币字段

DNSLedger 虽采用联盟链，但引入了系统代币的设定。代币的主要功能有用户支付交易费用，以及域名代理商获取利益两大方面。交易费用的设定方式如表 7-2 所示。

表 7-2　系统中不同交易类型的收费标准

交易类型	收费标准	示例
域名注册	租期×年费	.com 域名的单价为 70 代币/年，注册时若想购买三年的使用期限，则交易费用需填写 210 代币
域名续租	租期×年费	.com 域名的单价为 70 代币/年，注册时若想购买三年的使用期限，则交易费用需填写 210 代币
非租期信息修改	统一收费	一次修改需交 10 代币的手续费
域名权转让	统一收费	一次转让需交 50 代币的手续费

交易费用的主要来源是域名的租借时长，但用户在修改非域名租期信息时也需支付一定手续费，这主要是为了提高节点恶意发送大量交易的成本，预防因泛洪攻击而造成系统网络拥塞。

代币除了在系统设计方面用作用户支付和服务商获取收益的手段外，在运维方面也是一种激励措施，它一方面鼓励服务商为系统提供长期且活跃的节点，另一方面保证服务商只有诚实地工作，使收益达到最大化的选择。

5. **数据字段**

交易发送函数中，data 字段为交易的具体内容，这一字段的构建方式为

操作码+参数 1+参数 2⋯

编写 data 时，所有内容都转化为十六进制。其中，操作码由散列计算得出，取前 4 byte，是识别域名业务种类的标志。每个参数为 32 byte，交易在处理时根据既定的顺序读取相应字段，如某参数未被用到，用 0 占位。

根据域名业务需要，目前交易共划分为三大类，表 7-3 是 3 种交易的操作码以及所用参数。

表 7-3 交易函数名及操作码

交易种类	函数名	操作码	参数
域名注册	domainReg()	0x8c31306a	域名
信息修改	infoMod()	0xf9ea2dca	域名、R 记录、是否续租、附加信息
所有权转让	ownrTransfer()	0x8cd3e9bc	域名、接收账户

以信息修改为例计算操作码，首先获取前 4 个字节为 0xf9ea2dca，如下。

```
>web3.sha3("infoMod(string, bytes, bool, string)"
"0xf9ea2dca7a224042ba811ee3d960be716907a81291d701214e4949c7adfd17b2"
```

之后建立 data 字段，如下。

```
"0xf9ea2dca00000000000000000000000000000000000000000000646e736c65646765720
000000000000000000000000000000000000000000003135382e33322e35372e36390000000000000000000
00000000000000000000000000000000000000000000000000000000000000000000000000000000000000
000000048656c6c6f20776f726c6421"
```

以上数据可分段解析，内容为

信息修改+域名（dnsledger）+资源记录（158.32.57.69）+附件信息（Helloworld!）

6. 共识节点流程

交易被发送到区块链网络中后，进行后续的验证、广播、打包入块等流程，这些操作主要由共识节点完成，具体流程如图 7-12 所示。

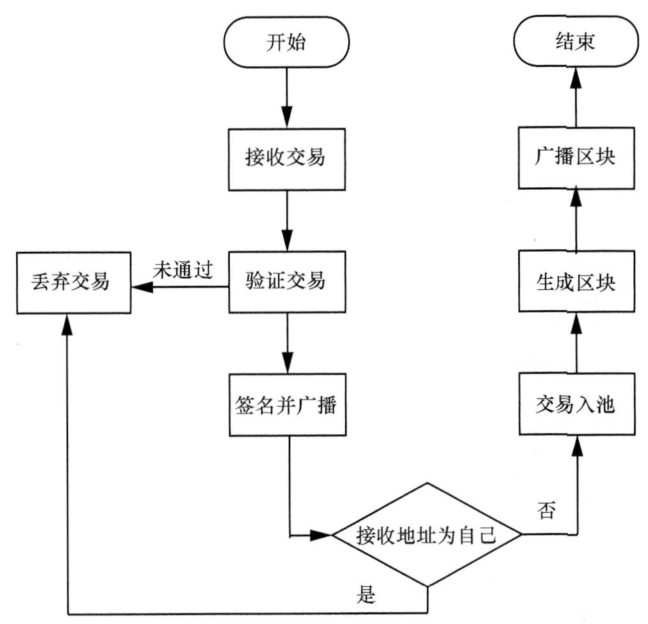

图 7-12　共识节点操作交易流程

在收到新交易后，节点首先进行验证。验证分为内部验证和外部验证，外部验证为：

（1）交易费用是否不少于最低值；

（2）发送方账户的余额是否足够支付交易费用；

（3）发送方和接收方地址是否相同；

（4）若交易内容不为空，且交易未被签名，接收方地址是否为自己；

（5）若交易已被签名，则检查签名是否有效；

（6）查看交易中 num 是否不小于缓存中的账户 num。

其中，第（3）条交易发送方和接收方地址不能相同，一方面可避免无意义交易（如节点给自己转账）打入区块，另一方面可防止共识节点的“单向作弊”行为（如共识节点给自己发送域名修改交易，就可以做到无成本修改域名信息）。第（4）条的验证是为了防止用户节点间“合谋作弊”，若用户节点发送交易时，接收地址写为另一个用户节点，那么此交易可做到修改域名信息的同时，作为手续费的代币不会被服务商回收。因此，加入此条验证，结合网络设计中“用户节点不相互连接”的设定，上述作弊行为可被及时制止。

外部验证主要是确认交易编写是否规范，而内部验证则是对交易内容（data字段）的进一步检查。针对不同操作类型的交易，内部验证会有对应的关注点，具体如下。

```
Switch 操作码
    Case0x8c31306a
    ➢ 该域名是否已被注册
    ➢ 如注册过，域名是否已到期
    Case0xf9ea2dca
    ➢ 交易发送者是否拥有该域名
    ➢ 该域名是否仍在租期内
    Case0x8cd3e9bc
    ➢ 交易发送者是否拥有该域名
    ➢ 该域名是否仍在租期内
    ➢ 被转交账户是否符合条件
```

概括而言，内部验证为：① 域名注册的相关验证是为了保证用户申请的域名处于可用状态；② 涉及域名信息的变更时，需要查看用户是否有该域名的更改权；③ 而域名权转让相关的验证，在确认用户有该域名修改权的基础上，还需验证被转交用户是否未绑定域名，或曾有域名但已过期，因为 DNSLedger 中，账户与域名是一对一的，若某个账户已经申请了域名且未过租借期，则不能同时绑定另一个域名。

如果交易是被第一次验证且都通过，节点可以在交易中附加签名字段并转发，签名字段为

```
public_key +sig（value +data）
```

其中，public_key 是签名节点的公钥，value 和 data 分别对应交易中的交易费和交易内容字段。外部验证中第（5）条涉及的即为此字段，核验签名信息分两步：① 用 public_key 生成地址，验证此地址是否与交易接收地址一致，若一致，证明公钥是签名节点的；② 根据此 public_key 解密签名信息，若解密后内容与交易中对应字段一致，则证明此交易是由正确节点签名的，且信息未被篡改。签名完成后，节点将此信息广播到网络中。

共识节点在收到已被签名的交易时，首先进行判断，如果接收地址为自己，

则将此交易丢弃，否则将此交易放入自身交易池中。由于节点打包区块时，内容只从自身维护的交易池中选取，因此这一设定是为防止共识节点的“自私作弊”行为，即在生成区块时只包含接收者为自己的交易。当一笔交易完成验证、签名、加入交易池、写入区块并最终包含在主链中时，基本可认为此交易已经生效。

7. 交易执行

共识节点新生成的区块将广播在网络中，经过相同的共识协议，每个节点都会选出最优的区块以延长自己的主链。区块选取好后，节点会将区块体以交易为单位分解并逐一执行，执行方式如下。

```
将交易费用直接转入接收地址账户中
If   data 不为空
      Switch 操作码
         Case0x8c31306a
            ➢ 接收者账户域名重写为 data 中域名
            ➢ 接收者账户租期为（交易费 /年费）
            ➢ 接收者账户起租时间为区块中记录的生成时间
         Case 0xf9ea2dca
            ➢ 如果修改租期，则接收者账户租期为（原租期 +交易费/年费）
            ➢ 接收者账户其他信息直接重写为 data 中对应信息
         Case0x8cd3e9bc
            ➢ 将发送者账户中的域名信息写入新的账户
            ➢ 发送者账户中域名相关信息重写为空
修改发送者账户的 num
```

如果 data 字段为空，执行即为简单转账。反之则是包含域名信息的交易，执行过程是对相关数据的增加或重写。每条交易执行后都会修改发送方账户的 num 值，修改方式为比较交易中 num（记为 a）与账户 num（记为 b），若 $a \geqslant b$，则账户 num 为 a+1，反之不变。

区块中包含的交易都执行完毕后，节点会进行一次交易池调整，删除交易中 num 小于对应账户 num 的所有交易，从而保证交易池中的交易相对较新。

8. 网络结构

DNSLedger 的网络结构主要包含 3 个模块。（1）网络中节点的分类方式、各类节点拥有何种职能以及不同节点可由哪些域名负责组织提供。（2）节点的发现机制，即节点间如何获取对方的 IP、端口信息，常用于新节点加入系统网络中的过程。（3）节点的连接方式，这是节点间同步数据的前提。最后测试网中验证系统各类节点的连接情况。

网络节点分类

在 DNSLedger 中，网络结构大体分为共识节点层和用户节点层两部分，如图 7-13 所示。共识节点层是保证联盟链正常运行的核心部分，主要功能包括存储数据、达成共识、生成或验证区块、提供域名管理及解析服务等。用户节点不打包区块，不参与共识，只负责广播包含域名管理信息的交易。由于 DNSLedger 的联盟链是信息公开的，因此用户节点虽无须存储全部数据，但根据需要也可随时从共识节点中拉取历史区块。

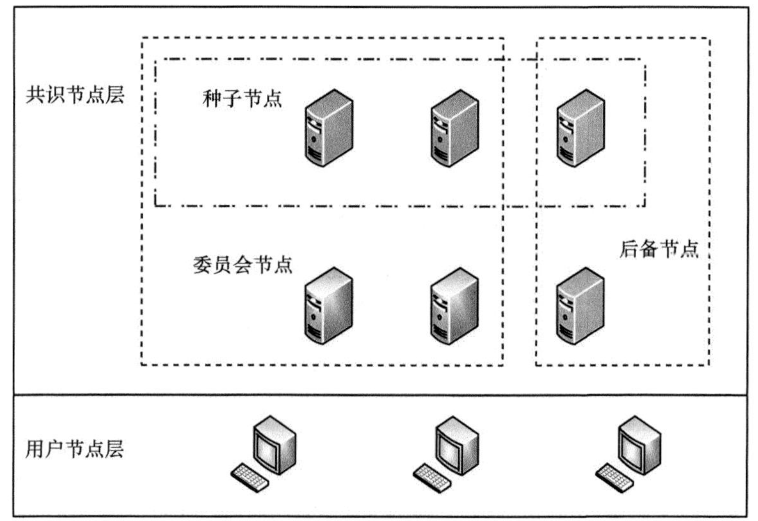

图 7-13　网络拓扑结构设计

如表 7-4 所示，用户管理账户信息时所使用的终端，如计算机、手机等都可以充当用户节点，此类节点在硬件上不做过多限制。每个用户节点都会连接少量共识节点作为对等节点（Peer），以此来发送和获取信息。

表 7-4　DNSLedger 中节点分类及功能

节点种类	用户节点	共识节点	
来源	用户终端	注册局、注册商、代理商	
功能	提供用户操作界面 广播/转发交易	参与共识、生成区块、存储数据等	
网络划分	—	种子节点	非种子节点

（续表）

节点种类	用户节点	共识节点	
网络功能	—	供新节点加入	
共识划分	—	委员会节点	后备节点
共识功能	—	打包区块、验证数据	只有验证功能

域名注册局，或经过注册局认证过的域名注册商、代理商等，都可维护若干台主机以充当共识节点。根据功能的不同，共识节点还可进一步划分。

从网络功能来看，共识节点中有小部分充当种子节点。种子节点的 IP、端口等信息是公开的，用于新节点加入网络中的起点。在 P2P 网络中，种子节点的作用至关重要，且易被选为攻击对象，因此需要较高的可信度和安全性。同时，种子节点一旦设定好，变更频率很低，需要良好的稳定性。综合多方因素，此类节点应由域名注册局及权威注册商提供。

就权限大小而言，共识节点分为委员会节点和后备节点。后备节点只负责信息验证和数据存储，而委员会节点除拥有后备节点所有权利外，还可以产生区块。委员会节点也需要可信度高、安全性强的节点来充当。所有共识节点定期受到审核，评定结果将影响到节点权利的升降。

节点发现机制

DNSLedger 的 P2P 网络中，每个节点会维护两种类型的列表：NodeTable 和 Peer 表，表中包含的都是网络节点信息。NodeTable 中的节点属于发现节点，两个节点处于“发现”状态时，节点只是有对方信息而未进行连接。当经过协议握手和加密握手过程后，它们的关系才升级为对等节点“Peer”。因此，网络中节点间的关系分为发现和连接两部分。这里先介绍节点间的发现机制。

节点发现采用的是 Kademlia 协议（简称 Kad），此协议由美国纽约大学在 2002 年提出。Kad 使用分布式散列表（Distributed Hash Table，DHT）技术，这是 P2P 网络中针对文件共享的第三代发展成果，适合存储大量数据。DHT 常用于无中心的分布式系统，它不仅避免了第一代中央服务器模式中可能会出现的单点故障问题，还解决了第二代技术中的“广播风暴”隐患。DHT 技术有多种实现方式，如 Chord、内容可寻址网络（Content Addressable Network，CAN）、Pastry、Tapestry，而 Kad 的独特之处在于其采用异或算法（XOR）作为距离度量，重构了网络拓扑，将搜索次数减少到 $O(\log n)$数量级，大大提高了路由的查询速度。目前该技术已应用于

BitTorrent、BitComet、Emule 等软件中。

DNSLedger 中网络节点距离的计算公式为

XOR(sha3(Node1_ID), sha3(Node2_ID))

其中，Node_ID 是节点在初始化时随机生成的 64 位节点编号。

距离的计算方式是统计上式运算结果中有几个“1”，最近为 0，最远为 255。可以看出，节点间的距离实质上不是现实意义中的物理距离，而是一种逻辑距离。根据距离远近，节点维护了一张 NodeTable 路由表，每条列表被称为 *K* 桶，每个 *K* 桶最多包含 *K* 个条目，如图 7-14 所示。

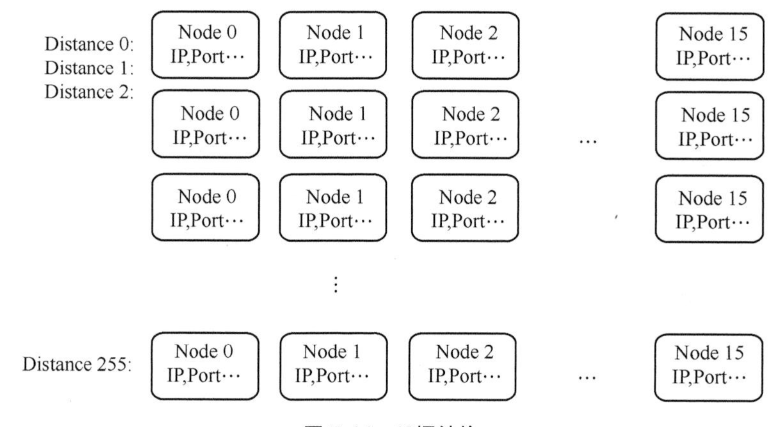

图 7-14　*K* 桶结构

DNSLedger 的 NodeTable 中共有 256 个 *K* 桶，*K* 桶存储着邻近节点的 NodeID、IP、距离、UDP 端口等信息，每个桶中最多可存放 16 个节点。当某节点想与其他节点建立连接时，通常从其维护的 NodeTable 表中选取。

节点在加入网络中后，首先建立 NodeTable 列表，建立过程如下。

- 随机生成本节点 Node_ID 并保持不变，记为 locId
- 根据种子节点列表，与种子节点建立 Ping-Pong 连接
- 将种子节点信息维护到本地 *K* 桶中
- 向种子节点发送 Find_Node 请求
- 种子节点返回自己 Node 列表中离 locId 最近的 16 个节点
- 接收到返回信息后，本地节点与返回信息中节点建立 Ping-Pang 连接，连接成功后，将对方信息维护到本地 *K* 桶中
- 循环
- 在本节点中找出与 locId 距离近的节点，记为 nodeA
- 向所有 nodeA 发送 Find_Node 请求

- 每个 nodeA 节点都返回与 locId 距离最近的 16 个节点，记为 nodeA'
- 与 nodeA'建立连接，并更新本地 *K* 桶
- NodeTable 建立完成

上述步骤中用到了 Kad 4 个基本协议中的两种。

（1）Ping_Pong：检测目标节点是否在线。

（2）Find_Node：返回距离上符合条件的节点（Kad 的另外两个协议是 Store 和 Find_Value）。

加入循环一方面是为了让节点的分布更加均匀，另一方面是令后加入的节点越来越与本地节点趋近。一般将循环设定为 8 次，可认为 NodeTable 基本构建完成。

节点连接机制

节点加入 NodeTable 中后，本地节点还无法与之进行实质上的数据交换。只有通过握手协议，将对方节点存于本地 Peer 列表中，通信才能正常进行。节点连接的整个过程基于 TCP 连接，通信流程如图 7-15 所示。

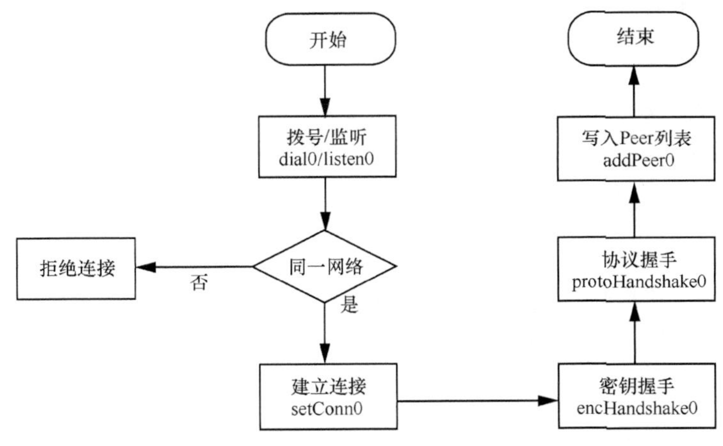

图 7-15　节点连接流程

每个节点会循环监听来自其他节点的连接请求，同时根据需要主动发起连接，发起方函数 dial()与监听方 listen()的流程互为相反。由于 DNSLedger 采用多链结构，不同链在技术实现上没有明显差异，节点间发送数据包的格式相同。为防止处于不同链上节点的错误连接，需要对节点所处 P2P 网络进行判断。连接建立后，双方节点需进行密钥握手和协议握手两个步骤，握手通过后才可视对方为对等节点。

密钥握手过程如图 7-16 所示。

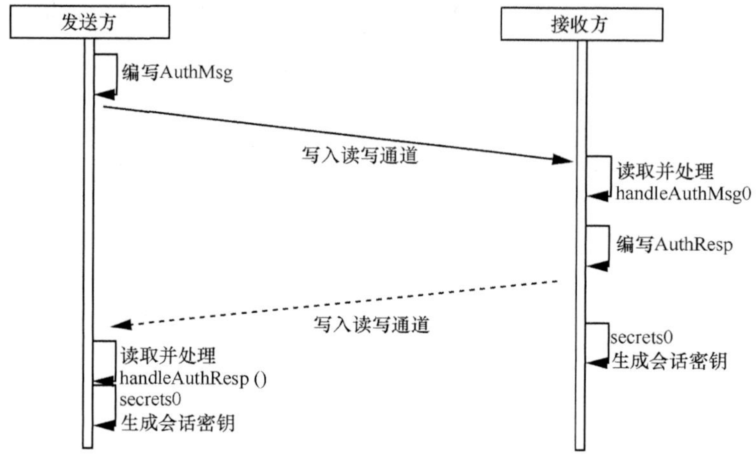

图 7-16　密钥协商握手过程

握手发起方第一阶段操作为生成数据包并发送：

- 根据节点 ID 获取对方公钥；
- 生成随机密钥对；
- 生成随机值 nonce 和共知信息 token；
- 将 nonce 与 token 做异或运算，生成待签名信息 msg；
- 使用随机私钥加密 msg，加密结果为 msg_sign；
- 完成 AuthMsg 并发送到通信管道。

接收方第一阶段操作为接收并处理数据包，处理过程为：

- 接收随机值；
- 根据发送包中信息还原对端公钥；
- 生成随机密钥对；
- 生成共知信息 token；
- 将发送包中 nonce 与 token 做异或运算，生成待签名信息 msg；
- 根据待签名信息 msg 和发送包中 msg_sign，还原出对端随机公钥。

接收方第二阶段操作为发送回应数据包，此阶段只将随机公钥做简单处理，之后连同新生成随机数与版本号一并发出。

发送方第二阶段为处理返回数据包，由于此数据包内容几乎为明文发送，因此处理方式为直接读取相应字段。相比之下，第一次数据包内容是密文恢复的形式，主要是防止若两次都是明文而造成“中间人攻击”。

两个数据包分别处理完后，连接双方都会执行 secrets()函数。此函数将本地的随机私钥与对方的随机公钥生成 aes 值，作为后续会话的对称性密钥。

协议握手过程相对简单，握手双方会互发数据包，检查对方是否运行与本地同样的通信、加密等协议。检验通过后，节点将对端信息写入本地 Peer 列表中，至此连接完成，如表 7-5 所示。

表 7-5　通信数据包中信息内容及处理方式

数据包名	包含信息	处理方式及作用
AuthMsg	签名文件	间接接收，恢复发送方随机公钥
	本地公钥处理	间接接收，恢复发送方公钥
	随机数	直接接收
	版本号	直接接收并验证
AuthResp	随机数	直接接收
	随机生成公钥的处理	间接接收，恢复发送方公钥
	版本号	直接接收并验证

图 7-17 是网络连接的拓扑结构示例。

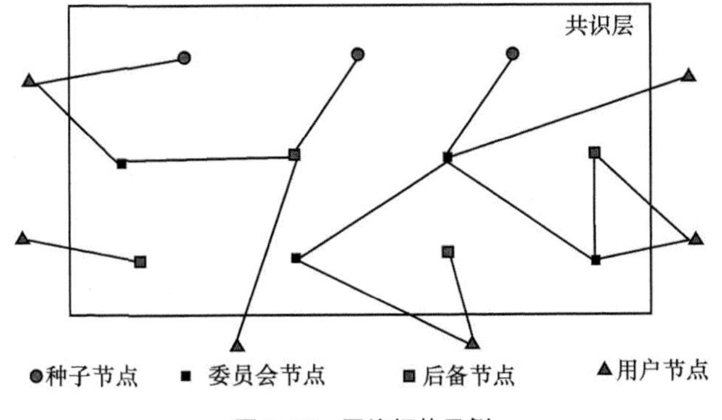

图 7-17　网络拓扑示例

节点最初加入网络时，首先与种子节点进行连接。经过节点发现及节点连接过程后，每个节点维护的 Peer 列表各不相同。种子节点、委员会节点、后备节点可以互为对等体，而用户节点只与前三者对等。原因在于用户节点间无通信需求，因此相互间不设立连接，以免增加网络负担。

总之，DNSLedger 实现了一个安全、去中心化的域名信息管理方式，相比传统

的域名模式，DNSLedger实现了多中心化的管理，不仅避免了对中心服务器的依赖，同时可打破根服务器的个数限制，使不同组织间能数据共享，公平地享有域名管理权。而相比现有的区块链域名系统，DNSLedger使用联盟链代替公有链，减少了冗余设计，在性能上有所提高。

7.10.5 域名共治链

CNNIC基于ccTLD和gTLD业务模式不同的实际情况以及去中心化域名运行架构对强有力安全保障和管理支撑的现实需求，提出新型域名共治链和共治根服务体系。新域名体系下，对于域名根区数据管理，通过基于区块链的共治链完成。共治链由国家域名注册管理机构（如管理.CN的CNNIC）、通用顶级域名注册管理机构（如管理.COM的威瑞信）以及ICANN等机构（如IANA）组成联盟链共同组成。共治链链上的节点，分别具有不同的权限，唯一管理各自的顶级域数据。对于域名根区解析服务，由共治根代替原有的根服务器，行使根服务器职权，并从共治链获取各顶级域数据，提供新根区解析服务，并通过标准协议获取当前根区数据，有效兼容现有域名解析体系。

通常情况下，递归服务器仅需将其配置为HINT记录即可将共治根作为根服务器进行域名查询。为了进一步提高域名解析效率，递归服务器也可通过许可方式从共治链数据分发节点获取链上顶级域名信息及相关黑白名单域名数据，实现一站式高效响应。

新型域名共治链和共治根服务体系从技术上保障各国网络空间主权安全，以及各通用顶级域等利益相关方安全，具有多方共治、高校可扩展、可兼容演进、内生安全等技术特点。新型域名共治链和共治根服务体系，也为未来网络空间异构标识服务提供可借鉴的解决思路。

7.10.6 InBlock

InBlock是一种设计用于IPv6地址分配注册的去中心化自治组织（DAO），可以在没有人工干预的情况下，依赖区块链以及一系列智能合约，保证系统功能的自动化运行。系统的注册功能和信息更改功能由智能合约和区块链共识机制共同实现，运行在区块链中平等节点上的智能合约体现了其去中心化特点，同时智能合约能够实现创建新交易、验证交易、规定分配规则等功能。

InBlock 运行在以太坊平台上，当一个实体请求一个地址时，需要使用以太坊账户发出请求，即通过智能合约创建一个用于申请地址的交易，其中包含确定的申请费用（Ether）。InBlock 收到请求后，验证交易信息和申请费用的有效性。之后，InBlock 将分配给实体的地址块与实体身份关联绑定，关联信息被记录到区块链中，并加入有效期信息，到期后实体可以通过创建新交易缴费续期。区块链中的 IPv6 分配信息包括前缀信息、持有者以太网账户、有效期和其他附加信息。

InBlock 基于区块链技术实现 IPv6 地址分配的，在继承现存地址分配机制特点的基础上还加入了区块链的优势，由智能合约规定分配规则，具体如下。

1. 唯一性

为实体分配全局唯一、可路由的地址是最基本的原则，区块链的智能合约和共识机制能够保证地址块信息在每个节点上的一致性，虽然是去中心化的架构，但仍能够利用底层技术确保用户得到的地址全局唯一。

2. 地址块保护

地址块保护方面有两个问题，即囤积预防和未使用地址的回收。

在囤积预防方面，InBlock 通过规定费用来限制地址囤积问题，根据分配的地址块大小决定需要缴纳的费用多少。然而对于一个存在资金因素并且要求自动化的机制来说，这其实是一个难题，每一个地址需要的费用越低，解决囤积问题的效率就越低，造成地址浪费；但是反过来，如果将每一个地址（如当前 RIR 使用的/48 地址）的价格提高，那么其更大地址块（如/32 地址块）的价格将会成为天价。因此，InBlock 只分配/32 和/48 地址，收取比 RIR 地址稍高的费用，这样可以满足常见的地址块大小。如果一个/32 地址不能满足实体的需求，可以申请两个或以上。对于具体价格，假设 InBlock 设置/32 地址的费用是 3000 美元，/48 地址的费用是 300 美元，由于/32 的费用比/48 地址的费用高出很多，因此使很多/48 地址就可以满足其需求的实体不再申请/32 地址，进而减少浪费。

在未使用地址的回收方面，InBlock 的到期模型发挥了区块链技术的优势。当一个地址在到期之前没有被续期，地址块将被返回到地址池，地址空间有权将地址重新分配。同时这也解决了区块链技术中存在的重要问题，即用户私钥丢失而造成的资源流失。据统计，目前比特币系统中有 20%的比特币已经无法挽回地流失，原因就是用户私钥丢失，账户中比特币无法再被交易。

3. 聚合

IP 地址的分配机制还影响着路由聚合的难度，而全球路由表的维护工作决定着网

络的生存能力。当前 RIR 的地址分配政策推荐使用 PA 地址，但同时允许使用 PI 地址，这就意味着有一些路由不能聚合。InBlock 可以给同一申请者多个可聚合地址块，采用稀疏分配策略管理整体地址池，当一个实体申请新地址块时，可以声明其之前申请过地址块，InBlock 会优先分配之前地址块对应的连续地址块，启用两个前缀的聚合。

4. 注册

InBlock 具备区块链匿名性的特点，同时在支付方面使用以太币，这意味着 InBlock 没有得到实体的信息，因此 InBlock 较 IANA-RIR 提供了更加强大的隐私性，同时仍支持为资源持有者提供一些管理信息。另外，区块链的点到点特性使其不受中心化的管制，但是法律层面的监管和渗透是必需的，因而 InBlock 提供了全局性的服务，使其分配的地址前缀与地区 ISP 建立连接，达到匿名性和法律监管两方面的平衡。

5. 公平性

公平性是分配策略应该平等地适用于所有参与方，忽略地区、国家、大小等因素。InBlock 发挥区块链的优势，任何参与方都可以申请到一个以太坊账户进行地址块申请。另外，InBlock 较目前的分配策略进一步地实现了管辖权公平，每一个实体分配到的地址不受另一国家法律框架的制约，把平等的概念带到了司法层次。

6. 中间费用最小化

InBlock 不需人为干预以及分配地址效率高的特点，使中间成本较目前分配系统降低很多。

7. 以太坊作为底层平台

InBlock 选用以太坊作为区块链平台，是因为其延迟、吞吐量以及开销都能够满足一个 IP 地址分配系统的需要。InBlock 是建立在以太坊上的一组智能合约，而这样将区块链底层技术层与地址分配功能层分离形成分层结构，使以太坊的更新升级不会影响到上层的功能。同时，以太坊作为区块链 2.0 的代表，其开发部署方案以及安全性已经相对成熟，节约开发成本的同时，提高了可维护性。

总之，InBlock 是 IPv6 地址分配策略与区块链技术的融合，强调了参与方匿名性、公平性等现有地址分配策略不具备的方面。当然，InBlock 仍是一个构想，从目前的实验到未来的应用，还需要各个层面的考察与更改，还需要各种因素之间的权衡与摸索，但 InBlock 自动化、平等匿名性的思想为未来互联网基础资源分配与管理提供了一个崭新的思路。

第8章 经济学角度看区块链

虽然大众对区块链的认识可能仍停留在以比特币为代表的数字货币应用中，但实际上区块链始于比特币，已然远超数字货币的价值范畴。简单来讲，区块链是一个分布式账本，更是计算机技术与经济模式的深度融合，能够支撑更灵活的经济契约关系，维持更协同的对等经济模式，升华出众多经济学价值。本章深入剖析区块链映射出的加密经济学、创新经济学、价值经济学的价值体现，并举例介绍区块链在经济金融领域的区块链落地应用产品，最后分析区块链经济的发展趋势。

比特币自问世以来，掀起了一波“数字货币”的热潮。以太坊智能合约平台横空出世，区块链创业团队能够轻松地发行自己的 token，制定自己的规则。不知不觉中区块链市场再次活跃起来。比特币和区块链的出现颠覆了人们对传统经济模式的认知，几年来区块链生态不断蔓延，许多领域的结构和框架也借助区块链思想转型换代。

人们对区块链的认识大多始于比特币以及“数字货币”。但实际上“货币”功能只是区块链的首个应用案例，是区块链生态的起步，未必是最重要的应用。区块链在经济领域的定义是分布式账本，这也可能是最初比特币吸引人的原因之一。

账本是由按照规则排列的数据结构所构成的经济数据条目，但其功能超越了单单记录会计交易，可以用于经济数据分析、法律证明等很多用途。账本在生活中也无处不在，当人们需要对一些事实达成某种共识时，就会使用账本，账本中记录的事实是支撑现代经济学的基石。

8.1 分布式账本

账本从人类诞生就存在并成为人类生活中的工具。人们在公安机关的人口登记表上注册登记才能被赋予身份，能够被证明身份。各种财产证明也只有在相关部门的系统中登记才能够生效，作为财产证明，证明这个人拥有某财产的所有权。各种合同能够证明一个人或者一个项目的状态，如一个人的劳动合同证明这个人处于被雇佣的状态，一个项目的双方合同证明这个项目是双方达成共识的产物。账本不仅

仅是简单的会计记录，当人们对事实及其变化达成一致，就会产生一个具有充分信任和权威的账本，从根本上来看，账本描绘了经济和社会关系，是市场资本主义的基石。

虽然账本的作用非常大，但是关于账本的技术一直没有大的变化，如如何记录和使用等。在人类能够进行书面交流时账本就开始出现，账本概念就发展起来以记录生产、交易、债务。通过在泥板上刻下象形文字及图形来详细记录粮食、衣物等数量。账本的第一次重大进步是在 14 世纪，人们提出了复式记账法，即需要在多个账本中同时记录相同的信息记录，以此使各个账本之间的记录同步和一致。到了 19 世纪，大型公司和官僚组织势力逐渐强大，规模逐渐扩张，经济活动逐渐增多，账本的规模和范围随着需要记录的内容增多也迎来了再次发展，账本的信任结构逐渐趋向于中心化。20 世纪后期，账本开始数字化，如澳大利亚的护照在 20 世纪 70 年代进行了数字化和中心化处理。护照中心的数据库可以实现复杂的数据分配、计算、分析和追踪，数据中心化的优越性逐渐显露，如便于管理、监控、追踪等。

账本归根结底是基于信任的一个机制，数字化账本的可靠性基于维护账本的组织和组织内成员的相互信任，包括中心化的数据库，所有人都是信任中心数据库的。但随着近年来网络环境的复杂程度逐渐增大，中心数据库受到攻击的可能性增大，维护难度和成本也随之增大。区块链正是这种问题的解决方案，分布式账本可以无须依赖于可信的中心机构实现维护和验证账本的功能。这种模式较传统中心化账本主要有以下几个优点。

难以篡改性：把交易记录、账户等信息分散并部署在区块链中，使任何人几乎不可能篡改任何过往被确认的数据或记录，账本的信任由区块链中每一个节点共同维护。相比中心数据库机制，有人获得了权限篡改了数据，或者由于外界因素数据被修改，这样的信任很容易受到挑战。

安全性：账本服务器和数据通常是中心化的，很容易成为攻击者的目标。通过区块链去中心化的特点，大大增加了恶意攻击的难度，因为每个节点都在同时更改所有数据，使攻击者无从下手。区块链不仅保证数据难以被篡改，还保证数据不被破解。区块链上每个区块中的数据都被加密并永久封存。为了获取完整的数据，攻击者不仅要破解当前区块信息，还需要破解在该区块之前的所有区块。这样做的代价是相当大的，因此区块链从技术和经济上都能够保证账本的安全性。

冗余性：区块链上每个节点的数据都是相同的，如果一个节点丢失了区块信息，可以重新从其他相邻节点下载同步最新的区块信息。相比来讲，中心化账本的中心数据库为了保证数据的冗余性，会配置额外的备份数据库，但从数据恢复效率来讲，区块链更具优势。

低成本：中心化账本的中心服务器是整个系统的核心，代表着权威，同时也起维护所有信息的作用，因此维护成本和运行成本是巨大的，包括人力资源和硬件资源等。使用分布式的节点网络来维护一个可以实现自动化的账本能够显著降低成本甚至消除某些成本，这对企业是相当具有诱惑力的。

区块链的分布式账本模式使一个组织内部成员之间的信任变得容易，在没有权威第三方的情况下，可以使用区块链中的区块数据作为事实达到互相信任，这样的模式应用到经济活动中，将会在建立信任体系的过程中节约很多时间和资源。这样的记账技术革新对一个企业甚至整个经济领域带来了启示。具体来讲，金融市场关注的是分布式账本技术可能对金融体系的重构产生巨大影响，如在金融市场基础设施方面，通过降低后台对账成本、重组证券结算的交易流程、改变相应的抵押品需求，可能对当前金融业务链条的参与机构进行大洗牌。金融界有学者提出分布式账本技术还可能会衍生出一个介于市场和企业之间的制度形态，尤其是运行在以太坊区块链上的智能合约，有潜力支撑更加灵活柔性的经济契约关系，促进经济制度和经济体系的创新。

8.2 区块链加密经济学

加密经济学是指利用激励机制和密码学创建经济系统、应用程序和网络。这个年轻的经济学分支是在中本聪 2009 年创立比特币之后产生的，区块链也因运行在加密经济学理论基础上而变得吸引人。我们不妨将概念分解，加密经济学分为密码学（Cryptography）和经济学（Economics），密码学用来证明或确定过去事件的真实性，经济学范畴内的激励机制用来鼓励系统内的用户共同维护网络良好运行。

一项新技术的兴起过后，人们常常会忽略其中“经济学”的成分，而恰恰正是这一成分赋予这次区块链革命以独特性。区块链并非是首个使用“去中心化的点对点”概念的技术，洪流系统（Torrent System）在文件共享上对此技术的使用由来已久。

然而，洪流系统并没有考虑到用一个怎样的机制才能鼓励用户积极做种。在一个 P2P 文件共享网络中，任何人都能通过一个去中心化的网络共享文件，资源如果有多方做种，能够显著提升下载速度。在 P2P 网络中，每个下载者在下载的同时也向网络中其他下载者提供种子，但这一系统是建立在用户主观意识上的，用户自愿做种。因为用户没有利益，所以很多用户觉得这是没有意义的事情，何况做种还可能占用用户设备的资源。

而区块链技术注意到 P2P 网络还需要融入经济学理论，独特的经济激励机制促使一些用户或节点受利益驱动而尽力维护网络运行。“加密货币”系统中经济激励有 4 种形式，分别是代币、特权、奖励和惩罚。

8.2.1　代币

“加密货币”在公众的眼中是价值存储手段和交易的等价品，但事实上许多代币是为经济激励而设计。区块链网络为了实现设计时想要达到的某种制度目标，加入相关的“加密货币”单位，对于大多数区块链来说，这通常作为区块链网络内部的共识机制来发挥作用。

区块链中的第一笔交易启动了数据区块创建者的新代币，它是一笔特殊的交易。这为节点增加了支持网络的激励机制。节点通过消耗电能和硬件资源来换取一定数量的代币，电能和硬件资源的价值就是新产生代币的价值。

代币奖励也称区块奖励。比特币系统中，区块奖励被设计成每 21 万个区块之后减半。最初的 50 个单位减少到现在的 12.5 个单位。同时一些其他因素的影响使挖矿更加艰难，挖矿利润缩水。但比特币区块链依旧有很多人在积极维护，这就是代币带来的激励作用。

8.2.2　特权

特权指的是向区块链网络的参与者赋予决策权或权益，而这些决策权或权益可以用来换取报酬。其实就是以太坊中的燃料（Gas），用于支付给矿工的交易费用。同样，在比特币系统中，如果一笔交易的输出值小于它的输入值，那么差额就是一个交易费，它将被添加到包含交易区块的激励值中。一旦预定数量的代币进入流通，这种激励机制可以过渡到交易费用，完全不受通货膨胀的影响。此外，矿工可以优先择交易费用高的交易验证写入区块，以此保证自己利益。

8.2.3 奖励

奖励是指对区块链网络中表现积极主动、对网络做出巨大贡献的参与者发放奖励，奖励的形式可能是增加参与者代币余额，或者提供一定的特权。

Steemit 区块链的奖励激励机制最为突出。Steemit 将区块链经济逻辑用于刺激互联网上的内容创作，是普通人最容易接触到的区块链应用。它采用了区块链技术，文章的文本内容以不可修改的方式存储在一条公有区块链 Steem 中，采用了区块链经济激励，设计了一套精妙的虚拟经济体系来刺激作者发挥想象力进行创作。区块链驱动的社交网络和博客平台通过一种脑力证明（Proof of Brain）的方式对参与者进行奖励，参与者发布的高质量文章可以获得奖励，文章内容由用户群体投票评判。另外，参与者在参与文章的投票和评论时，也可以获得相应的代币奖励。

这种激励机制吸引了很多区块链社区的人在这个平台上写文章、交流，参与者在 Steemit 中积极参与得到直接奖励的同时，声誉值也在提升。在社交平台中，声誉和信用决定了一个参与者的地位，而声誉高、名声好的参与者将获得更多额外奖励。

8.2.4 惩罚

惩罚就是对有不良行为的网络参与者采取制裁措施。惩罚的形式有很多种，以比特币系统和以太坊为例。

比特币系统中，一旦某个矿工被监测到存在异常行为，并且系统证实了其不诚实的行为，那么该矿工产生的区块将被抛弃，网络重新回到最长链上。然而，这个惩罚过程会花费大量的时间和资源。

在以太坊网络中，PoS 机制的引入使惩罚机制更加严厉，以太坊的 Casper 机制要求，如果不诚实的验证节点试图有不正当的行为，那么系统会没收验证者在争取记账权时所缴纳的保证金。Casper 使破坏区块链网络变成一件高成本的事情，通过惩罚来阻止负面情况的发生，是区块链技术激励机制中的关键一环。

当然，一个完善的区块链系统会融合以上举例说明的代币、特权、奖励和惩罚中的几种，同时这些也只是区块链加密经济学中激励机制的一小部分，它们为区块链打开了经济学的思路，也是因为在底层网络技术中加入了经济因素让区块链掀起了新一轮热潮。相信未来将有更多的经济观念注入区块链中，也相信在不久的将来

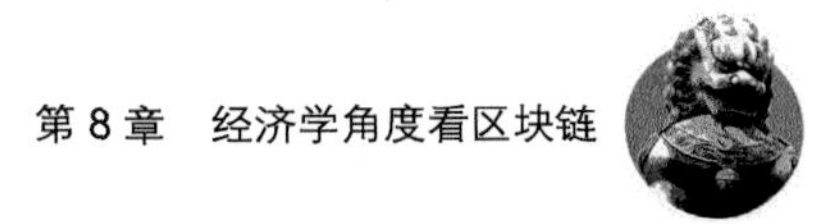

区块链会有更多的模式和更多的应用场景。

8.3　区块链创新经济学

目前，现代经济体系正朝着网络化、实时化、复杂化的方向转变，与此同时，区块链概念结合了密码学、安全通信、可信计算等技术层面的研究成果，尝试创建出一个分布式、自动化、安全可靠的底层计算架构，以保证数字经济时代的业务逻辑需求，因此被创新经济学家称为“组合型创新”。

创新经济学将一项技术的创新过程分为 4 个阶段，分别是研究（Research）、开发（Development）、示范（Demonstration）以及推广（Deployment），又称为“R&3D”。4 个阶段中，每个阶段都有各自的特点，但这其中也存在潜在风险。

从研究到开发的过程，是从基础技术研究工作到产品初步原型诞生的过程，区块链的设计初衷是解决去中心化的支付问题，虽然去中心化的概念从无到有地吸引了众人的目光，但它并不一定能够迎合金融市场的需要。在区块链产品研发的阶段，除了在共识机制、隐私保护、交易容量和效率等方面的技术升级会决定它最终成功与否，同时，研发过程中时刻面临的市场不确定性、资金链支持、战略决策等诸多外部因素也会让一个具有潜力的项目付诸东流。在原型产品开发完成后，还需要经过更加漫长的示范推广阶段，同时也迎来更大的风险。示范是指将区块链技术产品全规模或接近全规模地放在现实环境中，通过检验和展示以开启进一步创新，推广则是指产品经过示范后被部分受众接受，企业推广部门和公关部门努力让产品被更多人接纳的过程。

创新经济学将示范推广阶段称为“达尔文之海”，因为创新项目的技术风险和市场风险就像平静海面下的暗流，危机随时可能浮现。新技术可能会因开发成本较高、成果转化周期长、不足以规模化等问题而导致项目枯竭。即使通过示范阶段后到达推广阶段，也有可能因为市场环境因素而失去市场竞争力。同时创新者和投资者还要应对制度风险和利益竞争风险，区块链技术产品可能会影响现有的制度政策和经济领域的利益分配格局。

IT 领域新技术或服务的涌现往往会带来一波网络效应，从传统的电信通信行业到目前的电子商务产业，大家都目睹互联网技术的发展所带来经济、政治、社会的改变，这就是网络效应。网络效应对企业、社会甚至国家竞争力的提高具有相当大的作用，每一个技术概念的产生和发展都有可能改变人们对一个事物的认知。当然，

如何把握住一个新事物，并激发出它能够带来的最大网络效应，这是需要人们发挥无限想象力去完成的事情。

令人兴奋的是，具有分布式账本功能的区块链技术正在向积极的方向发展。如今，IT 行业人才众多，开源社区交流分享火热，开发语言和开发工具各式各样，计算和存储技术推陈出新，这些有利条件足以使区块链等新技术更快更好地创新扩散，这比蒸汽时代和电力时代的实物创新更具有物质上和时间上的优势。新产品在研发的过程中往往会经历技术难题、资金支持等问题，即使进入推广阶段，也有可能因为成本、产量等市场因素造成产品丧失竞争力。同时，创新技术产品还要考虑政策因素和利益因素，区块链创新产品进入金融领域必定会对传统的金融利益结构造成很大影响。

毋庸置疑，区块链技术与经济领域的结合远未饱和，应用前景广阔。但仍有几个风险问题需要人们注意：一是区块链有被过度消费的倾向，一些不法组织和团体利用区块链概念进行诈骗和炒作，严重扰乱了区块链的市场秩序，因此要在合理合法的前提下应用技术；二是相关技术尚待完善成熟，基于区块链技术的产品开发和推广门槛依旧较高，在区块链技术的开发和测试工作中，资金和技术成本依旧是限制区块链技术应用的瓶颈，很多小的创业公司因此前功尽弃；三是目前国内关于区块链技术的监管体系未完善，行业乱象丛生，行业内的区块链项目鱼龙混杂，很多不法分子利用监管空隙谋取不正当利益，区块链技术实现科学监管的建立仍需要时间。

区块链技术和衍生产品仍处于发展的摸索阶段，区块链的创新扩散在真实的应用场景中才会体现出真正的价值。区块链在金融领域的推进过程中需要加快行业标准化，促进衍生技术和产品开发和推广，组织并扩大产业联盟，联合起来推动产业成熟。

8.4 区块链价值经济学

区块链技术被评价为“价值互联网”，比传统互联网多了“价值”二字的原因在于区块链解决了原有互联网的 3 个基本问题：第一，区块链通过在“数字货币”领域的应用，提供了资金流（资本流）信息在互联网流动的解决方案；第二，区块链通过密码学和分布式账本的引用，解决了在交易过程中的数字资产交换问题；第三，区块链通过共识机制技术，完善了交易过程中的互认问题。将 3 个问题总结一下就是区块链技术如何将现实中的价值转化或转换到技术中，即通过技术对现实的经济或商业模型进行数字化。但 3 个解决方法中仍存在一个问题，并没有指出区块链技术的价值从何而来。因此，我们需要重新讨论区块链的经济价值所在。

价值和价格是永远分不开的两个概念，古典经济学理论是以价值为核心议题的理论，而现代经济学理论是以价格为核心议题的，因此我们要从古典经济学家那里寻求答案。古典经济学家、思想家、哲学家约翰 • 斯图亚特 • 穆勒（John Stuart Mill）对企业的存在本质进行研究后，提出了交易费用理论。他认为当外部市场存在一定水平的交易费用时，企业较小，企业内部的分工协作更有效率，但如果企业规模逐渐扩大，企业内部的组织成本也逐渐增大，大到超过外部市场交易成本时，企业继续扩张将是不经济的。企业组织成本和市场交易成本两股力量相互均衡的状况，就是企业组织的合理边界，如图 8-1 所示。

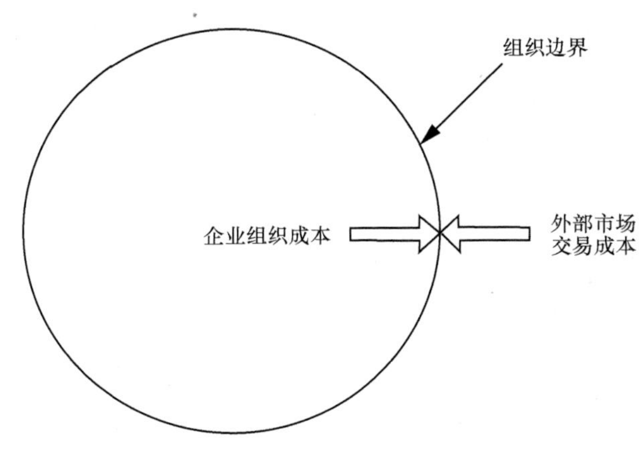

图 8-1　企业组织边界

根据交易费用理论继续推论，如果市场交易成本足够低，产权就能够清晰界定，进而企业也没有存在的价值，个体在市场中自由、理性、协作的行为就可以让整个生态达到帕累托最优的状态。

区块链经济体系中产权通过技术层面的手段被清晰界定，在以太坊、超级账本等升级的区块链项目中，所有关于交易的规则都编写在了代码或智能合约中自动执行，市场交易成本很低，因此根据刚刚交易费用理论的推论，企业不再有存在的价值，个体按照市场规则在区块链生态中进行市场行为，就可以让整个生态达到帕累托最优。当然，也可以从组织边界的角度来看，区块链生态能够做到市场交易成本几乎为零，因此区块链生态边界会无限向外扩张，几乎覆盖掉原本存在外部交易成本的市场。如果到了那种程度，区块链生态内部基于代码规定的内部市场将会代替原有的外部市场，这将是一个市场环境更替问题，区块链生态带来的将是一个市场的价值。

目前，现实经济市场的交易成本是难以大幅度改变的，想要实现低交易成本，就要有清晰严格的产权界定、强烈的企业信任和高效的交易流程。而区块链通过密码学和通证实现了界定清晰且安全可靠的产权载体，通过去中心化的共识机制实现了经济对象之间的信任建立，通过代码和合约制定了清晰且低成本的交易规则和环境。就这样，基于 IT 领域的区块链底层技术建立起了一个外部交易成本几乎为零的生态市场环境，在这个新环境中，个体与市场之间不再需要企业组织的牵线，任何有额外成本的组织出现都是不经济的，任何个体可以直接参与市场活动中，按照市场化的机制进行市场化选择。同时，每个个体也在为自己的利益最大化做出努力，无形中共同维护着区块链生态。这样，个体与区块链生态市场相互创造利益，通过个体利益最大化选择和无摩擦的生态内市场规则，自行达到帕累托最优。

我们通过比特币市场来理解，比特币系统中的每个参与者都是一个个体，每个个体在比特币生态中都要执行相同的比特币代码，按照系统规则付出劳动，获取回报。因为这个高效有序的生态化规则设计，每个个体都是在规则内追求自己的利益最大化，而整个比特币生态则因个体自身的逐利和个体之间的协作而得以自动运行。比特币系统已经存在了近十年，它掀起的区块链潮流带给各个领域发展的新思路，而它的核心价值就是建立在个体与整体相互作用的基础上。

企业或公司通过经营创造价值，但仍有很大的内部成本，营业额减去成本所得的利润才是企业或公司的自身股权价值，因此他们的价值是承载于股权之上的。而区块链生态中企业不再有存在的必要，区块链的价值直接体现在区块链中流动的代币上。换句话讲，区块链中的代币就是整个区块链系统的价值承载，这是区块链生态价值与企业组织价值的根本区别之一。

从价值经济学角度上看，生产关系其实是一组价值产生的逻辑，是群体协作创造价值的模式，生产力和生产关系都是为了创造最大化价值增量服务。科技进步、工艺升级、生产力增大直接带来了价值提升，同时生产关系优化、协作效率提升也间接带来价值提升。因此，价值经济学有另外一个推论：一个经济体在给定的假设和给定的生产力水平（技术边界）条件下，生产关系在理论上是存在最优解的。换句话说，在既定边界下，基于价值总量的最大化和分配的有效性，是可能找到最佳生产关系的。在不完美环境下，现实经济运行规则至少存在一个合理状态区间，如果不符合这个状态，在利益驱动下，更有效的经济运行规则及其产生的产业集群就会占有优势，并进而吸引和推动整个社会向更佳模式下迁移。

基于以上推论，区块链就是在现有技术边界条件下对生产关系的改进，因为基于代码和通证，区块链价值生态创造了充分的信息可信度和方便的利益流通机制，生态中的成员可以更好地交换和协作，同时利益是及时反馈的，可以最大化地刺激生态参与者，也让更多的人快速进入协作状态。这种生产关系的改进，就是区块链价值生态体系所具备的经济学价值。

8.5　区块链与金融领域

过去几年中，全球金融领域的人们将目光转向分布式账本区块链技术，在保险、资产托管、供应链、征信、交易清算、积分共享、贸易金融等行业孵化出了很多优质的项目。接下来举例介绍几个领域（行业）已经上线的区块链产品。

8.5.1　保险领域

在保险经营过程中，信用是基础，而传统的“社会信任”模式已经难以适应社会和经济发展的需要。“回归保障本质，重塑保险生态”成为新时期保险行业发展的主旋律，我国保险业迈入转型发展的关键节点。这时如果将区块链技术融入保险市场的产品、渠道、理赔、反欺诈等多个环节，能够解决保险行业棘手的问题，重塑保险行业新生态。

区块链技术能够参与保险行业的关键环节，将环节中的信息上链，区块链公开透明、不可回退的特点能够重新为保险行业注入活力，提供新的创新思路。例如，在保险产品设计环节，基于区块链底层技术收集保险对象的诸多信息，保险公司根据从区块链中得到的真实数据制定保险产品，规定保险细则。在保险产品销售环节，将投保人信息发送到基于区块链的信息管理平台中进行自动化的受理审核流程，简化保险公司业务流程，同时，保险销售过程中的每一步操作信息经受理人签名后都将加入区块链，投保人也可通过区块链对保险销售全流程进行可溯源监督，维护消

费者权益，预防保险产品欺诈。在保险理赔环节，区块链智能合约可以详细规定理赔流程、理赔细则，提高理赔效率，缩短处理周期。

蓝石科技的风险精算和风险管理平台

蓝石科技与保险平台合作，利用“大数据+区块链”的底层技术，与各地卫计委、三甲医院、专业医疗机构合作，接入了多地、多家医疗机构，建立了国内最大规模的、服务于保险场景的联盟链，获取了大量精准的医疗及费用数据，并基于对这些数据的精准分析，推出癌症患者带癌投保的抗癌险。在实际业务开展过程中，将保险产品信息及投保过程、流通过程、营销过程、理赔过程的信息进行整合并写入区块链，实现了全流程追溯、数据在交易各方之间公开透明，以及保险公司、保险机构、监管部门、消费者之间的信任共享，最终形成一个完整且流畅的信息流，取得了良好的社会效益和经济效益。

信美人寿上线国内保险业首个爱心救助账户

2017 年 8 月，信美人寿上线国内保险业首个爱心救助账户采用区块链技术记录交易账目，实现链上会员的相互保险。当信美会员遭遇重大灾害、意外事故等，得到现有保障及援助（包括社会统筹保险、商业保险等）后仍生活困难的，还可以申请爱心救助账户的额外救助。不可回退但可溯源的区块链技术使每笔资金流向公开透明，每笔资金流转数据难以篡改，每笔资金的流向和用途可查，确保了爱心救助账户的公开透明性。

8.5.2 资产托管领域

资产托管是指资产托管业务以银行作为第三方，接受相关当事人委托，履行委托人相关职责，并对其委托的资产进行安全保管，确保委托人利益的一项业务。全球资产托管行业近年来表现活跃，托管资产规模和托管产品数量急剧增长，我国资产托管行业诞生 20 年来，从 1998 年行业发展初期的 123.5 亿元，增长到 2017 年底的 141.5 万亿元，增长幅度超万倍，但与国际范围相比仍有一定差距，我国资产托管行业仍然有较大的发展空间。同时，行业内部流程复杂、制度规定不够明确、运营欠缺以及一些外部因素的影响，是我国资产托管行业发展道路上的主要障碍。

具体地，目前资产托管行业有两大问题：第一，参与托管业务的各方可能来自多个机构，都有各自的信息系统，交易流程中浪费了很多时间和成本在建立信任上，急需一个统一的、公认的系统方便建立信任；第二，在某些资金托管的流程中不够透明，不容易监管，很可能存在违规行为，这会给不法分子可乘之机。将区块链中的智能合约引入资产托管流程中，能够有效解决资产托管业务中的操作风险。

针对资产托管领域的主要问题，利用区块链技术可以从以下几个方面优化资产托管的业务流程：一是实现了全流程的自动化，将业务指令判断和执行规则封装到智能合约中，利用智能执行合同提供风险提示；二是提升了流程效率，资产委托方、管理方、托管方、代销方在资产变动、交易明细等信息的实时共享，免去了反复校验、确权的过程；三是保证了履约的安全性和交易的真实性，通过设置密钥保证参与方信息的真实性、账本信息的有限可见性及交易的可验证性；四是确保了信息的难以篡改，将投资计划的合规校验要求放在区块链上，确保每笔交易都在各方认可的条件下完成。

邮政储蓄银行开启“区块链+资产托管”模式

邮政储蓄银行以企业级开源区块链平台 HyperLedger Fabric（超级账本）为基础，选取了资产委托方、资产管理方、资产托管方、投资顾问、审计方 5 种角色共同参与的资产托管业务场景，开发了包括共享账本、智能合约、隐私保护和共识机制四大机制在内的资产托管业务系统。从系统运行情况来看，该系统能够有效缓解业务流程耗时耗力和信用成本过高的难题。区块链的共享账本技术能够保证从产品创建到结束归档的业务全流程管理和监管，实现了托管业务信息实时交互、多方共享以及资产使用情况监督，确保每笔交易在满足合同条款、达成共识的基础上完成，最重要的是满足了商业信息安全隐私保护的需求。

8.5.3　供应链金融

供应链金融是银行将核心企业和上下游企业联系在一起、提供灵活运用的金融产品和服务的一种融资模式。供应链金融是一个新兴的、规模巨大的存量市场。2017 年中国供应链金融市场规模为 13 万亿元，这个数字预计在 2020 年增长至 15 万亿元。供应链金融能够为上游供应商投入大量资金，提高供应链的运营效率和整体竞争力，对于激发供应链条运转有重要意义。

供应链金融的参与方主要包括核心企业、中小企业、金融机构和第三方支持服

务。其中，核心企业是指在供应链链条上下游中具有相对较强议价能力的一方，链条上下游的融资服务通常围绕核心企业展开。核心企业通常对上下游的供应商和经销商在定价、账期等方面要求严格，这很容易造成供应链中的中小企业出现资金链紧张、周转难度大等问题，供应链效率大幅度降低甚至停滞。据此，目前供应链金融领域有几个关键的问题亟待解决：第一，链中的中小企业融资难，成本高，资金周转效率低；第二，供应链金融平台、核心企业系统交易本身的可验证性不高，缺乏可靠的信任机制，导致资金风险始终居高不下；第三，供应链中的各参与方之间缺乏高效的信息交流途径，包括链内商流、物流、资金流等信息的共享，参与方之间的信任传导困难、信任流程烦琐，无形中增加了商业成本。

区块链技术可以实现供应链金融体系的信用穿透，为二级供应商分销商解决融资难、融资贵的问题。区块链在其中发挥两个作用：首先是核心企业确权过程，包括整个票据真实有效性的核对与确认；其次是证明债权凭证流转的真实有效性，保证债权凭证本身不能造假，实现信用打通，进而解决二级供应商的授信融资困境。在这个信任的生态中，核心企业的信用（票据、授信额度或应付款项确权）可以转化为数字权证，通过智能合约防范履约风险，使信用可沿供应链条有效传导，降低合作成本，提高履约效率。更为重要的是，当数字权证在链上被锚定后，通过智能合约还可以实现对上下游企业资金的拆分和流转，极大地提高了资金的转速，解决了中小企业融资难、融资贵的问题。

腾讯“区块链+供应链”金融解决方案

腾讯 “区块链+供应链”金融解决方案致力于连接核心企业资产端及金融机构资金端，以源自核心企业的应收账款为底层资产，通过腾讯区块链技术实现债权凭证的转让拆分。其中，在原始资产登记上链时，通过对供应商的应收账款进行审核校验与确权，确认贸易关系真实有效，以保证上链资产的真实可信。债权凭证可基于供应链条进行层层拆分与流转，每层流转均可完整追溯登记上链的原始资产，以实现核心企业对多级供应商的信用穿透。此外，平台还与多家金融机构进行合作，提升资金配置效率，支持小微企业基于供应链进行融资，降低融资成本，支持实体经济。

区块链供应金融服务系统“易见区块”

易见有限公司基于 HyperLedger Fabric 框架研发的区块链供应金融服务系统“易见区块”平台真实刻画贸易双方的交易背景，为金融机构提供贷前预审及贷后管

理辅助功能。供应商在平台上发起融资需求，金融机构响应，核心企业确权，由易见区块提供平台服务，金融机构为供应商提供融资服务。有效扩大金融机构的低风险资金投放，提升供应商的资金周转率，降低融资成本，优化核心企业采购环境。截至 2018 年 3 月 31 日，易见区块系统已有 150 户企业用户，在线投放金额 21 亿元，涉及医药、化工、制造、大宗、物流、航空等多个领域。

8.5.4　征信

中国的征信行业未来市场规模将达千亿级，征信市场空间巨大，但目前整个行业征信数据形成孤岛，信息不能共享，无法产生更大的价值。在目前的征信机构中，无论资本市场信用评估机构、商业市场评估机构，还是个人消费市场评估机构都需要进行数据的安全共享，同时降低金融风险和数据获取成本，促进整个行业健康安全发展。通过技术手段有效解决数据共享和存储面临的问题，更加清楚地了解对象有助于判断和决策，减小风险和降低成本，促进信息共享。

以征信行业突出的黑名单共享业务场景为例，在当前跨领域、跨行业、跨机构的环境下，传统的征信机制共享黑名单的难度大且成本高，很难实现多方互信。同时，传统中心化的技术实现共享黑名单还存在信息容易被篡改、数据无法追溯、共享信息的可靠性不足等问题，且数据欠缺事实同步性，存在数据一致性和实时性的问题。利用区块链技术对接各个联盟机构黑名单业务系统建立联盟机构黑名单存证平台，将分散在各个征信机构间的黑名单数据整合在一起实现数据共享，建立良性循环实现系统自治。这种方案带来的好处是成本低，对现有系统改造小、平台布设成本低；数据可追溯，黑名单数据所有机构共享；数据实时同步，黑名单数据更新时效高，数据可用性高；通用性强，系统提供通用的 API 服务，可以对接各种银行和征信机构的应用系统。

深圳证券交易所“中介机构征信链”

深圳证券交易所针对区域性股权市场中介机构信息无法共享的需求痛点，制定了区域股权市场的中介机构征信标准，将区块链作为改善中介机构数据真实性和精确性的技术手段。2017 年 11 月，深圳证券交易所“中介机构征信链”正式发布上线，各股票交易中心已开展业务测试，可通过系统共享和查询链上中介机构信息。利用区块链技术的无中心化、难以篡改等特点实现股权市场之间的中介机构信息共享。中介机构征信链的连通和业务落地，是探索区域性股权市场互通的第一步，为未来区域性股权市场之间实现公告存证、登记存管等业务提供坚实基础，并为统一监管提供可能。

苏宁金融黑名单共享平台系统

苏宁金融于 2018 年 2 月上线金融行业区块链黑名单共享平台系统，将金融机构的黑名单数据加密存储在区块链上，金融机构可通过独立部署节点接入联盟链，开展区块链黑名单数据上传和查询等业务。通过区块链技术，该平台实现了无运营机构的去中心化黑名单共享模式，解决了黑名单数据不公开、数据未集中、获取难度大等行业痛点，且成本低廉，有效降低了金融机构的运营成本，更保护了客户的隐私和金融机构的利益。

8.5.5 交易清算

在传统的交易模式中，记账过程是交易双方分别进行的，不仅要耗费大量人力物力，而且容易出现对账不一致的情况，影响交易清算效率。同时，传统清算业务环节太多，清算链条太长，导致清算流程耗时过长，对账成本高。另外，清算中心过于集中，存在技术上的单点风险。

基于区块链技术可以实现准实时的交易（即清算功能），提升现有金融系统的清/结算效率，交易双方或多方可以共享一套可信、公认的账本，所有的交易清结算记录全部在链可查，安全透明、 难以篡改、可追溯，极大提升对账准确度和效率。通过搭载智能合约，还可以实现自动执行的交易清结算，从而实现交易即清算业务需求并且极大地优化现有的流程。

微众银行基于区块链的机构间对账平台

微众银行设计了基于区块链的机构间对账平台，利用区块链技术将资金信息和交易信息等重要信息上链，建立起公开透明的信任机制，优化了微众银行与合作行的对账流程，降低了人力和时间成本，提升了对账的时效性与准确度。通过基于区块链的机构间对账平台，机构间可共建透明互信的区块链账本，交易数据只需秒级即可完成同步，能快速生成准确可信的账目数据，从而实现了 T+0 日准实时对账、提高运营效率、降低运营成本、增强对账透明度与提升信任度等目标，且业务符合现有监管法规。

8.5.6 积分共享

积分系统是指银行和企业为鼓励用户消费活动保持活跃而建立的会员积分系统，然而，同一个人在不同的银行、商家、机构等拥有不同的账户和积分，这些积分系统由于在各自系统内封闭，不能通用，造成了积分消费困难、利用率低。另外，各个机构拥有自己的用户数据库，都需要花费大量成本才能保证用户的信息不被泄露，反过来用户信息以不同的形式被保存在多个数据库中，隐私性得不到可靠保障，积分数据也有被篡改风险，无法保证信息安全。

基于区块链技术可以在各个机构之间建立一种难以篡改的积分登记平台，提供不同机构的积分互通机制，从而激活低活跃度用户，促使各方联合服务手段的升级，共同打造互利共赢的生态圈。通过区块链搭建各个商家参与的积分联盟链，用户将联盟中不同商户内的自有积分，在区块链通用积分交易平台兑换成通用积分，即可用通用积分在联盟内任意商户进行消费结算。用户在系统内以账户地址形式存在，不同商户间无法获取用户信息。数据存于区块链中难以篡改，积分操作记录存于本地并且可被溯源，避免用户积分数据造假。商户自有体系内的积分可以通过兑换成通用积分流通，提升用户获取积分的积极性。

中国银联跨行银行卡积分通兑平台

中国银联借助 IBM 超级账本技术打造跨行银行卡积分通兑平台，优化与各大银行的结算流程与配置，提高客户忠诚度。跨行积分兑换系统可以打破积分兑换和使用的种种限制，但按照传统模式搭建该系统却成本极高。银联此举改变了传统平台“管理信用”的方式，减少或剔除原来依赖第三方信任过程及成本，以达到交易后马上结算的最佳状态。未来该平台将允许消费者与他人交易自己通过购物和其他奖励措施所获得的积分，通过开放银行间激励机制以及增加可用的奖励种类来提升客户忠诚度，在大幅降低交易成本的同时，全面提升银行与商户的资本流动速率。

8.5.7 贸易金融

中国银行业在整体资金规模、用户数量、市场份额等方面具有一定的国际影响力，但在基础设施建设方面还有很多欠缺。例如，银行间业务报文的传递还在依靠国际组织 Swift、EDI 等，这些国际组织控制了平台、数据、用户，尤其是与银行之间国际贸易、国际收支数据。从 2017 年开始，一些国内银行准备共同成立银行间业务报文收发联盟，着手打造基于区块链系统的贸易金融合作平台。贸易金融领域的区块链信用证、保函、福费廷、保理、票据，以联盟链的方式建立银行间金融信息交互网络；国内银行、境外分行、国际银行以平等、共享、自由的身份加入，同时利用区块链多方参与的特性邀请生态企业一起参与，国家官方机构（如海关、税务、司法、工商）也可以参与共建生态。生态一旦建成，不但可以解决银行间报文收发的问题，也可以帮助银行、监管机构识别贸易背景真实性，跟踪信贷风险，建立以中国银行业为基础的业务标准、报文标准、技术标准，让中国银行业在国际金融领域真正起到主导作用。

（1）信用证

传统信用证业务流程在信用证开立后大多以纸质形式传递，安全性低，校验难。银行间的信用证开立目前没有电子化渠道，多为信开，在发生信用证修改、到单、通知等情况时，没有直接信息交互通道。银行间国内信用证目前多使用 Swift MT799、MT999 或者二代支付的报文，但 MT799 与 MT999 不支持中文，二代支付报文较短不能满足要求。利用区块链技术建立多个买方行和卖方行的联盟链，实现真正意义上的电开，并做到准实时送达，链上主体通过相互授信建立头寸管理和轧差机制，实现信用证链上实时写入、实时读取以及实时验证验押，从而降低票据、信用证的在途时间，加快资金周转速度。同时，信用证的变化可以实时被其他相关行或企业及第三方获取，可保证各方信息透明，确保相关方利益。通过区块链技术的引入，信用证信息可以在链上实现安全、快速、可追溯的传递。

苏宁金融区块链国内信用证信息传输系统

2017 年 9 月，苏宁金融牵头苏宁银行相关部门上线了区块链国内信用证信息传输系统，采用 HyperLedger Fabric 联盟链技术，由中信银行、民生银行、苏宁银行组成，实现了严格合规、无须第三方、实时开证、全程加密的国内信用证线上开证、通知、交单、到单、承兑、付款、闭卷等功能。

（2）保函

传统保函业务大多数流程需要人工参与，处理效率低且人力成本高。保函安全性不高，存在造假的可能；补办困难，缺乏信任机制，索偿不便，受益人利益有时难以保障。保函相关方业务流程相互独立，存在信息不对等的情况。建设保函业务区块链管理平台，吸引保函业务相关方加入，从招标开始、开具保函到保函撤销过程中关键信息生成区块保存在区块链中，连通相关的业务方，将本来孤立的业务流程、业务信息存储在区块链上，提升信息安全、透明、 难以篡改的特性。同时用区块链技术，可以实现信息共享，加快信息流通，减少信息不对等造成的风险；业务流程和业务流程效率提高，有效降低成本，打造全新的保函业务应用模式。

（3）福费廷业务

传统的福费廷业务流程中没有市场公开报价平台，交易报价依赖微信、QQ 等通信工具，信息传递安全存在隐患，询价成本高、效率低。各类单据采用传真或邮寄方式，容易丢失，安全性较差。债权转让书和转让通知书以 Swift 报文、邮件、传真等方式确认，容易篡改，难以确认合法性。利用区块链技术结合业务应用系统实现卖出行发布福费廷公告信息，信息内容包含信用证基础要素信息及卖出行联系方式等信息。每笔福费廷交易均可在联盟链上跟踪和追溯往来报文信息及区块信息。

中国建设银行首笔跨行区块链福费廷交易

中国建设银行浙江省分行与杭州联合银行合作，实现业内首笔跨行区块链福费廷交易，此笔业务借助区块链技术连接买入行、卖出行双方，通过在线询价、报价、发送电文、传输单据等功能，实现交易电子化，有效提升时效性、安全性、便捷性。截至 2018 年 1 月，中国建设银行区块链福费廷业务量已超过 20 亿元人民币，18 家境内分行和海外机构已开始使用区块链福费廷功能。

（4）保理

传统国际保理业务面临的问题主要是海外分支机构不是国际保理会员，无法使用 EDI 系统进行报文信息交互，工作效率低，安全性较差，客户体验较差。发票、贷项清单等以纸质方式传递，安全性低，校验难。海外分支机构与国内分行没有信息交互渠道，只能通过 Swift 报文方式，时效性差且存在操作风险。

基于区块链技术的保理业务平台可以实现出口商或者出口保理商发送卖方信息或信用额度申请信息，包含初步信用额度申请或正式信用额度申请。进口保理商根据出口保理商发来的出口商信息进行初步信用额度或正式信用额度批复并且报价。出口保理商根据实际使用中的额度情况可发起信用额度调整申请，进口保理商收到申请后进行回复。出口商或出口保理商进行发票或贷项清单的转让信息登记或取消，进口保理商收到后发至进口商进行确认。进口保理商将进口商的付款或核准付款信息发送至出口保理商，出口保理商也可通过系统将间接付款信息发送至进口保理商。贸易过程中如有争议，进出口保理商均可发起争议或将争议情况通知及解决信息发送给对方。进口保理商可将冲销或应收反转让信息及保理佣金及其他费用信息发送给出口保理商。进出口保理商业务关系终止后，出口保理商可发起保理协议的磋商或终止信息。进出口保理商双方可互发汇款或其他自由格式的报文信息。

（5）票据

票据是一种有价凭证，其在传递中一直需要隐藏“第三方”角色来确保交易双方的安全可靠。借助区块链的可编程性以及数据透明性，可有效控制参与者资产端和负债端的平衡，形成更真实的市场价格指数，从而更好地把控市场风险。通过区块链的信息记载和回溯，易于建立基于关键字或其他智能方式的信息检索和提醒，提升信息的有效性，并可借助其开放性的优势让信息更加快速传至需求者，减少市场的信息不对称。由于区块链不需要中心化的服务器，系统的优化或变更不需要通过多个环节的时间跨度，对于现在依赖系统来办理业务的票据体系来说是极大优化，让经营的决策更加简单、直接和有效，提高整个票据市场的运作效率。基于区块链中智能合约的使用，利用可编程的特点在票据流转的同时，通过编辑程序控制价值的限定和流转方向。区块链数据前后相连构成的难以篡改的时间戳，使监管的调阅成本大大降低，完全透明的数据管理体系也提供了可信任的追溯途径。同时，监管规则也可以在链条中通过编程来建立共用约束代码，实现监管政策全覆盖和控制。

基于区块链技术的数字票据交易平台

2018 年 1 月 25 日，根据中国人民银行总行的安排部署，由上海票据交易所、“数字货币”研究所牵头、中钞信用卡产业发展有限公司杭州区块链技术研究院（简称中钞区块链技术研究院）承接、会同 4 家商业银行（中国工商银行、中国银行、上海浦发银行、杭州银行）研发的“基于区块链技术的数字票据交易平台”实验性生产系统成功上线试运行。该平台采用联盟链技术，央行、数字票据交易所、商业银行以及其他参与机构以联盟链节点的形式经许可后接入数字票据网络。不同的节点在接入时可以根据角色不同和业务需求授予不同的链上操作权限，包括投票权限、记账权限和只读权限等。数字票据发行后以智能合约的形式登记在联盟链上，并在链上进行交易撮合。结算则通过数字票据交易所连接联盟链之外现有的基于账户的支付平台完成。数字票据交易所的主要角色是交易结算过程中的信任中介，交易撮合主要由商业银行和参与机构等各参与方基于联盟链的共享数据自行完成。同时，有强大灵活的监管隐私保护机制，实时获取当前进行的交易的详细信息，监控可疑或异常票据业务，并通过操作权限或系统参与方的准入权限等方面限制保证数字票据的金融安全。

8.5.8　证券

作为资本市场的重要参与者，我国证券行业是资金直接融通的枢纽，对我国经济发展具有重要意义。在经济转型和产业升级背景下，证券业在服务实体经济、行业发展方面面临新的机遇和挑战。首先，随着市场和产品的创新发展，证券审批领域的腐败方式更加多样。涉及证券市场的很多案件通过结构化产品、股权代持、期权等较为隐蔽的手段进行利益输送。其次，在传统证券交易中，证券所有人发出的交易指令需要证券经纪人、资产托管人、中央银行和中央登记机构这四大机构依次进行处理，整个流程较为复杂，效率较低。最后，在资产证券化领域，传统模式下 ABS 业务链条较长，包括基础资产的转让出表、基础资产的打包发行、为 ABS 提供财产担保等，其涉及的资产也较多，包括基础资产、担保资产、ABS 份额等，面临着资产现金流管理有待完善、底层资产监管透明性和交易效率亟待提高等问题。

区块链技术为我国证券行业的发展成熟创造了契机。从证券发行角度看，区块链可以将证券发行、分配、交易等商业行为数字化、智能化、自动化，从线下转到线上的模式能够提高发行效率，降低建立多方信任的成本。从证券信息披露角度看，区块链将交易信息公开透明，可以实时反映出异常的交易行为，同时企业 IPO 业务流程也可以放到区块链上，方便监管部门和市场参与者便捷地对数据进行查看和监督，提高 IPO 业务透明度。从证券清算和交收角度看，区块链能够减少中间环节，简化结算流程，如美国证券市场的证券清算时间需要 T+3 天，而区块链自动结算系统在理论上只需 10 min，这样悬殊的证券结算时间差异会给证券市场带来翻天覆地的变化。

8.6　区块链与实体经济

在 2018 年的博鳌亚洲论坛上，中国人民银行行长易纲表示，应当研究“如何发挥‘数字货币’的正能量，让它更好地服务于实体经济”。区块链 3.0 阶段难以让这一技术更深入、更多元地和实体经济产业相结合，为实体经济降低成本，牵引经济和社会的进步。目前，区块链技术已经开始在实体经济的很多领域实现落地应用，其分布式、难以篡改、可追溯等特性，开启了实体经济转型的摸索，并取得了初步成效。2018 年 5 月，工业和信息化部联合多方研究机构、行业组织和应用单位等组织编写的《2018 年中国区块链产业白皮书》，将区块链技术概括为“分布式数据存储、点对点传输、共识机制、加密算法等计算机技术”的创新应用模式，是一项颠覆式创新，梳理了包括产品溯源、版权保护与交易、数字营销、工业、物联网、医疗、公益在内的 13 个实体经济领域内区块链应用的探索和尝试。

8.6.1 产品溯源

产品溯源是指对农产品、工业品等商品的生产、加工、运输、流通、零售等环节的追踪记录，通过产业链上下游的各方广泛参与来实现。在全球范围内，溯源服务应用最为广泛的领域是食品和药品溯源，这在保障食品安全、疾病防护等方面具有重要意义。例如，在地方爆发大规模流行性疾病时，通过产品溯源体系可以快速确定哪些产品来自发病地区，及时发现可疑传染源；再如，消费者可以根据手中拿到的产品，查询自己购买的产品产自哪里，让消费者放心。

目前，中国溯源体系仍需完善，行业内信任缺失和滥用的情况十分普遍。在信息不够流通的模式下，溯源链条上下游的参与者各自维护一份账本，任何一方都有可能出于利益而做出篡改账本或谋取私利的行为，造成额外的成本和信任垮塌。

区块链难以篡改、分布式存储等技术为溯源行业的信任缺失提供了解决方案，从算法层面为商品的信息流、物流和资金流提供透明机制。供应链上下游多方上链的记账方式，保证了即使存在单方账本伪造情况也难以找到全部链条节点来协作拟合其造假数据，使造假成本大幅上升。此外，在商业的实际应用场景中使用区块链溯源技术能够为品牌背书，为企业带来额外收益，增强企业竞争力。

中国食品链联盟“链橙”系统

中国食品链联盟是由食品生产、食品加工、物流配送、公益事业和区块链研发等企事业单位及有关机构自愿组成的以“区块链为核心技术、食品服务为发展导向”的联盟组织。中国食品链基于区块链技术，从产品种植、生产、加工、包装、运输和销售等全流程进行追溯，并对企业和用户进行实名认证，一旦发现诈骗或者假冒商品，执法部门可以直接定位、取证、追责。“链橙”系统利用区块链为赣橙提供溯源服务，对赣橙从田间到餐桌的整个过程追踪，为消费者提供可追溯查询系统，让消费者买得放心，提高服务质量。

京东“区块链防伪追溯平台”

京东公司则致力于区块链打假、提供知识产权保护、区块链加速器项目，成立“京东品质溯源防伪联盟”，与工业和信息化部、农业部、国家质量监督检验检疫总局等部门，运用区块链技术搭建“京东区块链防伪追溯平台”。平台将逐步通过联盟链的方式，实现线上线下零售的商品追溯与防伪，保护品牌和消费者的权益。

菜鸟物流与天猫“国际区块链溯源”

在跨国溯源方面，阿里巴巴集团利用区块链技术跟踪、上传、查证跨境进口商品的物流全链路信息，涵盖工厂生产、海外仓库、国际运输、通关、报检、第三方检验等商品进口全流程，用户通过阿里客户端能查阅到全流程的物流和监管等商品信息。除了保障食品药品安全外，利用区块链技术对产品溯源也能够优化物流管理环节，解决“信息孤岛问题”，加强供应链上下游沟通，优化物流行业效率。

8.6.2　版权保护与交易

工业和信息化部信息中心发布的《2018 年泛娱乐产业白皮书》指出，泛娱乐新兴业态百花齐放，步入全民创意大时代，随之带来的是知识产权保护问题，盗版侵权等行为屡禁不止。

区块链与数字版权保护能够完美地结合，解决盗版横行的现状。第一，在确权环节，区块链的分布式账本和时间戳技术使全网对知识产权所属权迅速达成共识成为可能，理论上可实现及时确权，解决了传统确权机制低效的问题；第二，在用权交易环节，版权方通过区块链平台能够对版权内容进行加密，通过智能合约执行版权的交易流程，这个过程在条件触发时自动完成，无须中间商的介入，可以解决版权内容访问、中间商费用高昂的问题，将版权交易环节透明化的同时帮助创作人获取最大收入。

国家数字音像传播服务平台（版权云）

该版权综合服务平台在版权登记阶段利用无密钥签名区块链技术对版权进行存在性证明，能够为数字作品提供高效、简单、易操作、成本较低的版权登记服务。

8.6.3　数字营销

目前中国广告市场规模位于世界第二，正处于稳定增长期。其中，数字营销方式是互联网和大数据时代的新型广告营销模式，包括搜索引擎广告、社交平台广告、视频平台广告和其他应用平台广告等形式。然而，数字营销行业常年存在虚假流量和广告欺诈等现象，导致广告主和广告代理商之间信任流失，进而造成不必要的损失。

区块链可以使广告点击数据变得更加透明，不再依赖第三方监测。区块链允许广告主清晰地追踪广告点击、观看和转化率等信息，并准确地判断广告触达用户是不是目标群体。这解决了数据营销行业的信任问题，使每一笔广告预算的花费公开透明，大幅节约企业营销成本，解决了广告行业虚假流量的问题。

利欧数字与小米“数据营销链”

针对程序化广告购买流程缺乏透明度这一问题，数据营销链通过建立流量买方、卖方、中间方和审计方的联盟链，从而将现有的单一数据中心分布式日志系统（HDFS）改造为跨数据中心的区块记账系统，对现有的互联网广告监听、出价、曝光、点击、后续行为日志进行分布式记录并对各个节点授权监督，从而解决传统数字营销行业的信任问题。

8.6.4 工业

随着第四次工业革命的到来，信息技术和制造技术融合而形成的传统工业互联网主要以“工业云”为载体，但这种巨型工业云方案无疑非常昂贵，它的基础设施和维护费用极高，需要中心化的云服务、大规模的服务器集群和网络设备来支撑。同时，随着工业信息化正在以十亿级别的速度推进，“工业云”模式要处理的通信量和成本将超乎想象，数据量增大、基础设施规模扩大都将限制工业互联网的效率。

利用区块链技术将分布式智能生产网络改造成一个云链混合的生产网络，有望比大部分采用中心化的工业云技术效率更高、响应更快、能耗更低。而生产中的跨组织数据互信全部通过区块链完成，订单信息、操作信息和历史事务等全部记录在链上、分布式存储、难以篡改，所有产品的溯源和管理将更加安全便捷。

区块链中的智能合约负责分布式智能生产网络中的交易流程，可以实现自动化执行，解决工业生产中的账期不可控等问题，极大地提高经济资本运行效率。同时利用智能合约将电商平台和数字化工厂连接，将新零售方式与新制造方式融合，自动化完成中间的订单、供应链等事务，既保证了效率和成本，也兼顾了公平和安全。

8.6.5 物联网

物联网是计算机、互联网与移动通信网之后的又一次信息产业浪潮。目前中国物联网产业已初具规模。尽管物联网已经有了多样的应用场景，但随着入网设备海量增多，仍需解决许多问题，如云服务设备维护成本和安全问题。

利用区块链的分布式特点，物联网体系通过多个节点参与验证，将全网达成的交易记录在分布式账本中，逐渐取代中央服务器的作用或减轻中央服务器的负担，同时区块链全网节点共同验证的共识机制、数据加密方式以及数据分布式存储将大幅度降低黑客攻击的风险。

分布式智能配电信息安全系统（DIPS）

众享互联与克莱沃合作提出的分布式物联网安全解决方案由管理软件、安全加固型电源分配单元（PDU）和网络安全控制器构成。该系统采用安全通信协议、动态加密隧道、多分片随机传输和双因子验证等技术手段，可以解决物联网架构络层中数据网关到中心/管理中心的数据传输安全问题。

8.6.6 医疗

医疗是人们关心、国家重视的事业，近年来围绕医疗展开的技术众多并取得了一系列的成果，然而医疗数据共享方面进展缓慢，痛点主要在于患者敏感信息的隐私保护与多方机构对数据安全共享之间的权衡。

区块链技术的出现为医疗数据共享带来了创新思路。传输的医疗数据经过加密处理，安全地存储在区块中，难以篡改，同时患者真实信息都是匿名的，难以追溯数据源头，保证了患者隐私保护。另外，患者在不同医疗机构之间的历史就医记录都可以上传到共享平台上，也可以授权平台上的其他用户在其允许的渠道上对数据进行公开访问，现有区块链上的访问控制机制可以采用智能合约或者一些非对称加密算法来实现，既降低了成本也解决了信任问题。

贵阳朗玛慢病管理区块链技术

通过共识算法、智能合约，在区块链网络中进行数据共享和管理，监管机构、医疗机构、第三方服务提供公司及患者本人均能够在一个受保护的生态中共享敏感信息，共同参与治疗过程，确保疾病得到有效控制。朗玛公司帮助用户特有的身份信息创建独有的数字身份及相应的公私密钥，协助用户对个人数据进行管理，所有参与机构要经用户授权许可之后才可获取用户相关的医疗健康信息，确保了用户的隐私，避免了传统医疗数据共享带来的法律纠纷和伦理挑战。

8.6.7 公益

随着中国经济水平不断发展，人均可支配收入稳步提升，中国公益行业也迎来了快速发展期。公益行业快速发展代表着中国经济社会环境发展走向健全，有益于解决社会问题，减小贫富差距。但是，慈善行业经常存在募捐流程不透明、善款去向不明等问题。

区块链上存储的数据高度可靠且难以篡改，天然适合应用在社会公益场景。公益流程中的相关信息，如募集明细、捐赠项目、受助人反馈、资金流向等，均可以封装在区块链上，在满足项目参与者隐私保护及其他相关法律法规要求的前提下，有条件地进行公开公示，方便公众和社会监督，助力社会公益的健康发展。

蚂蚁金服区块链公益项目

2016 年 7 月，蚂蚁金服与中华社会救助基金会合作，在支付宝爱心捐赠平台上将区块链技术应用于关爱听障儿童的慈善项目，使每一笔善款可被全程追踪，公益账户也变得透明而可信任。截至 2018 年 1 月 18 日，共有 2100 万支付宝用户向 831 个公益项目捐赠，捐赠金额 3.67 亿元，捐赠人次 2.2 亿。

腾讯“公益寻人链”

“寻人链”连接腾讯内外多个寻人平台，打破信息壁垒，实现各大公益平台的信息共享，大幅提升寻找走失儿童的协同效率。

8.7 区块链经济发展趋势

8.7.1 区块链技术创新持续加速升级

区块链技术作为“价值互联网”，正在引领全世界新一轮的技术变革和产业变革。目前很多国家已经注意到区块链与经济产业领域融合的强烈化学反应，据 IBM

区块链发展报告数据统计，全球九成的政府正在规划区块链投资，并在 2018 年进入实质性阶段。美国将区块链上升到“变革性技术”层次，成立国会区块链决策委员会；欧盟建立“欧盟区块链观测站及论坛”机制，加快研究国际性区块链标准，投资数亿欧元作为支持资金；韩国将区块链上升到国家级战略，全力构建“I-Korea 4.0”战略，在物流、能源等核心产业开启区块链时代。

区块链技术、政策、标准在人们的目光中不断升级优化，各国也在争抢区块链时代的主动权，国际创新技术竞争日益复杂激烈。区块链带来的创新风潮给了发展中国家实现跨越式发展的机会。中国区块链事业正在经历明显加速的阶段，并且有些技术和应用处于世界领先地位。目前我国已经具备较好的区块链产业发展基础，已经落地的区块链应用展现出了良好的发展态势，这都将带动区块链技术创新升级和基础设施的加速建设，创建中国特色的区块链经济产业生态。

8.7.2　区块链带动新一轮创业创新热潮

区块链的特点解决了目前经济体系的一些弊端，它解决了经济个体之间价值传递过程中完整性、真实性、一致性的问题，降低了价值传递的风险，提高了传递效率，提升了企业间信任升级和信息共享，这将为企业合作创新提供优质的环境，构建创新创业新模式。2017 年，中国独角兽企业共 164 家，其中，有 32 家正在研发或已经上线区块链项目。随着区块链和市场的快速升级，会有更多的公司涉足区块链领域，在竞争与合作中制定区块链发展战略，开展投资布局和实验探索。

区块链也将与物联网、人工智能等新技术融合，扩展技术创新思路。物联网安全仍是困扰人们的问题，而区块链网络提供了共识机制，可以作为设备之间的相互信任机制，抵御单点失效等问题。同时，区块链分布式的计算可以处理数以万计的交易，充分利用分布在不同位置的数据源以及亿计闲置设备的计算力、存储容量和带宽，用于交易处理，通过点到点网络的信息交换和通信，将设备产生的数据源上传到区块链网络中进行存储和信息共享，大幅度降低计算和存储的成本。相比之下，人工智能以海量大数据和高性能计算力为前提，区块链可以确保数据的安全性和可信性。二者的深度结合，可以创造安全的智能学习环境，诞生具有更高智能制造和智能管理水平的组织，提供更广泛的智能应用。

区块链使在链上数据难以篡改，如果仅单独使用，则无法解决数据可信的问题，但如果搭配好物联网和人工智能技术，则可以在很大程度上提升上链信息的可信性，确保线下实物准确向线上映射，提升系统总体上的可信性，进而在更多场景实现落地。

8.7.3 区块链与实体经济深入融合

技术创新和金融创新只有和实体经济深度融合，推动实体经济发展，切实改变产业结构、降低产业成本、提升产业效率、改善产业环境，创新的价值才能得以充分发挥。

未来 3 年将是传统经济行业与区块链更紧密融合的时期，随着区块链开始改变市场结构，企业将关注到区块链带来的商业变革，带有智能合约技术的新生态系统会被整合到现有行业中，新型的商业模式和监管服务模式将会涌现，社会企业数量将会大大增加。未来，区块链技术与实体经济产业深度融合，形成一批“创新型”实体经济产业项目，将会成为区块链技术的应用趋势。

同时，区块链技术在实体经济中广泛落地为实体产业实现“可信数字化”提供了机遇。区块链、物联网、工业互联网技术进一步推广和普及，大量交易由线下转向链上，企业管理系统和设备入链，现实空间中的实体资产被连接到网络空间，数字资产规模逐步扩大，这都将带来实体产业商业模式的空前变革，加快我国数字化进程。

8.7.4 区块链协调金融机构和实体企业信任问题

目前，实体经济面临成本高、利润低，中小微企业融资难、融资贵、融资慢等问题，金融行业对实体经济的资金支撑力不足。造成这种现象的原因是行业之间存在严重的信息不对称，实体企业能够提供的信息，不能够支持金融机构的投资决策。当然，金融机构方面也有决策困难，如获取实体企业真实信息难度大，建立双方信任流程烦琐等。

未来，区块链将实现“可信数字化”，实现实物流、信息流、资金流“三流融合”，解决金融机构与实体企业之间的信任建立问题。在区块链的帮助下，数据可以被有效地确权，数据被多方验证且难以篡改，基本上可以保障企业数据的真实性，为金融机构投资行为提供了可靠的信息来源，极大地降低了金融机构与实体企业之间的信任成本。

8.7.5 区块链开启新型平台经济

平台经济是中国互联网经济发展的基础性创新模式，平台的价值根源来自平台用户，尤其早期的平台用户贡献了更大的价值。但目前平台经济更多是“分享经济”，而非“共享经济”模式，平台的使用者与平台的所有者之间存在利益冲突的问题。

区块链的激励模式将推动目前的“分享经济”向“共享经济”升级，打造一种创新、协调、绿色、开放的“社群平台经济”，大家遵守社群规则、共同参与维护，进而实现传统观念的社群向经济组织转变，形成一批独具竞争力的社群经济体。另外，区块链借助分布式账本和智能合约技术大幅降低契约建立和执行的成本，打破信任障碍，实现去中介化，打造真正的共享经济，全面开启共享经济的全新时代。

8.7.6 区块链监管和标准体系进一步完善

随着区块链技术的成熟程度进一步增加，和产业结合更紧密，行业监管制度体系将进一步建设完善，以创造良好的发展环境，为产业区块链项目深入服务实体经济提供有力保障，一些违法违规的项目将受到严格监管。

区块链具有难以篡改、可追溯、公开透明的特性。例如，监管机构可以在链内设一个监管节点，这个监管节点具有全权限，可以查看账本上的全部数据（其他节点只能经授权看到有关的数据）。但是监管节点也并非可以随意查看数据，如需查看数据，需要得到其他全部或大部分节点的授权。要得到这种授权，实际上要履行一些线下的监管程序，这样有力保障了依法监管、依程序监管。利用区块链系统，可以大大降低穿透式监管成本。从监管机构角度，能够在低成本的条件下实现智能监管；而从项目方的角度，一个透明、规则明确的监管环境有利于行业健康发展，项目能够在阳光下进行。

目前我国区块链标准化工作已经具备良好基础，未来一段时间区块链标准化将进入关键的发展时期，在基础标准和通用技术标准等方面，将有更多研制成果出现。未来，我国将不断升级区块链创新水平，对开源社区的支持力度继续提升，增强在区块链发展过程中的贡献度、在区块链领域的权威性以及话语权，为区块链技术在更多实体经济和金融场景落地打下坚实基础。

8.8　区块链经济监管面临的挑战

区块链由于去中心化、开放性、匿名性和自动性等特点，在改变业务模式的同时，也给金融监管带来了新的问题和挑战。但区块链与金融监管的追求目标从根本上来说还是一致的，即以低成本实现金融市场的透明性、确定性、效率性和稳定性。然而，现有的金融监管框架仍面临严峻挑战。

一是数据分析的广度与深度增强。随着金融区块链的发展与应用，全网金融区块链的批量数据均需纳入监管范围。目前，对于中心化的监管机构而言，如何面对去中心化平台的监管是监管者需要面临的第一项挑战。同时，根据区块链中心化程度、透明性的不同，可分为公有链、私有链与联盟链。针对监管规则中有关交易信息披露的制度性要求，公有链的透明性、可追溯性虽然可以有效地保证其历史交易信息的易获性，但区块链技术的匿名性特点又为监管者追踪交易链条以及寻找相应的加密保护密钥带来非常大的困难。因此，监管者必须与联盟链和私有链进行有效对接，以确保其业务交易数据的可审查性。

二是风险责任对象认定难度加大。传统金融监管主要针对金融中介，而区块链的作用正是替代传统金融中介，它具有开放性的特点，去中心化的组织跨越国家边界、司法边界直接将数据与相关应用部署在各区块链。这种不再存储在唯一一个特定地点服务器的组织方式，虽然与传统机构一样服务于大众，产生特定的权利与义务，但却不被任何单一的企业、政府、个人拥有或控制。根据产品责任的法律，一个去中心化的区块链组织的创造者必须承担所有可预见损失的连带责任。所有补偿应由创造者支付，其资金来源是按一定比例提取组织利润形成的风险补偿基金。但当这个组织发生不道德行为时，由于其可能是由无数个匿名者创建的，往往难以确定谁是自治组织的创造者。除非将监管手段在智能合约中编码，否则受害者要从去中心化自治组织中获取赔偿或取得禁止令几乎是不可能的。

三是风险管理能力要求提高。首先，交易发生即清算的特点决定了区块链风险传播速度大大提升，如 Mt.Gox 的倒闭及 DAO 遭受的黑客攻击对相关联的“数字货币”均造成了非常大的影响。其次，由于区块链的未来是与现存的金融中心化系统进行对接，因此，当区块链系统出现风险时如何迅速实现与中心化系统的风险隔离，考验着监管者的智慧与能力。再次，由于区块链的难以篡改性、自动性的特点，如何将当前交易撤销、限制交易权限或进行账户冻结等中心化阶段监管手段与区块链去中心化的机制整合是一项复杂的系统工程。以太坊的 DAO 资产失窃事件正是由于监管手段的匮乏，促成了以太坊硬分叉，带来了金融区块链的整体信任危机。

四是中心化与去中心化机构的协调发展任重道远。区块链技术的应用不可能一蹴而就，会有个渐进过程。在其成熟前需要经历一段中心化组织机构的自我变革和去中心化组织逐步获得社会信任与认可，以及两者之间相互渗透、相互借鉴的发展过程。相信随着区块链理念的传播和技术的快速推进，传统银行和金融机构与区块链平台的差别与界限会变得越来越模糊化。但作为监管者而言，这种模糊需要控制在一定范围内，使传统机构与区块链平台保持竞争与合作的双重关系。同时避免监管底线的突破，防止技术创新对传统金融机构造成巨大冲击而形成金融市场整体风险。

五是监管机构的自我变革。时代的进步、科技的发展、技术的创新，为金融市场运行模式带来了改变，传统的监管机构设置及监管手段必须与时俱进，面对其自由裁量权和影响力的下降及管理职能的深刻变革（如区块链技术使交易即清算，传统的交易、清算监管分离的方式无疑需合并监管，必然减少原监管岗位及原岗位工作职责，增加高科技、数据挖掘分析人才的数量），监管科技将助力金融监管，数据挖掘、人工智能、云计算、智能合约等新兴金融科技人才需求旺盛。

国外监管机构针对区块链的研究主要致力于对“数字货币”的监管，其在金融区块链服务本质的鉴别、监管对象与监管部门的确定、企业注册及备案制度、区块链创新沙盒机制的建立、智能监管的探索等方面，对我国监管金融区块链有很好的启示作用。

第 9 章
总结与展望

区块链自诞生以来就被冠以“第四次工业革命”“能够颠覆世界”等称号，但是在数字货币市场泡沫破裂之后，人们对于区块链的认知逐渐恢复理智。的确，项目的出发点应是当前应用场景中的痛点和需求，进而寻求合适的工具解决问题，区块链不是万能的，不能为了使用区块链而使用区块链。理智对待区块链技术的我们应该相信，区块链能带给我们的还有很多，等待着我们继续深入探索。

互联网的迅速普及发展使全球间的互动越来越紧密，在人类进入信息自由传递时代的同时，相应地带来了巨大的信任鸿沟问题。为此出现了大量中心化信任系统，但在这类架构上是永远无法解决价值转移和互信问题的。随着比特币发展而备受瞩目的区块链技术，将有可能成为下一代数据管理体系，通过去中心化技术实现全球互信，从而将人类带入信任自由传递的时代。

区块链概念虽然已广受较长时间的关注，但真正成熟的项目却不多。一方面是技术原因，开发人员要设计一个完整系统，必须了解共识算法、密码学、签名算法等基础知识，因此研发成熟稳定的区块链应用体系并非易事。另一方面，由于区块链与传统数据存储的模式差异较大，开发者往往会走入“为区块链而区块链”的误区，有的应用场景在加入区块链后反而得到较差的效果。除此之外，区块链去中心化的概念被大多数人所接受还需一定的时间。毕竟人类社会长期以中心化运作为主，若缺失了中心权威，可能会引起诸如冲突调节、纠错调整等一系列管理问题。

我们现在还是高估了区块链的实际效果。哈佛大学研究团队认为，“颠覆”一般是指短时间内能够改变传统行业的整体现状，目前看来，区块链还不足以做到这一点。虽做不到客观上的“颠覆”，但我们相信区块链这项技术还是具有改变社会现状的能力。因此，在开发相关应用之前，我们应该先思考区块链的特点到底是什么，能解决什么问题，在哪些方面有优势，是否符合特定的需求等。我们认为，区块链首先是一个去中心化的分布式数据库，区块链的节点间互联互通，共同维护一个共同账本，这样不仅缓解了以往单个节点处理所有数据的压力，并且做到了多点备份，

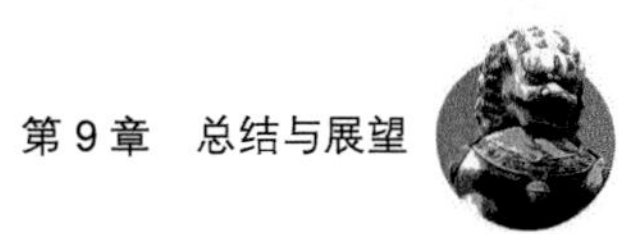

减小了许多通信中不必要的延迟；其次，区块链有一定的透明性，链上节点可以平等地看到同样的信息，这有助于数据共享，减少了不必要的信息共享成本，而且区块链的透明性、可追溯性、难以篡改性保证了区块链是一个可靠的数据库，足够在信任缺失的场景下，建立可信的数据管理机制。

区块链技术或许会像互联网一样重构人类社会的生产和组织方式，成为下一轮重大的、全球性的计算范式的第五次颠覆式创新（前四次是大型机、PC、互联网、社交网络和移动手机）。虽然区块链当前面临诸多技术、管理等方面的考验，但值得我们探索！

我们相信区块链技术拥有改变世界、改善生活的能力，也相信这一天迟早会到来，未来充满着希望。只要路是对的，就不怕路远。